[Projeto e leiaute de instalações produtivas]

EDITORA intersaberes

O selo DIALÓGICA da Editora InterSaberes faz referência às publicações que privilegiam uma linguagem na qual o autor dialoga com o leitor por meio de recursos textuais e visuais, o que torna o conteúdo muito mais dinâmico. São livros que criam um ambiente de interação com o leitor – seu universo cultural, social e de elaboração de conhecimentos –, possibilitando um real processo de interlocução para que a comunicação se efetive.

[Projeto e leiaute de instalações produtivas]

MARCELO BATTESINI

EDITORA intersaberes

Rua Clara Vendramin, 58 · Mossunguê
CEP 81200-170 · Curitiba · Paraná · Brasil
Fone: [41] 2106-4170
www.intersaberes.com
editora@editoraintersaberes.com.br

Conselho editorial

[Dr. Ivo José Both (presidente)

Drª. Elena Godoy

Dr. Nelson Luís Dias

Dr. Neri dos Santos

Dr. Ulf Gregor Baranow]

Editor-chefe [Lindsay Azambuja]

Supervisora editorial [Ariadne Nunes Wenger]

Analista editorial [Ariel Martins]

Preparação de originais [Landmark Revisão de Textos]

Capa [Guilherme Yukio Watanabe]

Imagens de capa [Fotolia]

Projeto gráfico [Raphael Bernadelli]

Diagramação [Estúdio Nótua]

Iconografia [Vanessa Plugiti Pereira]

Dados Internacionais de Catalogação na Publicação (CIP)
(Câmara Brasileira do Livro, SP, Brasil)

Battesini, Marcelo
  Projeto e leiaute de instalações produtivas/
Marcelo Battesini. Curitiba: InterSaberes, 2016.
(Série Administração da Produção).

  Bibliografia.
  ISBN 978-85-5972-022-8

  1. Administração de empresas 2. Engenharia de instalações 3. Instalações industriais – Leiaute 4. Leiaute 5. Projetos – Planejamento I. Título. II. Série.

16-02321   CDD-658.23

  Índices para catálogo sistemático:
  1. Leiautes: Instalações: Administração de empresas
  658.23

1ª edição, 2016.
Foi feito o depósito legal.
Informamos que é de inteira responsabilidade do autor a emissão de conceitos.
Nenhuma parte desta publicação poderá ser reproduzida por qualquer meio ou forma sem a prévia autorização da Editora InterSaberes.
A violação dos direitos autorais é crime estabelecido na Lei n. 9.610/1998 e punido pelo art. 184 do Código Penal.

[sumário]

apresentação [8]

como aproveitar ao máximo este livro [11]

1. Introdução ao planejamento de instalações produtivas [13]
1.1 Definições e procedimentos de projeto e leiaute [16]
1.2 Escopo e níveis de planejamento de espaço [23]
1.3 Estratégia operacional e sistemas de produção [28]
1.4 Fluxos em instalações produtivas [31]

2. Processos do projeto e leiaute de instalações produtivas [39]
2.1 Elementos básicos e processos do projeto e leiaute [43]
2.2 Desenvolvimento do projeto e leiaute [58]
2.3 Suporte computacional ao projeto e leiaute [64]

3. Modelagem e dimensionamento de processos produtivos [69]
3.1 Instalações produtivas e suas unidades típicas [73]
3.2 Medidas de desempenho [80]
3.3 Modelagem e dimensionamento de sistemas de manufatura [85]
3.4 Uso de simulação no projeto de processos produtivos [119]

4. Movimentação de materiais [125]
4.1 Logística interna e sistemas de movimentação [128]
4.2 Sistemas de movimentação [137]
4.3 Estratégias de estocagem e de armazenagem [154]
4.4 Projeto e leiaute dos espaços de estocagem e de armazenamento [165]

5 Ergonomia, segurança, higiene e edificações [173]

5.1 Ergonomia [176]
5.2 Projeto e leiaute do posto de trabalho [187]
5.3 Segurança e higiene [193]
5.4 Serviços de suporte e edificações [199]

6 Localização, avaliação, formalização e documentação [215]

6.1 Locação e estudo da implantação [218]
6.2 Formalização e documentação do projeto e leiaute [226]
6.3 Avaliação e seleção [231]

considerações finais [243]
referências [244]
bibliografia comentada [252]
respostas [254]
sobre o autor [258]

Dedico este livro a meus pais, inspiradores exemplos de vida e incansáveis apoiadores; a meus amados filhos, que se privaram de minha companhia e ainda não compreendem o esforço empreendido; e a minha enamorada, que alegra minha vida ainda mais.

[apresentação]

Projeto e leiaute de instalações produtivas envolve a produção de um plano preciso e detalhado sobre a forma como deve ser arranjado no espaço um conjunto organizado e sinérgico de pessoas, máquinas, equipamentos e instalações utilizado na produção otimizada de um bem ou serviço. O termo **projeto** traduz a ideia de concepção antecipada de um objeto – no caso deste livro, de unidades produtivas –, enquanto o termo **leiaute** indica a forma como os componentes de um dado objeto são arranjados no espaço. Já as **instalações produtivas** são caras, custosas e complexas e têm impacto a longo prazo.

Apesar de serem coloquialmente utilizadas de forma intercambiável, neste livro, os termos *projeto* e *leiaute* são tratados de modo mais preciso, podendo ser reproduzidos em expressões combinadas: *projeto de instalações produtivas* e *leiaute de instalações produtivas*. Ambos os conceitos são corretos e distintos.

O primeiro propõe a criação de um produto final completo, que versa sobre uma realidade atual ou futura em relação às instalações produtivas, abarcando várias dimensões e elementos, inclusive o leiaute. Ele envolve uma representação documental formal (plantas em escala, memoriais e relatórios técnicos) produzida por profissional vinculado a um conselho de classe.

O segundo conceito não demanda uma preocupação tão grande com a parte formal dos documentos e pode ser conduzido por não especialistas. Dado o grande número de variáveis de decisão envolvidas e de objetivos a serem alcançados, seu projeto pode ser entendido como um empreendimento temporário de otimização multicritério.

O adequado leiaute de um sistema produtivo expressa um arranjo otimizado e simples para as instalações, os equipamentos, as máquinas, as pessoas, a movimentação de materiais e os serviços de suporte, atendendo, simultaneamente, de forma elegante, ao conjunto de restrições normativas estabelecidas pelas legislações pertinentes.

Mesmo tendo ocorrido grandes mudanças nas últimas décadas, o projeto e leiaute de instalações produtivas continuam sendo um desafio, especialmente em razão da dissociação entre a prática profissional e a preparação acadêmica fornecida. A necessidade de produzir um texto em língua portuguesa que suprisse essa lacuna definiu a motivação inicial para a produção deste livro, que foi escrito em uma linguagem simples e direta para um público de acadêmicos de Engenharia e de profissionais que necessitam desenvolver projetos de unidades produtivas.

Buscamos relacionar conceitos teóricos a um conjunto de casos selecionados, nos quais a construção teórica é aplicada, resultando em uma abordagem que abrange da teoria à prática, com o objetivo de subsidiar a solução de problemas usualmente encontrados no ambiente empresarial.

O livro pode servir de material didático em disciplinas presenciais e a distância, estabelecendo um instrumento de mediação entre o discente e o conhecimento estabelecido nas literaturas nacional e internacional, com o objetivo de colaborar com o processo de ensino e aprendizagem. Os conteúdos foram estruturados em seis capítulos, que podem ser utilizados de forma sequencial ou lidos individualmente, como auxílio na solução de problemas específicos. Em cada um deles, foram inseridos estudos de caso, exemplos e exercícios de revisão e para reflexão com o intuito de dar suporte e ilustrar a aplicação dos métodos e das ferramentas apresentados.

No **Capítulo 1**, oferecemos uma ideia geral e contextualizamos o projeto e leiaute de instalações produtivas, apresentando as definições, os níveis de planejamento de espaço, a importância de identificar a estratégia da empresa e os tipos de característica dos fluxos.

No **Capítulo 2**, apresentamos os elementos básicos de projeto e leiaute, enfatizamos os processos de produção de soluções alternativas de ambos e caracterizamos um conjunto de *softwares* propostos na literatura para seus desenvolvimentos.

No **Capítulo 3**, analisamos as instalações produtivas e suas unidades típicas, assim como caracterizamos as principais medidas de desempenho utilizadas em processos produtivos. Também evidenciamos a modelagem e o dimensionamento determinístico de sistemas de manufatura com leiaute de processo (máquina única, *clusters* de máquinas e de produção em lotes ou em massa), celular e de produto, bem como discutimos o uso de simulação no projeto de sistemas.

A logística interna do sistema de produção é descrita no **Capítulo 4**, além de caracterizarmos os principais sistemas de movimentação, entre os quais estão: os recipientes e os equipamentos utilizados na unificação e no acondicionamento de materiais; os equipamentos de movimentação e os dispositivos relacionados aos sistemas de identificação e rastreamento de materiais; e os equipamentos e os métodos de estocagem e armazenagem. Apresentamos ainda as principais estratégias de estocagem e seus impactos no planejamento do espaço de armazenamento.

No **Capítulo 5**, abordamos a ergonomia de processos, o projeto do posto de trabalho e as questões de segurança e higiene no trabalho, bem como analisamos o conjunto de serviços de suporte e as edificações onde são instaladas as unidades produtivas.

Por último, no **Capítulo 6**, tratamos da locação e da implantação de instalações, da formalização e da documentação do projeto e do leiaute e das técnicas e ferramentas utilizadas na avaliação e na seleção de soluções alternativas de leiaute.

Bom estudo!

[como aproveitar ao máximo este livro]

Este livro traz alguns recursos que visam enriquecer o seu aprendizado, facilitar a compreensão dos conteúdos e tornar a leitura mais dinâmica. São ferramentas projetadas de acordo com a natureza dos temas que vamos examinar. Veja, a seguir, como esses recursos se encontram distribuídos no projeto gráfico da obra.

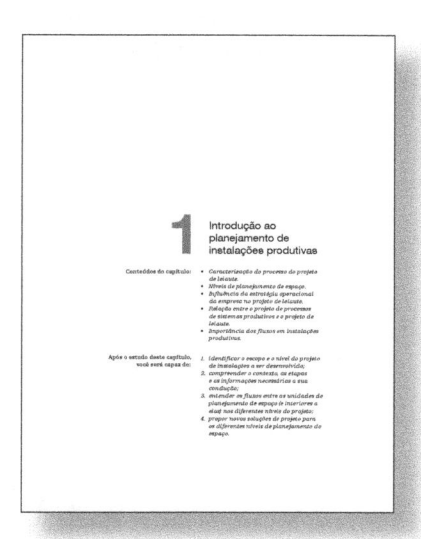

- *Conteúdos do capítulo:*
  Logo na abertura do capítulo, você fica conhecendo os conteúdos que serão nele abordados.

- *Após o estudo deste capítulo, você será capaz de:*
  Você também é informado a respeito das competências que irá desenvolver e dos conhecimentos que irá adquirir com o estudo do capítulo.

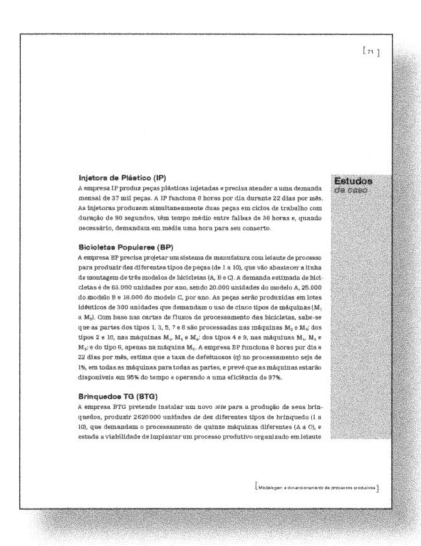

- *Estudos de caso*
  Esta seção traz ao seu conhecimento situações que vão aproximar os conteúdos estudados à sua prática profissional.

- *Síntese*

  Você dispõe, ao final do capítulo, de uma síntese que traz os principais conceitos nele abordados.

- *Questões para revisão*

  Com estas atividades, você tem a possibilidade de rever os principais conceitos analisados no capítulos. Ao final do livro, o autor disponibiliza as respostas às questões, a fim de que você possa verificar como está sua aprendizagem.

- *Questões para reflexão*

  Nesta seção, a proposta é levá-lo a refletir criticamente sobre alguns assuntos e a trocar ideias e experiências com seus pares.

- *Para saber mais*

  Você pode consultar as obras indicadas nesta seção para aprofundar sua aprendizagem.

1 Introdução ao planejamento de instalações produtivas

Conteúdos do capítulo:
- *Caracterização do processo do projeto de leiaute.*
- *Níveis de planejamento de espaço.*
- *Influência da estratégia operacional da empresa no projeto de leiaute.*
- *Relação entre o projeto de processos de sistemas produtivos e o projeto de leiaute.*
- *Importância dos fluxos em instalações produtivas.*

Após o estudo deste capítulo, você será capaz de:
1. *identificar o escopo e o nível do projeto de instalações a ser desenvolvido;*
2. *compreender o contexto, as etapas e as informações necessárias a sua condução;*
3. *entender os fluxos entre as unidades de planejamento de espaço (e interiores a elas) nos diferentes níveis do projeto;*
4. *propor novas soluções de projeto para os diferentes níveis de planejamento do espaço.*

Antes de dar início ao projeto ou leiaute de uma instalação produtiva, é importante que você compreenda o conjunto de questões relacionadas a eles.

Neste capítulo, apresentaremos conceitos e definições presentes na literatura a fim de situá-lo em relação a essa temática de estudos e sua abrangência. Em situações reais, compreender o escopo do projeto a ser desenvolvido e delimitar com precisão o nível de planejamento de espaço no qual ocorrerá a intervenção do projetista podem evitar retrabalhos e transtornos quando da aprovação da solução identificada.

Assim, para desenvolver um trabalho adequado, é preciso ter em mente que a decisão sobre o planejamento de instalações é estratégica para as empresas. Idealmente, o projeto e o leiaute da instalação produtiva devem ser simples, apesar de abrigarem processos complexos e inter-relacionados, motivo pelo qual este capítulo caracteriza suas relações com a estratégia operacional e as diferentes possibilidades de padrões de fluxo em instalações produtivas.

1.1 Definições e procedimentos de projeto e leiaute

O planejamento de unidades produtivas é uma tarefa complexa com várias etapas inter-relacionadas e da qual se espera como produto final um conjunto de documentos que permitam sua adequada materialização e utilização. Neste livro, apresentamos métodos, técnicas e exemplos para planejamento, projeto e leiaute de unidades produtivas, entendidas como instalações planejadas para produção de bens e prestação de serviços.

Planejar, no sentido literal, significa determinar objetivos e coordenar meios e recursos para a realização de uma atividade ou um empreendimento tendo como resultado um plano. É comum o uso da palavra *planejar* de modo intercambiável com a palavra *projetar*. A diferença entre elas se evidencia em situações em que é preciso planejar e gerenciar a realização de um projeto – área de conhecimento específica denominada *gestão de projetos*.

Tompkins et al. (1996) não consideram o planejamento de instalações como sinônimo de *projeto*, *leiaute*, *planta de leiaute* ou *locação de instalações*, propondo uma estrutura para caracterizar a diferença, apresentada na Figura 1.1, na qual chama a atenção a distinção entre a locação e as três formas de projeto de instalações.

Figura 1.1 – Estrutura para o planejamento de instalações

Planejamento de instalações
- Locação de instalações
- Projeto de instalações
  - Projeto do sistema de instalações
  - Projeto do leiaute
  - Projeto do sistema de movimentação

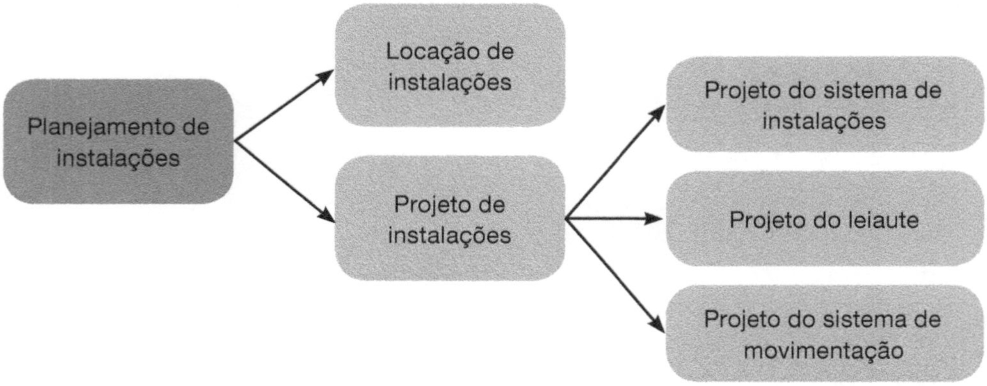

Fonte: Adaptado de Tompkins et al., 2010, p. 8.

Com origem no termo latino *projectum* e sentido de "algo lançado à frente" (Houaiss; Villar, 2015), *projeto* significa "ideia, desejo, intenção de fazer ou realizar (algo), no futuro, plano" (Houaiss; Villar, 2015). *Projeto* é uma palavra de uso geral que necessita ser delimitada em relação ao caso concreto para o qual está sendo utilizada, podendo demandar complementos e adjetivações, a exemplo de *projeto de lei, projeto de pesquisa, projeto social, projeto pessoal, projeto executivo, projeto detalhado, projeto elétrico, projeto estrutural*, entre outros.

Em um entendimento geral, um projeto pode ser caracterizado como "um empreendimento organizado para alcançar um objetivo específico", sendo tecnicamente "definido como uma série de atividades ou de tarefas relacionadas que são, geralmente, direcionadas para uma saída principal e que necessitam de um período de tempo significativo para sua realização" (Davis; Aquilano; Chase, 2001, p. 360); "um esforço temporário empreendido para criar um produto, serviço ou resultado exclusivo" (PMI, 2004, p. 5, tradução nossa); ou "um empreendimento temporário distinguível por ser complexo e único com tempo, custo e objetivos de qualidade restritos" (De Marco, 2011, p. 1, tradução nossa).

Segundo Slack et al. (2009, p. 88, grifo do original), "'Projetar' é conceber a aparência, o arranjo e a estrutura de algo **antes de construí-lo**[,] [...] é um exercício conceitual [...] que necessita conceber uma solução que funcione na prática". De uma forma adjetivada, e com o significado mais próximo da acepção utilizada neste livro, a Lei n. 8.666, de 21 de julho de 1993 (Brasil, 1993), conhecida como Lei de Licitações, define *projeto básico* da seguinte maneira:

> Art. 6º
> [...]
> IX – Projeto Básico – conjunto de elementos necessários e suficientes, com nível de precisão adequado, para caracterizar a obra ou serviço, ou complexo de obras ou serviços [...], que possibilite a avaliação do custo da obra e a definição dos métodos e do prazo de execução [...].

Essa definição se relaciona à ideia de completude do produto final a ser obtido, que deve servir de instrumento e apresentar subsídios a sua objetiva materialização, ultrapassando seu entendimento vulgar e remetendo-se à noção de *plano*.

Segundo Chen (2012), o processo de projetar uma fábrica tem como objetivo maior o leiaute e é parte do planejamento de uma fábrica nova que cobre todas as atividades realizadas em seu desenvolvimento, incluindo o gerenciamento da logística e a análise da viabilidade do projeto, em termos de limitações de tempo e custo.

Em um sentido amplo, *leiaute* (*layout,* no original em inglês*)* significa "rascunho", "esboço", "projeto", "plano", "arranjo", "esquema" ou "*design*" em relação à forma como as partes ou coisas são arranjadas ou dispostas em determinado espaço (por exemplo, o leiaute de uma página de livro ou jornal, de linhas de metrô de uma cidade, do arranjo físico de uma empresa etc.). No contexto de projeto de instalações, Schenk, Wirth e Müller (2010) definem *leiaute* como uma representação gráfica do arranjo espacial de unidades funcionais e estruturais em nível operacional (estações de produção e montagem e instalações para transporte, manuseio e estocagem) para dada edificação, sendo o leiaute ideal aquele que represente a melhor solução possível, tendo em vista as restrições existentes.

Assim, o termo *projeto* se refere a uma reflexão antecipada a respeito de um empreendimento ou sistema, enquanto o termo *leiaute* está mais relacionado às inter-relações de seus elementos operacionais constituintes – ou seja, aquele diz respeito à forma estática e precisa de representar o objeto; este, a sua forma dinâmica e esquemática.

Como entendido neste livro, a expressão **projeto e leiaute** representa a produção de um plano preciso e detalhado sobre a forma como deve ser arranjado no espaço um conjunto organizado e sinérgico de pessoas, máquinas, equipamentos e instalações utilizados na realização otimizada de um bem ou serviço, inserida em um contexto específico.

O resultado deve ser expresso de forma gráfica e escrita, de modo que se permitam a compreensão e a materialização de uma instalação produtiva. Já a expressão **planejamento de instalações** será utilizada para se referir ao conjunto completo de ações envolvidas na concepção, no projeto, na aprovação, na apresentação e na construção das instalações de unidades produtivas, incluindo o projeto do processo, a modelagem e o dimensionamento do sistema de manufatura e os demais elementos constituintes do sistema de produção.

Na literatura, é também comum o uso do termo *instalações* (em inglês, *facilities*), cujo sentido deve ser precisado. As instalações não se limitam às instalações prediais (sanitárias, elétricas, lógicas etc.) ou à edificação em si, mas adquirem sentido amplo, como entendido neste livro, referindo-se às instalações de produção que dão abrigo e viabilizam a realização de todas as funções de negócio da empresa.

Como estabelecido por Groover (2000), para um *sistema de produção*, as instalações são a fábrica, as máquinas e as ferramentas de produção, os equipamentos de movimentação de materiais e de inspeção e os sistemas de controle das operações, incluindo também o leiaute da planta, que se refere ao arranjo físico dos equipamentos na fábrica. O *projeto* das instalações de manufatura diz respeito à organização das instalações físicas de uma companhia para promover o uso eficiente de seus recursos, incluindo a seleção do local, o projeto da edificação, o leiaute da planta e a movimentação de materiais, sendo este um termo frequentemente utilizado como sinônimo de *planta de leiaute* (Stephens; Meyers, 2010).

A produção de um projeto de leiaute apresenta um conjunto de vantagens há muito relatadas na literatura. Muther (1955) já destacava as formas de economia associadas a um bom leiaute: aumento da segurança, da moral e da satisfação dos trabalhadores e da utilização de equipamentos e de funcionários; incremento da produção; redução do risco à saúde, de atrasos, de economia de espaço de chão de fábrica, da movimentação de materiais e do inventário em processo, do tempo de manufatura e da quantidade de trabalhadores indiretos, do congestionamento e da confusão e de danos aos materiais; facilidade de supervisionamento e de ajustes e mudanças.

Um conjunto de objetivos pode direcionar o esforço do desenvolvimento do projeto de leiaute de instalações produtivas, cuja caracterização não é recente, com variações de ênfase entre autores ao longo do tempo: a integração entre pessoas, máquinas e atividades de suporte à produção, a redução da distância de movimentação de materiais, a melhora do fluxo do trabalho e a utilização efetiva do espaço (Muther, 1955); o suporte à visão da empresa pela melhoria na movimentação, no controle e na guarda de materiais, a utilização efetiva das pessoas, dos equipamentos, do espaço e da energia, a minimização do capital investido e a promoção da fácil manutenção (Tompkins et al., 1996); a minimização do custo do projeto, a otimização da qualidade, a promoção do efetivo uso de recursos, o atendimento à data de início de produção e a redução de inventário excessivo (Stephens; Meyers, 2010). Além dos objetivos elencados, todos os autores mencionados relacionam, ainda, a segurança e a satisfação dos trabalhadores e os arranjos flexíveis e adaptáveis.

A literatura apresenta um grande número de modelos, passos, procedimentos, atividades, estruturas conceituais e conjuntos de etapas para o desenvolvimento do projeto de instalações: Muther (1955, 1978); Tompkins et al. (1996); Moore (1969); Pemberton (1977); Lee et al. (1997); Muther e Wheeler (2000); Hopp e Spearman (2000); Teicholz (2001); Sule (2009); Bellgran e Säfsten (2010); Schenk, Wirth e Müller (2010); Stephens e Meyers (2010); Tompkins et al. (2010); De Marco (2011). Essas sistematizações variam em termos da exaustividade e do nível de detalhamento, tendo como vantagem a organização das atividades e a delimitação prévia do percurso como um todo.

Ao serem utilizadas, quando muito formais e demasiadamente detalhadas, podem dificultar a realização de projetos de menor porte e, quando superficiais, podem não ser suficientes para atender à complexidade de projetos maiores. A apresentação de algumas delas pode dar uma ideia de sua importância no desenvolvimento do projeto de leiaute.

Para o desenvolvimento do leiaute, Muther (1955) recomenda estudar oito grupos de fatores que influenciam qualquer tipo de leiaute: material (*design*, variedade, quantidade, operações necessárias e sua sequência); maquinário (equipamentos e sua utilização); homem (trabalhadores, supervisão e serviços de apoio); movimentação (transporte inter e intradepartamentos, manuseio durante operações, estocagem e inspeções); esperas (estocagem temporária e atrasos); serviços (manutenção, inspeção, defeito, programação, liberação); edificação (características internas e externas, distribuição de utilidades e de equipamentos); e mudança (versatilidade, flexibilidade e explansão).

Stephens e Meyers (2010) defendem o uso de abordagens sistemáticas, com a adição de informação a cada passo, para que, ao final, após o procedimento ser seguido, o resultado apareça como mágica. Os autores destacam que a qualidade do projeto depende da capacidade da análise dos dados, e não da habilidade dos computadores em resolver problemas, apesar de vários algoritmos computacionais ter sido desenvolvidos para auxiliar no projeto de instalações.

Na concepção de Bellgran e Säfsten (2010), **o projeto e o leiaute** de unidades produtivas são entendidos como uma fração de um processo mais amplo – desenvolvimento de sistemas de produção –, que pode ser compreendido com base em uma estrutura e um percurso estruturado: **planejar** (gestão, controle e forma de trabalho estruturada), **projetar e avaliar** (projeto preparatório e especificação do projeto) e **implementar** (realização, planejamento e inicialização). As autoras enfatizam que o desenvolvimento de sistemas de produção não tem recebido da academia e da indústria a mesma atenção dada ao processo de desenvolvimento de produtos, mesmo sabendo-se que menos distúrbios e uma melhor *performance* final são obtidos quando nele são investidos recursos humanos e financeiros. Apesar de caracterizado nessa concepção compreensiva, é importante destacar que a literatura não dá grande ênfase às etapas de formalização do planejamento e de implementação do projeto – pelo menos em projetos de menor porte (Bellgran; Säfsten, 2010).

Tompkins et al. (2010) caracterizam o processo de planejamento de instalações como uma arte, por depender de criatividade, síntese e estilo, combinada com a ciência, pelo uso de análise, redução e dedução. Os autores relacionam as etapas do **projeto de engenharia** às do processo de **planejamento de instalações** (ver Quadro 1.1), em três fases. A primeira propõe a explicitação dos objetivos da instalação, que deveriam ser alinhados com a visão e a missão da organização; a segunda está diretamente relacionada ao desenvolvimento do projeto; enquanto a terceira está associada à implementação deste.

Quadro 1.1 – Etapas do projeto de engenharia e do processo de planejamento de instalações

Fase	Projeto de engenharia	Processo de planejamento de instalações
I	Definir o problema	(Re)definir o objetivo da instalação
I	Definir o problema	Especificar atividades primárias e de suporte
II	Analisar o problema	Determinar inter-relações
II	Analisar o problema	Determinar necessidades de espaço
II	Gerar alternativas	Gerar planos de instalações alternativos
II	Avaliar alternativas	Avaliar planos de instalações alternativos
II	Selecionar a melhor alternativa de projeto	Selecionar um plano de instalações
III	Implementar o projeto	Implementar o plano
III	Implementar o projeto	Manter e adotar o plano de instalações
III	Implementar o projeto	Redefinir o objetivo da instalação

Fonte: Adaptado de Tompkins et al., 2010, p. 18.

Ilustramos essas etapas ao longo deste livro sem a preocupação com sua formalização precisa e enfatizando especialmente as fases I e II, em um encadeamento concebido de modo que se facilite a aprendizagem dos conteúdos.

É interessante destacar que o processo de planejamento de instalações se repete de períodos em períodos, em função do ciclo de vida dos produtos. Quando um novo produto é idealizado e o processo existente não é adequado a sua produção, ou não permite produzi-lo nas quantidades necessárias, pode ser necessário iniciar um novo ciclo de projeto de leiaute para a proposição de uma nova instalação ou a adequação das existentes.

Ao descrever o ciclo de vida de um produto, Bellgran e Säfsten (2010) o caracterizam como um conceito amplo a realização de um produto (ver Figura 1.2), pois envolve desenvolvimento do produto e da produção e processos integrados e mutuamente dependentes para alcançar eficiência.

Figura 1.2 – Ciclo de vida de um produto

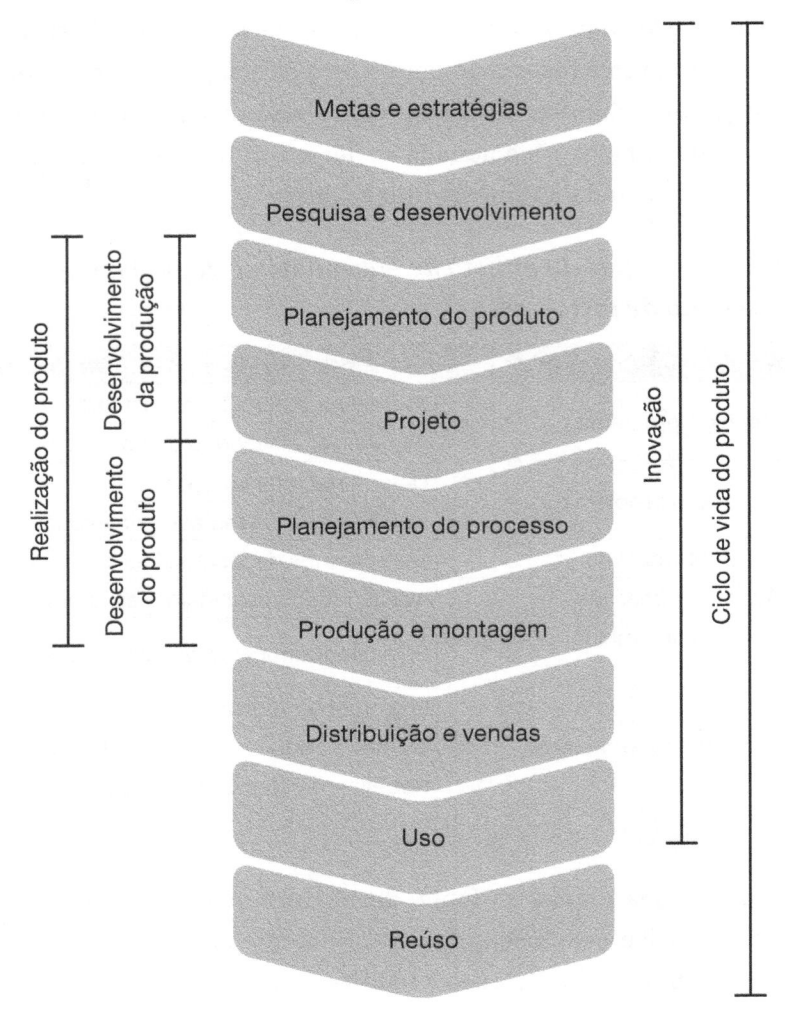

- Metas e estratégias
- Pesquisa e desenvolvimento
- Planejamento do produto
- Projeto
- Planejamento do processo
- Produção e montagem
- Distribuição e vendas
- Uso
- Reúso

Agrupamentos laterais:
- Realização do produto: de Metas e estratégias até Produção e montagem
- Desenvolvimento do produto: de Planejamento do produto até Planejamento do processo
- Desenvolvimento da produção: de Projeto até Planejamento do processo
- Inovação: de Metas e estratégias até Uso
- Ciclo de vida do produto: de Metas e estratégias até Reúso

Fonte: Adaptado de Bellgran; Säfsten, 2010, p. 6.

Muitas vezes, os produtos são concebidos para permitir sua produção com os sistemas de manufatura existentes, o que reduz o custo de processamento/montagem e o tempo de lançamento, processo conhecido como *design for manufacturing*. A inserção de produtos novos para produção em processos, existentes ou não, ilustra a natureza cíclica do processo de projeto de leiaute, que pode ser retomado por mais de uma vez ao longo da vida útil de uma unidade produtiva, sendo necessário a cada ciclo definir o escopo e identificar com clareza os níveis de planejamento de espaço envolvidos.

1.2 Escopo e níveis de planejamento de espaço

A definição do objetivo produz clareza em relação ao escopo do projeto de leiaute de uma instalação produtiva, além de fornecer subsídios para a definição de parâmetros voltados à avaliação das soluções alternativas propostas. O escopo se refere à dimensão e à extensão do que será planejado, podendo se referir a uma reforma parcial em uma instalação existente, a uma ampliação ou a uma obra completamente nova.

De acordo com Pemberton (1977), grande parte dos problemas de arranjo físico está relacionada a mudanças, como a implantação de uma fábrica nova, a introdução de um novo produto, a expansão de negócio existente, a necessidade de ajuste de produção em um sistema existente e o avanço tecnológico. Similarmente, para Stephens e Meyers (2010), as fontes usuais de projetos de instalações de manufaturas são: instalações novas, novos produtos, mudanças no *design* do produto, redução de custos e melhorias.

Em qualquer dessas situações, a intervenção pretendida pode demandar o projeto de leiaute de uma estação de trabalho, de um conjunto delas, de todo o processo, incluindo as áreas de suporte, da ocupação do(s) prédio(s) no terreno ou a escolha da localização do terreno. Veja que reconhecer o nível de intervenção demandado é crucial, pois ajuda a organizar o projeto de leiaute e a caracterizar a extensão do trabalho a ser desenvolvido.

Alguns dos possíveis níveis de intervenção do projeto de leiaute podem ser caracterizados pela sistematização da organização hierárquica de uma instalação produtiva que, de acordo com Schenk, Wirth e Müller (2010), seria composta por *estação* (ou estações) *de trabalho*, *grupo(s) de estações de trabalho*, *seção*, *divisão* ou *planta*. Além dessas palavras, é também usual a utilização dos termos *setor*, *célula*, *linha* e *departamento* para distinguir diferentes arranjos de máquinas, equipamentos e estações de trabalho.

Uma forma útil, proposta por Groover (2000), é chamar de *sistema de manufatura* todo o conjunto lógico de trabalhador(es) e equipamento(s) arranjados no chão de fábrica, termo coletivo que pode se referir a um equipamento individual ou a um grupo de máquinas e seus operadores (célula, linha). Nessa concepção, adotada neste livro, em uma instalação produtiva podem ser arranjados um ou mais sistemas de manufatura, que podem ser independentes ou integrados e conviver de forma harmoniosa na produção de um mesmo (ou de distintos) produto ou serviço.

A fim de evitar ambiguidades, Lee et al. (1997) e Lee (1998) propõem distinguir o projeto de instalações nos níveis **global**, **supra**, **macro**, **micro** e **submicro** de planejamento de espaço, o que, idealmente, deveria ser conduzido do nível mais geral para o mais particular:

- No **nível global**, é estudada a melhor localização do *site* no globo, no país, no estado, na região ou na cidade, considerando fornecedores, clientes e demais unidades da empresa. É comum a referência a esse nível como *localização da instalação*, seja na literatura sobre administração da produção, seja na literatura sobre projeto de leiaute (Tompkins et al., 1996; Krajewski; Ritzman; Malhotra, 2009; Slack et al., 2009; Sule, 2009; Stephens; Meyers, 2010).

- No **nível supra**, são definidos a quantidade, o tamanho e a localização das edificações no terreno e a infraestrutura necessária (água, eletricidade, gás, insumos, acessos rodoviários e ferroviários etc.), incluindo o espaço para eventuais ampliações. Esse importante nível de planejamento, denominado na língua inglesa de *plot plan* e arquitetonicamente tratado como *estudo de implantação*, é usualmente negligenciado pela literatura de projeto de instalações, assim como as instalações de suporte (Lee et al., 1997; Lee, 1998).

- No **nível macro**, é definido o fluxo de materiais e a posição de sistemas de manufatura (setores, seções, células, linhas, departamentos etc.), motivo pelo qual este é considerado um dos níveis mais importantes. As decisões tomadas nesse nível influenciam a flexibilidade a novos produtos, os custos e a qualidade (Lee et al., 1997; Lee, 1998).

- No **nível micro**, são posicionados os equipamentos e mobiliários nos espaços, previamente reservados no nível do macro, com ênfase no fluxo de materiais, na comunicação do pessoal e no trabalho em equipe (Lee et al., 1997; Lee, 1998).

- No **nível submicro**, a principal preocupação são os trabalhadores e as estações de trabalho, que devem ser planejados com base na eficiência, na efetividade e na segurança (Lee et al., 1997; Lee, 1998).

A clareza produzida pela estruturação em níveis de planejamento do espaço propostos por Lee et al. (1997) auxilia na compreensão em relação ao escopo do projeto de leiaute, seja em obras novas, seja em adequações ou reformas. Veja que nessa concepção as instalações e os sistemas de transportes são tratados conjuntamente, por serem atividades imbricadas.

As concepções de Tompkins et al. (1996) e Lee et al. (1997) para o planejamento e o projeto de instalações inspiraram a estrutura de capítulos utilizada neste livro, que trabalha o nível macro no Capítulo 2, o nível micro no Capítulo 3 e o nível submicro no Capítulo 5. Concomitantemente a esses níveis, os conceitos apresentados no Capítulo 4 e em parte do Capítulo 5 podem ser utilizados para a produção de projetos específicos do sistema de movimentação de materiais e de sistemas de instalações.

Independentemente do nível de planejamento de espaço, o projetista deve buscar um conjunto de informações que permita ampliar sua compreensão sobre a instalação produtiva a ser projetada, alinhada à estratégia da empresa. Apesar de evidente, a proposição de obtenção de informações e o esforço de sistematizá-las buscam evitar retrabalhos e o aumento no tempo de projeto, erros comuns no planejamento de espaço.

Para que projeto e leiaute adequados sejam gerados, você deverá conhecer a estratégia adotada pela empresa, o nível de planejamento de espaço envolvido, o *mix* de produtos e serviços a serem produzidos/ofertados e seus volumes, os processos necessários a sua realização e a forma como serão movimentados os produtos e os clientes.

Muther e Wheeler (2000) propõem a obtenção de cinco tipos de entradas de dados antes mesmo de iniciar o projeto de leiaute, sistematizadas por ele pelas letras **PQRST**, que permitem a compressão sobre *por que* (*why*) produzir **produtos** (**P**), materiais ou serviços; definem *o que* (*what*) será produzido, ou distribuído; a **quantidade** (**Q**) ou os volumes de vendas e inventário que caracterizam *quanto* (*how much*) de cada item será produzido ou distribuído; o **roteamento** (**R**) ou os processos necessários ao processamento, que estabelecem *como* (*how*) ocorrerá o processamento; os **serviços de suporte** (**S**), que estabelecem *com qual* (*with what*) suporte os processos serão desenvolvidos em termos de pessoas, processos e sistema de informação; e o **tempo** (**T**), que permite compreender *quando* e *por quanto tempo* (*when* e *how long*) os itens serão processados e distribuídos.

A simplicidade aparente dessa sistematização de informações necessárias ao planejamento de espaço não diminui sua importância, dado não ser possível projetar o que não se conhece. Mesmo aqueles com maior compreensão sobre os processos envolvidos devem evitar a tentação de iniciar um **projeto e leiaute** antes de buscar por informações, que servem para registrar o ponto de partida, estabelecer os objetivos da instalação e definir parâmetros para avaliar as alternativas a serem propostas.

Outra abordagem interessante e visual para caracterizar o tipo de fábrica a ser planejada é a morfologia proposta por Schenk e Wirth, citados por Schenk, Wirth e Müller (2010), na qual são destacados com hachuras os atributos relacionados às características de uma fábrica típica (ver Quadro 1.2).

Os componentes a serem identificados antes do início do projeto de produção, segundo os autores, são: as instalações de manufatura, a montagem, o tipo de manuseio e transporte e as instalações de estocagem (parâmetros de carga e de forma e de mobilidade); a estrutura espacial a ser utilizada (estruturas flexíveis de leiaute e fluxo de materiais); a interferência de efeitos diversos (vibrações, barulho, iluminação, cor, temperatura, umidade do ar, tecnologia de sala limpa); e as restrições (espaço do chão de fábrica, modulação, pilares, peso máximo, dimensões de portões, integração com o transportador aéreo, altura útil do guincho, carga máxima no piso e telhado, fundações e tubulações).

Quadro 1.2 – Morfologia para determinar o tipo de fábrica

Característica	Atributos				
Tamanho do empreendimento	Pequeno porte		Pequeno e médio porte		Grande porte
Período de investimento	Curto prazo		Médio prazo		Longo prazo
Estratégia de localização	Local	Regional	Nacional		Global
Estágios de produção	Parte única	Elementos estruturais ou componentes	Montagem ou sistemas de montagem	Unidades (veículos)	Sistema de planta
Rede de relacionamento	Fábrica autônoma	Conectada		Redes de competência	Fábrica virtual
Mudança de localização	Móvel		Permanente		Combinada
Grau de adição de valor	*Marketing*	Pesquisa e desenvolvimento	Aquisição	Produção	Vendas e *marketing*	Serviço
Modelo do operador	Compra		Aluguel		Arrendamento
Orientação da fábrica	Processo	Produto		Força de trabalho	Edificações
Tipo de produção	Puxada	Pequenos lotes		Médios lotes	Em massa
Processo de produção	Contínuo		Lotes		Combinado
Tamanho do produto	Micro	Pequeno		Médio	Grande
Uso	Reúso	Usufruto		Reciclagem	Disposição

Fonte: Adaptado de Schenk, Wirth e Müller, 2010, p. 6.

Essa sistematização permite observar a multidimensionalidade de características concernentes às instalações e ao objeto do projeto de leiaute – informações que devem ser buscadas para contextualizar e instrumentalizar o processo de tomada de decisão.

1.3 Estratégia operacional e sistemas de produção

A estratégia operacional tem origem na estratégia de negócio e determina a competitividade e o sucesso da organização ao longo do tempo. Ela representa a abordagem dominante a ser compartilhada pela organização em relação ao conjunto de produtos e processos, influenciando o comportamento dos indivíduos. Com base na estratégia operacional, são estabelecidos quantidades, produtos, tecnologias, formas de planejamento e controle, processos, instalações e investimentos a serem realizados.

As decisões efetivas de operações demandam mais do que a capacidade de projetá-las, sendo derivadas de uma sólida estratégia (Krajewski; Ritzman; Malhotra, 2009). A relação entre a estratégia e o projeto de leiaute pode ser vislumbrada pelo impacto futuro das decisões tomadas. Tompkins et al. (1996) destacam um conjunto de tópicos com impacto de longo prazo no plano estratégico das instalações: definição de número, locação e tamanho dos armazéns de estoque e centro de distribuição; centralização *versus* descentralização (estoques de suprimentos, matérias-primas, produtos em processo e produtos em único ou múltiplos *sites* e/ou companhias); aquisição de instalações existentes ou construção de novas; definição do nível de flexibilidade desejado para atender ao mercado e às incertezas tecnológicas; interface entre estoque e manufatura; definição do nível integração vertical (subcontratar ou manufaturar); utilização de sistemas de controle (material e equipamentos); movimentação material (entre prédios, *sites*, internacional); mudanças tecnológicas de consumidores e fornecedores; e planejamento de metas de custo produção nas instalações.

Idealmente, é a estratégia operacional que direciona a definição do sistema de produção necessário à realização dos produtos e serviços, que, por sua vez, são materializados em diferentes sistemas de manufatura. A forma como os sistemas de produção são planejados depende do modo como são compreendidos, sendo comum encontrar na literatura variações conceituais em relação a eles.

Chiavenato (2005) define *sistema de produção* como a maneira de a empresa administrar seus elementos componentes e realizar operações de produção, desde a chegada de materiais e matérias-primas até o armazenamento de produtos acabados. Krajewski, Ritzman e Malhotra (2009) enfatizam a administração de processos e das cadeias de valor e o uso das operações a maximizar a competitividade no mercado, entendendo a empresa como um sistema inserido em um sistema maior.

Com forte influência operacional, Ohno (1997) enfatiza que o método de produção pode agregar valor pela redução de desperdícios, permitindo à empresa atuar de forma competitiva em um ambiente de crescimento econômico lento. Similarmente, Groover (2000) define *sistema de produção* como uma composição de pessoas, de equipamentos e de procedimentos organizados para combinar os materiais e os processos que realizam as operações de manufatura de uma empresa, incluindo as máquinas e as estações de trabalho na fábrica e os procedimentos de suporte que permitem que elas funcionem.

Gaither e Frazier (2002) caracterizam a produção como uma função organizacional que deve ser integrada às demais funções organizacionais, apresentando os conteúdos da administração da produção em termos de decisões estratégicas (planejamento do produto e processo; tecnologia e capacidade de produção; planejamento da localização e do leiaute), operacionais (planejamento da produção, de recursos e de estoques; controle do chão de fábrica; administração da cadeia de suprimentos) e de controle (produtividade dos recursos humanos; qualidade e gestão de projetos).

O projeto e o leiaute de instalações produtivas tomam como objeto os sistemas de produção, concebidos para realizar produtos e serviços, podendo ser necessário projetá-los desde o início ou produzir uma representação de processos previamente concebidos.

Os projetos de processo determinam a configuração geral, a sequência de atividades e o fluxo dos recursos transformados, estando assim inter-relacionados com as atividades de projeto de produtos, dado estes serem projetados simultaneamente para satisfazer ao consumidor e para que sejam eficazmente produzidos (Slack et al., 2009).

O planejamento do processo envolve determinar o processo mais apropriado para manufaturar/montar de acordo com as especificações estabelecidas na documentação do projeto do produto, incluindo desenhos e projetos, sequenciamento, seleção de equipamentos e ferramentas e padrões de trabalho, atividades usualmente realizadas por engenheiros de manufatura, também referidos como *engenheiros industriais*, *engenheiros de produção* e *engenheiros de processos* (Groover, 2000).

Ao final, o leiaute detalhado inclui a instalação de manufatura, com máquinas, equipamentos, estações de trabalho e áreas de produção arranjados em um fluxo sistêmico, seguro e ergonômico, caracterizando-se como o resultado de todo o planejamento do projeto que assegura a elegante interação, em cada estação de trabalho, entre homem, máquina e processo (Schenk; Wirth; Müller, 2010).

Observe que os conceitos apresentados nesta seção ilustram a proximidade entre o projeto do leiaute de instalações produtivas e o projeto dos processos de sistemas de produção, bem como sua direta relação com a estratégia adotada pela empresa. Além disso, durante o projeto de leiaute, pode ser necessário conceber vários processos ou sistemas de manufatura, essenciais à realização de produtos distintos, cuja inter-relação complexifica o fluxo e a movimentação de materiais em instalações produtivas.

1.4 Fluxos em instalações produtivas

Os **fluxos** se referem aos percursos e às quantidades de matérias-primas, material de acondicionamento e embalagem, produtos semielaborados, produtos finais, informações, pessoas e veículos que percorrem as instalações produtivas.

O fluxo se distingue de um fluxograma por este exibir de forma esquemática a relação entre elementos representados por ícones e figuras geométricas, enquanto aquele é representado diretamente sobre a planta do projeto de leiaute. O fluxo envolve movimento, percurso e deslocamento, estando diretamente relacionado à dinâmica do sistema estudado. Fluxos inadequados são facilmente observados, de forma direta e visual, e, quando ordenados e bem estabelecidos, parecem óbvios, chamando a atenção por sua simplicidade. Quando você percorre as instalações de uma unidade produtiva em atividade, o movimento é o que mais chama a atenção, sendo essa forma a mais simples de identificar o fluxo. Este pode ocorrer entre dois pontos isolados ou entre vários pontos de uma rede complexa.

A **produção** pode ser entendida como uma rede de processos na qual ocorre a transformação de matéria-prima em produto acabado (fluxo de materiais, no tempo e no espaço) efetivados por uma série de operações em que o trabalho é realizado para efetuar as transformações (Shingo, 1996). Shingo (1996) caracteriza sete tipos de perdas da produção: superprodução, espera, inventário, movimentação, transporte, processamento e defeitos. As perdas nas operações de transporte, entre as mais importantes, podem ser minimizadas com melhorias no leiaute e no fluxo de produtos entre processos.

Caso não tenha havido alteração em relação ao processo inicialmente planejado e o fluxo seja inadequado, houve erro no projeto de leiaute. A melhor oportunidade para se estabelecer um fluxo adequado ocorre durante a produção do projeto, quando deve ser realizado todo esforço possível para identificar a melhor solução para as condições especificadas, sendo redundante pensar em correção ou melhorias de fluxo e minimização de perdas após sua condução. Se houve mudanças nas condições inicialmente previstas ou uma insuficiente reflexão durante o projeto, o estudo do leiaute deve ser retomado.

O fluxo envolve movimento, percurso e deslocamento, estando diretamente relacionado à dinâmica do sistema estudado

Os fluxos são conceitualmente concebidos e, então, determinados pelas opções realizadas no projeto de leiaute, sendo posteriormente visualizados nas instalações produtivas. A concepção conceitual dos fluxos de materiais deve considerar o tamanho do lote, da unidade de carga e dos equipamentos e as estratégias de movimentação de materiais, do arranjo de leiaute e da configuração do prédio (Tompkins et al., 1996).

Fluxos ocorrem em todos os níveis de planejamento de espaço apresentados na Seção 1.2. Os mais importantes, em termos de quantidade de materiais movimentados e custos, ocorrem nos níveis macro e micro, correspondendo àqueles entre setores (seções ou departamentos), dentro de setores ou entre estações de trabalho.

As opções realizadas no nível supra para os acessos – entrada (E) e saída (S) – constituem restrições ao planejamento do espaço do nível macro (ver Figura 1.3). O formato da edificação e as posições dos acessos podem determinar padrões de fluxo no interior do prédio (entre setores), que podem estar em uma mesma face ou em faces opostas da edificação, resultando em distintas possibilidades de padrões de fluxo.

Figura 1.3 – Fluxos de material considerando acessos da edificação

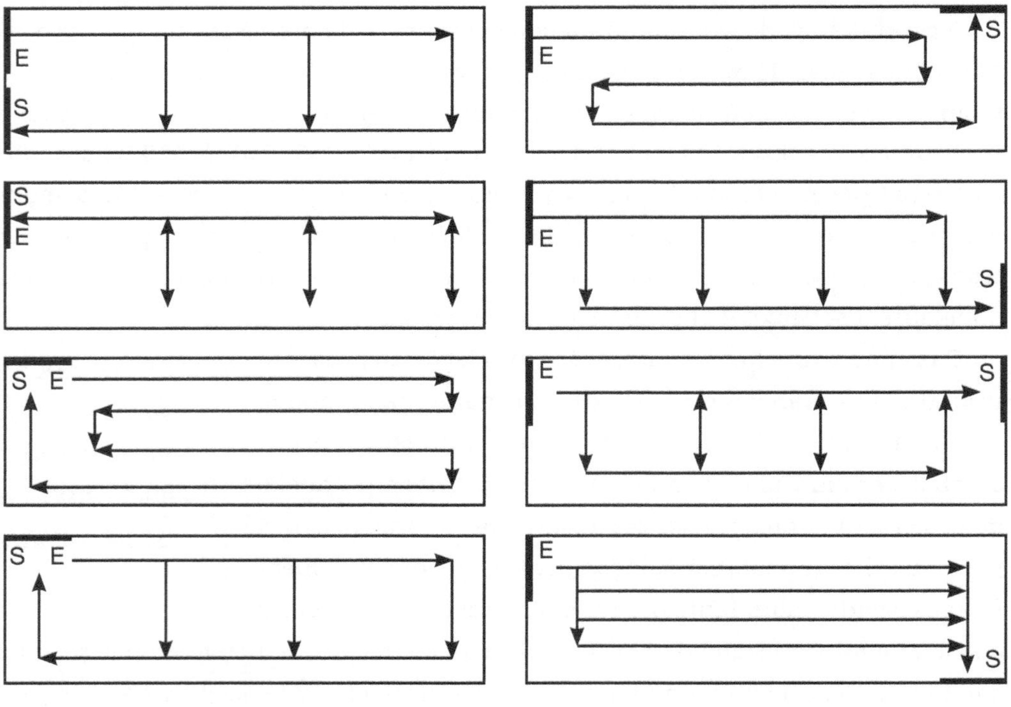

Fonte: Adaptado de Tompkins et al., 2010, p. 93.

O fluxo entre estações de trabalho pode assumir várias padrões, sistematizados por Kettner, citado por Schenk, Wirth e Müller (2010), como, usualmente: linear, em manufaturas e montagens com fluxo fixo entre estações de trabalho; em forma de U, em células de manufatura e locais de *picking*; em anel, em coletas de retorno; convergente, em pré-montagens de linhas de montagem/produção; divergente, em operações de desmontagem; em estrela, em operações de montagem e desmontagem; em rede, em sequências de fluxo de trabalho flexíveis e com frequentes mudanças (ver Figura 1.4).

Figura 1.4 – Formas básicas comuns de fluxo de material em edificações

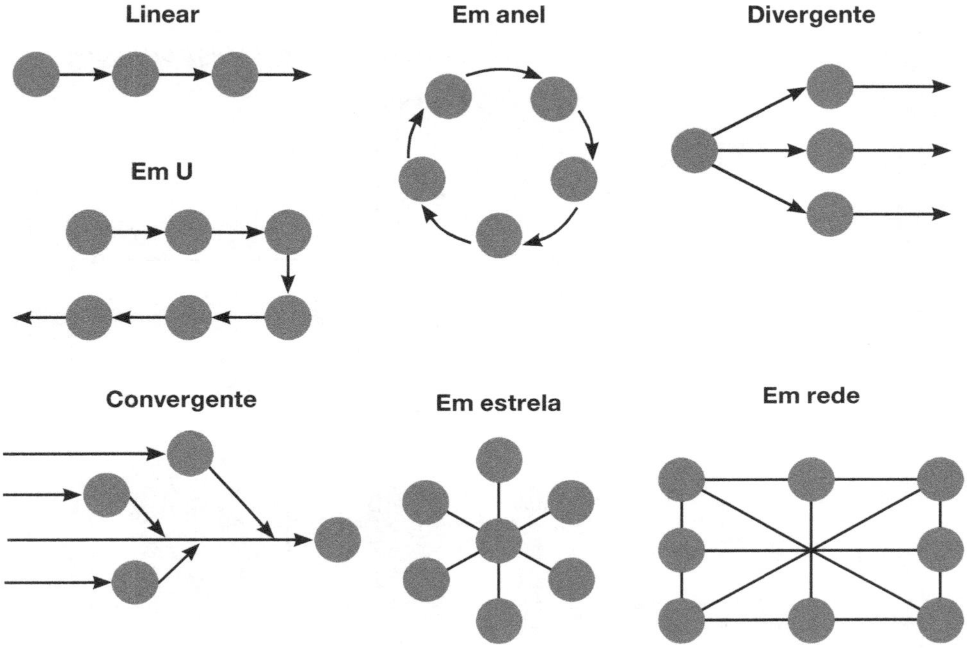

Fonte: Adaptado de Kettner, citado por Schenk, Wirth e Müller, 2010, p. 239.

Além destas, é comum a utilização de variações com o uso do fluxo em formato elíptico, em forma de S ou de W, utilizados para produções/montagens em lotes ou em fluxo unitário de peças, com ou sem auxílio de esteiras transportadoras.

Ambas as sistematizações auxiliam na compreensão visual das possibilidades de fluxo durante o projeto de leiaute na fase de proposição conceitual, devendo ainda ser consideradas as características dos itens a serem movimentados (apresentados no Capítulo 4) e o tipo de sistema de manufatura adotado (abordado no Capítulo 3).

Entre as características dos materiais a serem consideradas, segundo Groover (2000, 2011), estão o **estado físico** (sólido, líquido e gasoso), o **tamanho** (volume, comprimento largura e altura), o **peso** (por peça e por unidade de volume), a **forma** (comprido e chato, arredondada, quadrada etc.), as **condições** (calor, frio, umidade, sujidade etc.), o **risco de danificar** (fragilidade, possibilidade de quebra e robustez) e a **segurança** (explosivo, inflamável, tóxico, corrosivo etc.).

A concepção conceitual dos fluxos também é influenciada pelo tipo de sistema de manufatura adotado e seus leiautes típicos: de posição fixa, de processo, celular e de produto, nessa ordem, apresentados na Figura 1.5. Observe que, nos leiautes de posição fixa e de processo, existe maior movimentação de material, enquanto nos leiautes celular e de produto os fluxos são simplificados entre setores e internamente a estes (níveis macro e micro).

Figura 1.5 – Fluxos de materiais para diferentes tipos de produção

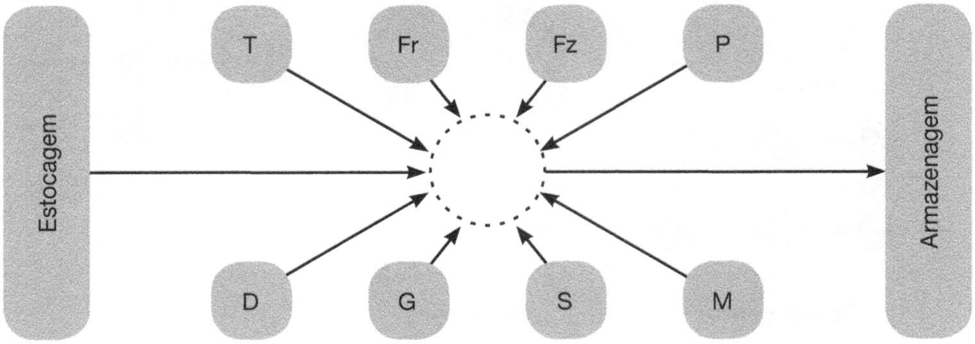

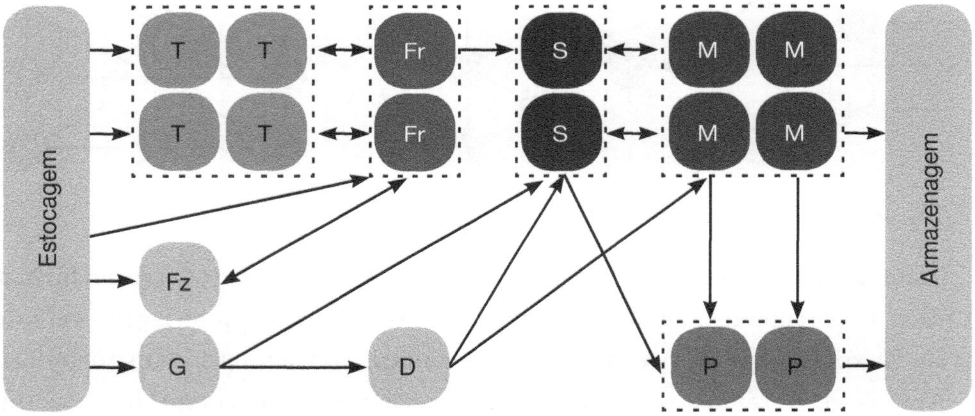

(continua)

(Figura 1.5 – conclusão)

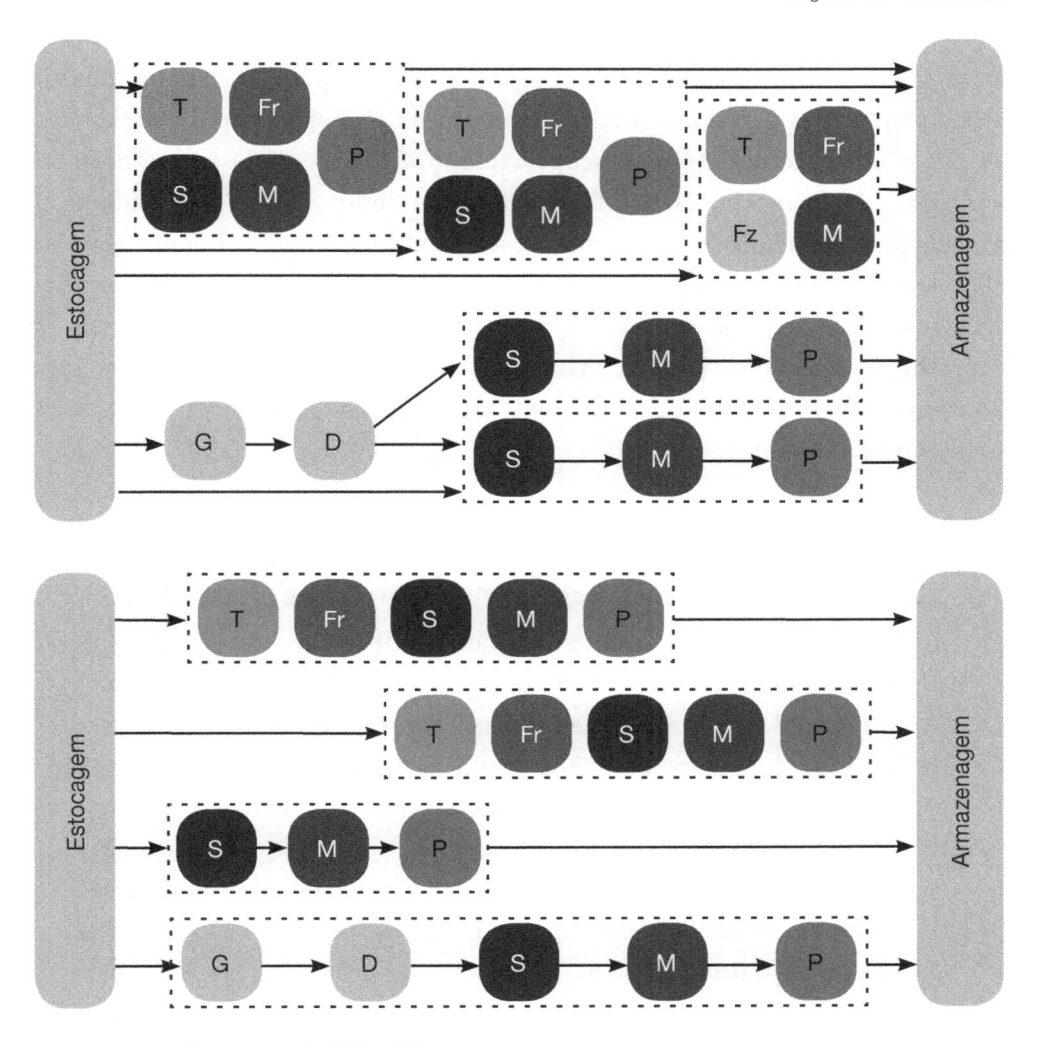

Fonte: Adaptado de Tompkins et al., 2010, p. 111.

Esse conjunto de questões ilustra a multiplicidade de fatores envolvidos na escolha da forma do fluxo, caracterizando também o motivo pelo qual a escolha e o projeto do sistema de movimentação de materiais estão imbricados com o projeto de leiaute. Idealmente, os fluxos devem ser planejados entre setores, dentro destes e entre estações de trabalho e ser preferencialmente diretos, sem interrupções, retornos ou cruzamentos. A adequação do fluxo é um dos parâmetros utilizados em técnicas adotadas para a escolha entre soluções alternativas propostas, sendo algumas delas apresentadas nos capítulos 3 e 4.

■ Síntese

Neste capítulo, você pôde compreender o processo de projeto e leiaute de instalações produtivas e a importância dos níveis de planejamento do espaço para delimitar adequadamente seu escopo. Além disso, vinculada a essa definição, você deve ter observado a importância de compreender o contexto e a busca de informações, especialmente em relação aos produtos, às quantidades, aos roteamentos, aos serviços de suporte e aos tempos. Destacamos, ainda, a necessidade de definir a estratégia de produção e caracterizar sua influência sobre o sistema de produção a ser planejado. Por fim, você percebeu que deve compreender as diferentes possibilidades para os fluxos, entre unidades e dentro delas, ao conceber conceitualmente o projeto.

■ Questões para revisão

1. Assinale as afirmativas a seguir como verdadeiras (V) ou falsas (F):
   ( ) Entre as informações que o projetista deve obter ao iniciar o projeto e leiaute de instalações produtivas estão: produtos que serão produzidos, quantidades, processos e roteamentos de cada produto.
   ( ) Os cinco níveis de planejamento de espaço envolvem a localização do *site* da empresa, a locação dos prédios no terreno, o posicionamento dos setores no prédio, o arranjo das máquinas no setor e a especificação do posto de trabalho, e cada um deles pode ser (sozinho) ou compor o escopo do planejamento de uma instalação produtiva.
   ( ) No ciclo de vida de um produto, o projeto das instalações ocorre antes do desenvolvimento dos produtos.
   ( ) O fluxo em linha é muito utilizado em células de manufatura.
   ( ) Em instalações produtivas, os fluxos de produtos ocorrem em todos os níveis de planejamento de espaço; porém, estudá-los no nível macro pode ajudar a minimizar custos com a movimentação de materiais.

   Marque a alternativa que corresponde à sequência correta:
   a. F, F, F, V, V.
   b. V, F, F, F, V.
   c. V, F, V, F, F.
   d. V, V, F, F, V.

2. Qual a relação entre o processo de planejamento de instalações e o ciclo de vida dos produtos? Considere as situações de uma obra nova e de um prédio existente.

3. Qual das alternativas a seguir não indica tipos de perda da produção?
   a. Espera e superprodução.
   b. Inventário e movimentação.
   c. Transporte e processamento.
   d. Defeitos e utilização.

4. Assinale, entre as alternativas a seguir, aquela que descreve fatores que não influenciam o planejamento de qualquer tipo de leiaute industrial:
   a. Materiais a serem produzidos, desenhos, variedades, quantidades, operações necessárias e sequências.
   b. Maquinário e equipamentos e a utilização destes.
   c. Movimentação e transporte entre departamentos e manuseio durante operações.
   d. Capacidade de processamento e tamanho e posição da fila de clientes.
   e. Tipo de edificação, características internas e externas e distribuição de utilidades e equipamentos.

5. Assinale a alternativa incorreta em relação aos padrões de fluxo entre as estações de trabalho e seus usos comuns:
   a. O fluxo linear é utilizado em manufaturas e em montagens com fluxo fixo entre as estações de trabalho.
   b. O fluxo em forma de U é adotado em células de manufatura.
   c. O fluxo convergente é adotado em pré-montagens de linhas de produção.
   d. O fluxo em estrela é utilizado quando ocorrem sequências de fluxo de trabalho flexíveis e com frequentes mudanças.

■ Questões para reflexão

1. Em seu entendimento, quais são as diferenças entre o projeto e leiaute na adequação de uma edificação existente e de uma obra nova? Como elas afetam os níveis de planejamento e as informações a serem obtidas?

2. Que parâmetros podem ser utilizados para avaliar a adequação dos fluxos em um projeto de leiaute?

■ **Para saber mais**

ABEPRO – Associação Brasileira de Engenharia de Produção. Disponível em: <http://www.abepro.org.br/interna.asp?p=399&m=887&ss=1&c=396>. Acesso em: 15 nov. 2015.

Na página da Abepro, você encontra notícias, eventos e uma lista de periódicos nacionais e internacionais que incluem artigos sobre o projeto e leiaute de instalações produtivas.

IIE – Instituto dos Engenheiros Industriais. Disponível em: <http://www.iienet2.org>. Acesso em: 15 nov. 2015.

Nessa página, você encontrará notícias, eventos, publicações, casos e terminologia a respeito de vários assuntos, incluindo projeto de instalações e leiaute (em inglês).

2 Processos do projeto e leiaute de instalações produtivas

Conteúdos do capítulo:
- *Elementos básicos para o desenvolvimento do leiaute de unidades produtivas.*
- *Ferramentas qualitativas e quantitativas clássicas para o desenvolvimento de projeto e leiaute.*
- *Avaliação e seleção de soluções de leiaute alternativas.*

Após o estudo deste capítulo, você será capaz de:
1. *identificar as unidades de planejamento de espaço (UPEs);*
2. *caracterizar os relacionamentos das UPEs;*
3. *estimar o espaço necessário a determinado projeto;*
4. *identificar as limitações e os condicionantes das estimativas;*
5. *realizar os ajustes necessários à produção de soluções alternativas de leiaute;*
6. *aplicar ferramentas para a seleção da melhor solução entre as opções existentes.*

Estudos
de caso

Indústria de Envasamento de Água Mineral (Ieam)

A Ieam precisa receber materiais e insumos, produzir vasilhames e higienizá-los, envasar a água mineral, realizar o controle de qualidade do produto, armazenar e expedir os vasilhames. A produção de vasilhames será realizada em equipamentos de sopro, que produzem embalagens de 0,5, 1, 5 e 20 litros e atenderão às linhas de envase com capacidade para envasar 50 mil litros de água por dia. Para realizar essas atividades, é preciso desenvolver alguns serviços de suporte, por exemplo, realizar procedimentos administrativos, armazenar registros, gerenciar processos, receber clientes, representantes e visitantes, proporcionar condições para necessidades fisiológicas e permitir a realização de lanches e refeições.

Pronto Atendimento de Urgência e Emergência (Paue)

Um Paue deve ser projetado para proporcionar a recepção e a acomodação de 100 pacientes por dia e realizar as seguintes atividades: fazer a triagem dos atendimentos; prestar atendimento social ao paciente; proceder com a higienização do paciente; executar procedimentos de enfermagem; fornecer atendimentos e procedimentos de urgência; produzir a notificação médica dos pacientes; e oferecer a observação do paciente por um período de até 24 horas. Devem ser previstos ambientes para a execução das seguintes atividades de apoio: armazenar os registros de pacientes; gerenciar os serviços; cumprir os procedimentos administrativos; colocar o material de limpeza em depósito apropriado; receber, lavar, desinfetar e separar os materiais utilizados; conservar as roupas limpas; administrar resíduos sólidos; coletar e acondicionar a roupa suja a ser encaminhada para a lavanderia; guardar as macas e as cadeiras de rodas; permitir hora de lanches e refeições aos funcionários; e proporcionar condições adequadas para as necessidades fisiológicas dos pacientes.

O processo de projeto e leiaute de instalações produtivas envolve a definição de elementos básicos, presentes na concepção de edificações para qualquer finalidade e no uso de ferramentas específicas para encontrar uma ou mais soluções. Esse processo demanda uma habilidade individual, necessária à realização dessa tarefa em ambiente corporativo, e uma abordagem sistemática, para valorizar e sustentar as soluções a serem propostas, a fim de evitar uma abordagem de tentativa e erro que possa resultar em altos custos financeiros, envolver perda de tempo e gerar desgastes desnecessários.

2.1 Elementos básicos e processos do projeto e leiaute

Uma vez definida a necessidade de projeto e leiaute de uma unidade produtiva, a equipe responsável deve identificar os elementos básicos que subsidiam seu desenvolvimento e aplicar procedimentos e técnicas para a produção de uma representação gráfica do local. A identificação de informações caracteriza a fase inicial de pesquisa, na qual ocorre a definição do problema, enquanto que a representação gráfica permite a visualização, a comunicação e a avaliação do projeto e leiaute, fase na qual o projetista pode utilizar suas habilidades de desenho em um processo complexo, trabalhoso e interativo de proposição de soluções potenciais que culmina com a identificação da solução final.

O objetivo básico do projeto e leiaute é alcançar um arranjo prático e ordenado de departamentos e centros de trabalho que minimize a movimentação de materiais e pessoal e, simultaneamente, disponibilize espaço de trabalho suficiente, se possível prevendo espaço para futuras ampliações (Sule, 2009). As instalações produtivas devem viabilizar sua produtividade e ser convenientes e confortáveis aos funcionários, sendo sua segurança obrigação moral e responsabilidade legal do projetista (Stephens; Meyers, 2010).

A importância da solução certa para os problemas de leiaute se deve a seu potencial de reduzir a movimentação de materiais e à dificuldade e ao custo de sua modificação, tendo em vista que todo leiaute é uma proposição cara e de longo prazo, sobre a qual qualquer modificação não pode ser facilmente implementada e implica grande gasto (Sule, 2009).

A tarefa de produzir de um leiaute pode parecer demasiadamente trabalhosa, lembrando um quebra-cabeças sem fim por envolver muitos fatores, ou se tornar muito simples, em função do reconhecimento ordenado em relação aos fatores envolvidos e do conhecimento de procedimentos e técnicas de como produzir um leiaute que os integre, dando a ideia de que qualquer um pode produzi-lo (Muther, 1955).

O adequado desenvolvimento do leiaute depende da caracterização de quatro elementos básicos ao projeto e leiaute utilizados para estruturar essa seção:

1. as atividades a serem desenvolvidas pela unidade produtiva;

2. a explicitação de seus relacionamentos;

3. os espaços demandados para sua realização;
4. as restrições existentes ao desenvolvimento do projeto e leiaute ideal.

Observe que o destaque dado nesta seção é sobre os elementos básicos, que são apresentados em relação ao *macroespaço*, denominação usualmente utilizada para esse nível de projeto. Ainda, os conteúdos apresentados não foram estruturados em uma sequência de etapas metodológicas, como as relacionadas na Seção 1.2. Essa escolha foi intencional e visou simplificar a forma de abordar o projeto e leiaute de instalações produtivas, enfatizando o uso da intuição em detrimento do formalismo. Esse entendimento é mais adequado a estudantes que desenvolvem pela primeira vez um projeto e leiaute, por enfatizar a criatividade e a intuitividade necessárias ao processo de criação.

2.1.1 Atividades a serem desenvolvidas

Cabe ao projetista compreender as atividades, os processos aos quais elas estão relacionadas e os recursos necessários a seu adequado desenvolvimento. Quais atividades serão desenvolvidas na instalação produtiva? Que atividades de suporte são necessárias? Essas são questões iniciais a serem respondidas pelo projetista, uma vez que são as atividades que determinam a necessidade de espaço e são seus relacionamentos que estabelecem os fluxos necessários.

As unidades produtivas destinadas a realizar produtos podem ter de realizar as atividades de armazenar, pesar, fracionar, movimentar, produzir, montar, processar, envasar, empacotar, expedir e transportar, entre outras. Já as unidades produtivas destinadas a realizar serviços podem ter de receber, organizar, atender, servir, entreter, avaliar, diagnosticar, conduzir e transportar clientes. Associadas a estas e àquelas, podem ser necessárias atividades de apoio, como planejar, cobrar, vestir, realizar reuniões, alimentar com energia, reservar água, realizar necessidades pessoais, entre outras. É somente pelo entendimento da finalidade das unidades produtivas que o projetista é capaz de definir um conjunto coerente de atividades a serem desenvolvidas e agrupá-las para fins de projeto de espaço.

Um conjunto de atividades agrupadas pode ser caracterizado como uma *unidade de planejamento de espaço* (UPE), conceito proposto por Lee et al. (1997) que pode ser utilizado nos diferentes níveis de projeto de instalações. Por exemplo, considerando o macroespaço de uma empresa metalomecânica, as atividades de recepção e armazenagem de materiais e insumos podem caracterizar a UPE armazenagem, enquanto a UPE preparo de materiais pode envolver as atividades de corte, furação e dobra. Similarmente, considerando o caso de um pronto-socorro, as atividades de registro, entrada e espera de pacientes podem caracterizar a UPE recepção, enquanto a triagem, os curativos e a coleta de material podem constituir a UPE enfermagem.

É importante lembrar que em indústrias de processo, e não naquelas com partes discretas, os produtos são processados por fluxo-batelada ou por fluxo contínuo (a granel e conduzidos em tubulações), motivo pelo qual as UPEs e o espaço a serem previstos no projeto e leiaute devem ser determinados concomitantemente à definição de equipamentos, maquinários e tubulações pelos respectivos projetos de engenharia.

O nível de agregação de atividades em UPEs é uma opção do projetista que tende a facilitar o estudo dos fluxos e o planejamento de espaço, porém, essa ação supõe um posterior detalhamento das atividades. A definição destas pode envolver extensa pesquisa sobre roteamentos, sequenciamentos, máquinas e processos, projeto do produto, cartas de processo, lista de componentes, entre outros. É importante enfatizar a necessidade de formalizar tanto o conjunto de atividades quanto as UPEs constituídas.

Lembre-se de que é o conjunto de atividades que define a necessidade de espaço, direção causal inequívoca – apesar de que, muitas vezes, ela é pervertida, ou seja, considera-se erroneamente que a existência de espaço determina a necessidade de uma atividade.

Exemplo 2.1

Identificação das UPEs para os casos da Ieam e do Paue:

Para o caso da Ieam, uma adequada agregação de atividades na constituição das UPEs seria: administração, estoque, produção de vasilhames, higienização, envase e controle de qualidade (CQ), armazenagem e apoio aos funcionários. Já no caso do Paue, poderiam ser utilizadas as UPEs: recepção, procedimentos de enfermagem, consultas, emergência, observação e apoio.

2.1.2 Relacionamentos entre as unidades de espaço

Os relacionamentos entre as unidades de espaços definem os fluxos que ocorrerão na unidade produtiva. Em termos da sequência lógica de concepção de projeto e leiaute, os relacionamentos e sua intensidade são definidos com base nos fluxos necessários, sendo usual considerar aqueles relacionados à movimentação de produtos, materiais, equipamentos e pessoas.

Os relacionamentos são definidos pelos processos utilizados, pela forma de controle e organização do trabalho, pela necessidade de fluxos de materiais e pessoas, por questões ambientais e pela estrutura organizacional adotada (Tompkins et al., 1996). O arranjo entre centros de trabalho tem grande influência sobre a maneira como as empresas operam e na eficiência das instalações de manufatura, podendo ser creditados à movimentação de materiais entre 30% e 75% do custo total de produção da empresa, motivo pelo qual qualquer melhoria pode impactar na eficiência global da operação (Sule, 2009).

A adoção de um grande número de UPEs aumenta o esforço do projetista em identificar quais devem estar mais próximas umas das outras. Para o caso de 10 UPEs combinadas duas a duas, é necessário considerar a intensidade de 45 relacionamentos entre elas, motivo pelo qual Muther e Wheeler (2000) sugerem limitar a 15 o número máximo de UPEs.

A definição dos relacionamentos entre as atividades pode ser realizada de forma qualitativa ou quantitativa. No primeiro caso, com base nas informações obtidas, na experiência e na intuição, o projetista caracteriza os principais relacionamentos para, então, ir adicionando as demais UPEs, com base em critérios com maior ou menor objetividade. No segundo caso, todas as relações são avaliadas objetivamente, sendo produzida uma hierarquia sistemática de prioridades em relação à necessidade de proximidade entre as UPEs. Essa abordagem propicia uma avaliação coletiva pela equipe de projeto.

É recomendável a formalização dos relacionamentos admitidos entre as UPEs, sendo comum a utilização de ferramentas que auxiliem em sua sistematização e permitam o trabalho em equipe. Como resultado, é esperada a produção de uma hierarquia de prioridades coletivamente estabelecidas. A ferramenta mais utilizada para essa tarefa é o diagrama de relacionamentos de atividades (DRA), também denominado *diagrama de configuração* (Lee et al., 1997) e *representação nodal* (Sule, 2009), que nada mais é que a sobreposição de uma matriz de relações a uma de priorização, duas das sete ferramentas gerenciais da qualidade (Moura, 1994).

O DRA para o caso da Ieam é apresentado na Figura 2.1 na forma mais comumente encontrada na bibliografia (Muther, 1955; Tompkins et al., 1996; Lee et al., 1997; Sule, 2009; Bellgran; Säfsten, 2010; Stephens; Meyers, 2010). Observe que a hierarquia de prioridades de proximidade entre as UPEs é indicada em uma escala qualitativa de seis níveis (A, E, I, O, U e X), utilizados para expressar a intensidade dos relacionamentos com base nas iniciais de palavras inglesas: **A** (*absolute*: absolutamente necessário); **E** (*exceptional*: essencialmente importante); **I** (*important*: importante); **O** (*ordinary*: ordinária); **U** (*unimportant*: desnecessária); e **X** (*apart*: não desejada).

Figura 2.1 – Diagrama de relacionamentos de atividades da Ieam

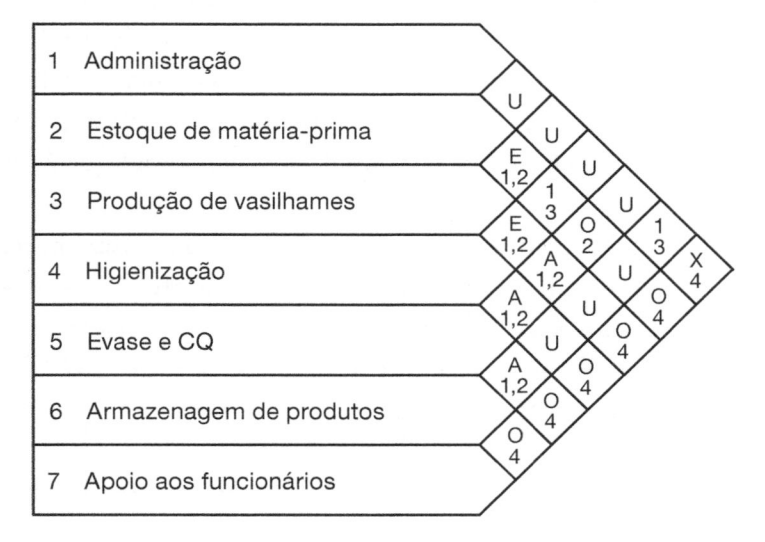

1	Administração
2	Estoque de matéria-prima
3	Produção de vasilhames
4	Higienização
5	Evase e CQ
6	Armazenagem de produtos
7	Apoio aos funcionários

Motivos: 1 – fluxo de materiais; 2 – equipamento de movimentação; 3 – controle da produção; 4 – fluxo de pessoas.

A atribuição dos relacionamentos é uma atividade que deve ser realizada em grupo, sendo importante registrar o motivo pelo qual foi atribuída a prioridade do relacionamento com o auxílio de um sistema de codificação numérico. Vários fatores podem ser utilizados: a necessidade de fluxo ou de controle de material, a facilidade de supervisão, a conveniência e o controle da produção (Muther; Wheeler, 2000), as necessidades de fluxo de pessoas e de processamento, a existência de questões ambientais ou o atendimento à estrutura organizacional (Tompkins et al., 1996), além do nível de ruído existente, de questões de segurança e da geração de poeira e de fumos. Segundo Sule (2009), são motivos para aproximar a quantidade de fluxo: o custo e o tipo de equipamento de movimentação, a necessidade de comunicação e o compartilhamento de pessoal e de equipamento; enquanto o ruído, o perigo e o risco são motivos para afastar essa quantidade.

A proporção dos níveis A, E, I não deve ser muito grande para permitir a visualização das relações preponderantes. Stephens e Meyers (2010) sugerem limitar a quantidade de A a 5%, de E a 10% e de I a 15%, enquanto Muther e Wheeler (2000) recomendam utilizar pouquíssimos do tipo A e ir aumentando a proporção dos demais níveis até o relacionamento do tipo U, que tipicamente representa entre 40% e 50% do total de relações. Podem ainda ser atribuídos valores numéricos às intensidades dos relacionamentos, o que permite sua utilização em algoritmos para identificar soluções de leiaute, como sugerido por Sule (2009), sendo: A = 4; E = 3; I = 2; O = 1; U = 0; e X = –1.

Em geral, na atribuição dos relacionamentos entre UPEs, a codificação A é utilizada para representar grande fluxo de material e de pessoas; a codificação E, quando há dúvida em atribuir A pela menor frequência desses fluxos; a codificação I, quando é desejado atribuir alguma importância ao relacionamento entre UPEs; e a codificação U, para explicitar que não existe necessidade de proximidade. A codificação X é reservada para os casos em que é desejada distância entre as UPEs.

Alternativamente à forma usual, o DRA pode ser construído matricialmente (ver Tabela 2.1), o que facilita sua aplicação com o auxílio de editores de texto e planilhas eletrônicas, sendo possível representar os motivos associados às codificações alfanuméricas utilizadas e, também, a soma das importâncias relativas de cada UPE na última linha.

Tabela 2.1 – Diagrama de relacionamentos de atividades entre UPEs da Ieam na forma matricial

UPEs		1	2	3	4	5	6	7
1	Administração	–					3	4
2	Estoque de matéria-prima	U	–	1,2	3	2		4
3	Produção de vasilhames	U	E	–	1,2	1,2		4
4	Higienização	U	I	E	–	1,2		4
5	Envase e controle de qualidade	U	O	A	A	–	1,2	4
6	Armazenagem de produtos	I	U	U	U	A	–	4
7	Apoio aos funcionários	X	O	O	O	O	O	–
Importância relativa		1	7	11	10	14	7	5

Motivos: 1 – fluxo de materiais; 2 – equipamento de movimentação; 3 – controle da produção; 4 – fluxo de pessoas.

É possível também utilizar os códigos A, E, I, O, U e X separadamente, para afinidades relacionadas ao fluxo de material e àquelas devido ao não fluxo, como sugerido por Lee et al. (1997), e depois consolidá-los em uma escala única utilizada na construção do DRA.

A importância de formalizar os relacionamentos está ligada à compreensão do conjunto completo de relações e daquelas que devem predominar no lançamento do leiaute, produzindo uma ideia geral sobre as necessidades de proximidade entre as UPEs.

Esses relacionamentos precisam ainda ser expressos de uma forma visual, mais próxima daquela a ser utilizada no projeto e leiaute a serem produzidos. Uma ferramenta muito utilizada para representar graficamente as afinidades entre UPEs é o diagrama de relacionamentos (DR), também denominado *diagrama de configurações* por Lee et al. (1997). O DR auxilia na identificação do arranjo de leiaute mais próximo ao ideal, explicitando graficamente as relações previamente definidas (Muther; Wheeler, 2000). Adicionalmente, Lee et al. (1997) recomendam o uso de uma primitiva de planejamento de espaço, que corresponde a um DR no qual os espaços são representados em escala – o que distorce o DR, mas permite perceber os tamanhos relativos entre as UPEs.

Ao utilizar essas ferramentas, você pode representar as UPEs por formas geométricas ou por aqueles símbolos padronizados (setas, quadrados, círculos, entre outros), muito utilizados na construção de cartas de processos, o mesmo ocorrendo em relação às cores e aos tipos de linha utilizados para identificar a intensidade dos relacionamentos. Vale observar que a adoção de um padrão ou a utilização da criatividade é escolha do projetista e não reduz a aplicabilidade do DR.

A construção do DR é iniciada pelas relações A das UPEs com maior importância relativa, às quais são adicionadas as relações E, I e X, que são completadas pelas relações O e U. Após a inserção de todas as UPEs, devemos tomar o cuidado de aproximar aquelas com relacionamento A e E. Uma variação possível é não inserir as relações U no diagrama, simplificando sua compreensão e sua utilização nas etapas seguintes.

Exemplo 2.2

Construa o diagrama de relacionamentos (DR) no caso da Ieam para as UPEs definidas no Exemplo 2.1.

A Figura 2.2 apresenta a sequência de construção do DR da Ieam, na qual se observa que, inicialmente, no passo (a), são adicionadas as atividades com relacionamento do tipo A e, depois, são adicionadas sequencialmente as UPEs com os relacionamentos menos intensos, conforme os passos (b) e (c). No DR final, passo (d), é possível visualizar o conjunto de relações entre todas as UPEs, no qual ficam em destaque as relações do tipo A e E, cujas UPEs estão mais próximas.

Figura 2.2 – Construção do diagrama de relacionamentos para o caso da Ieam

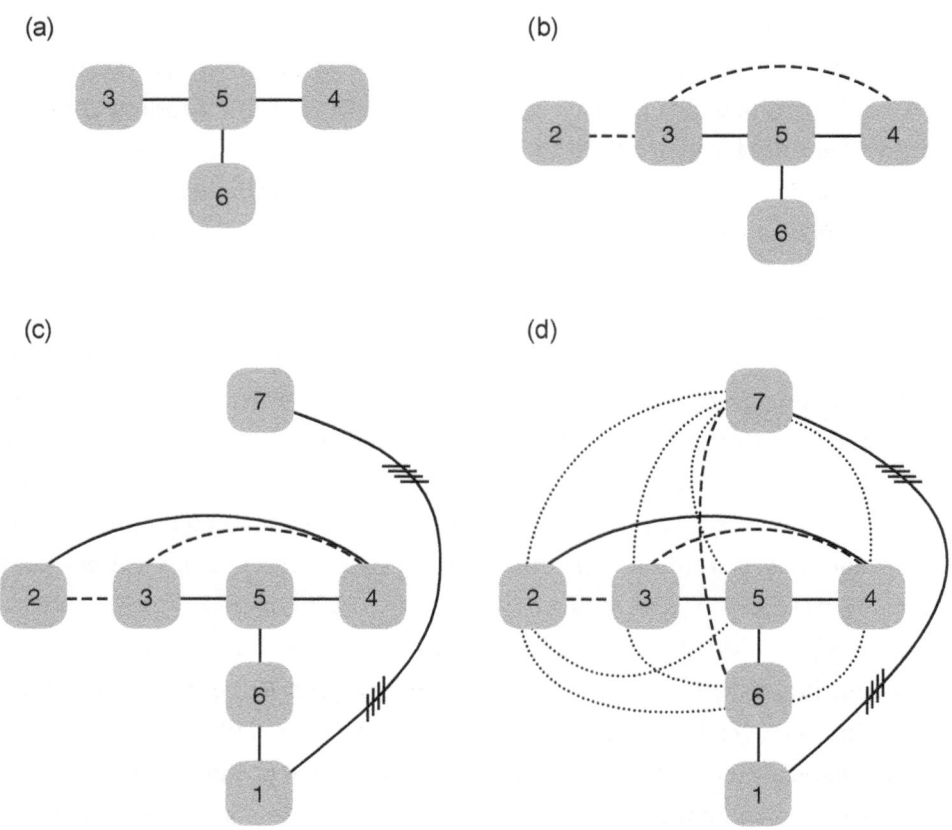

Uma dificuldade comum é a subutilização do DR quando da geração da solução de leiaute, pelo fato de ele não expressar os espaços físicos disponíveis e as limitações, erro que tende a gerar soluções que não respeitam os relacionamentos preestabelecidos entre as UPEs. Uma forma de produzir uma primeira solução de leiaute sem considerar os espaços é a utilização do diagrama de blocos adimensionais (DBA).

O DBA pode ser visto como a primeira tentativa de produzir um leiaute adimensional, que será a base para as propostas de leiaute posteriores, sendo vantajoso em função de as UPEs de grande tamanho apresentarem muitas relações A e E (Stephens; Meyers, 2010). Segundo os autores, o procedimento de construção do DBA é simples, iniciando com o desenho de um bloco para cada UPE, nos quais são identificados seus nomes e as relações A, E, I, O e X; então os blocos são aproximados em ordem de suas importâncias relativas, de modo a satisfazer a maior quantidade possível de códigos de afinidades. Uma vez aproximados todos os blocos, pode-se então esboçar o fluxo de material no DBA, como indicado na Figura 2.3 para o caso da Ieam.

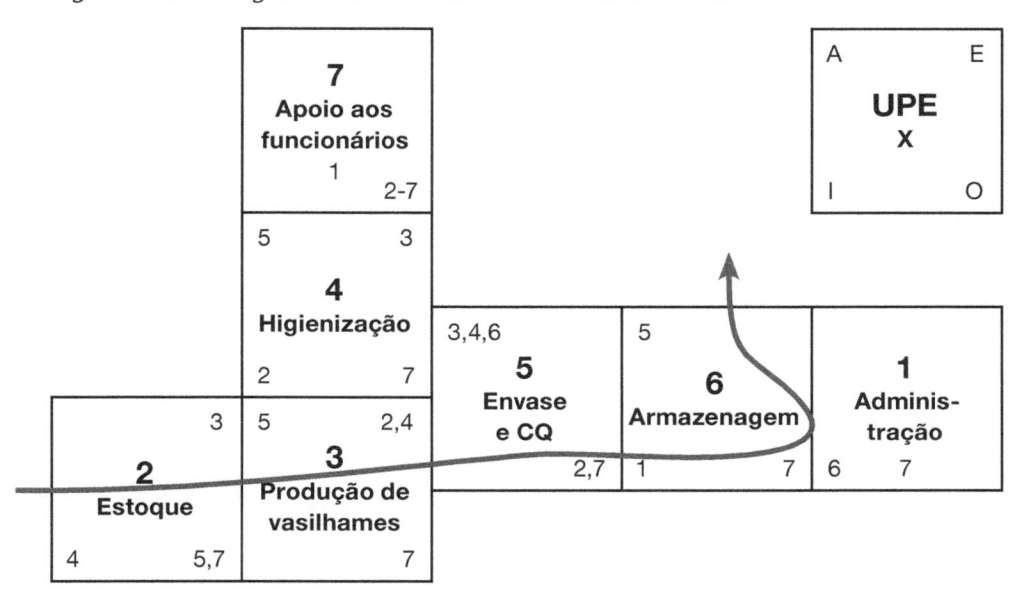

Figura 2.3 – Diagrama de blocos adimensionais da Ieam

2.1.3 Espaços necessários

A definição dos espaços necessários à realização das atividades é uma das tarefas mais difíceis ao se conduzir o projeto e leiaute de unidades produtivas, não devendo ser subestimada. Espaços são recursos limitados e caros, que devem ser otimizados.

A estimativa de espaço pode requerer a utilização de diferentes métodos, alguns deles sistematizados em Lee et al. (1997): **cálculo elementar**, pela adição das diferentes áreas necessárias; **estimativa visual**, pela utilização de padrões ou medidas-padrão de equipamentos; **transformação**, pela alteração com base em conhecimento de espaço existente; **proporção**, utilizada para estimar espaços específicos (porcentagem da área para corredores e paredes); e **razão de projeção**, pela qual se estima a necessidade de espaço com base no possível crescimento futuro da empresa.

O espaço necessário é influenciado pelo tipo e pelo tamanho de equipamentos de produção, pelo tamanho de lotes, pelo arranjo de leiaute, pelos equipamentos de movimentação de materiais, pelo sistema de estocagem e pelo tempo de busca de materiais (Tompkins et al., 1996), considerando as mudanças no *mix* de produtos, o aumento na demanda, as alterações na estrutura organizacional, o impacto da tecnologia, as modificações em sistemas de manufatura e em estações de trabalho e a necessidade de espaço para os próximos anos.

Mas qual é a real necessidade de espaço dadas as incertezas do futuro?

A identificação da área total da planta é necessária logo nos momentos iniciais do projeto e leiaute, para que sejam estimadas as dimensões do(s) prédio(s), o que envolve a definição dos espaços para manufatura, armazenagem e movimentação de materiais, serviços de apoio aos empregados, escritórios e áreas externas, usualmente determinadas separadamente e depois consolidadas em uma planilha (Stephens; Meyers, 2010). Um planejamento de espaço completo deve estabelecer a localização, o tamanho e o formato das UPEs sem ignorar a possibilidade de verticalização (Lee et al., 1997).

O espaço necessário é usualmente consolidado em uma planilha, na qual são listadas as UPEs, ou atividades, assim como as áreas demandadas a suas adequadas realizações, podendo ainda ser descritas suas alturas (pés-direitos) e os volumes necessários.

É importante destacar que deve ser acrescida uma área de paredes e de circulações ao espaço estimado para as UPEs, de modo a identificar a área total edificada. Construções comerciais e industriais, suas diferentes finalidades e os sistemas de movimentação de material adotados podem gerar grande variação em termos de percentual da área dedicada, sendo usual acrescer entre 3% e 7% de área para paredes e entre 30% e 50% para circulações. Os percentuais acrescidos para paredes e circulações devem ser registrados para posterior análise em relação ao uso do espaço, quando da obtenção da solução final.

Exemplo 2.3

Estime a necessidade de espaço para o caso da Ieam.

As áreas das UPEs foram estimadas com base na experiência prévia e nos espaços necessários (E), aos quais foram acrescidas para paredes (P) áreas equivalentes a 5% e, para circulações horizontais e verticais (C), áreas equivalentes a 40% (ver a Tabela 2.2).

Tabela 2.2 – Espaço total estimado para a Ieam

UPEs		E (m²)	P (m²)	C (m²)	Área (m²)	%	Altura (m)	Volume (m³)
1	Administração	190	9,5	76	275,5	12,9	2,8	–
2	Estoque de matéria-prima	160	8	64	232	10,9	7	1 624
3	Produção de vasilhames	80	4	32	116	5,4	7	812
4	Higienização	30	1,5	12	43,5	2,0	7	304,5
5	Envase e CQ	300	15	120	435	20,4	4	–
6	Armazenagem de produtos	530	26,5	212	768,5	36,1	7	5 379,5
7	Apoio aos funcionários	180	9	72	261	12,2	2,8	–
Total		1 470	73,5	588	2 131,5	100	100	

Observe, na Tabela 2.2, que para atividades de produção (UPEs 3, 4 e 5) foi prevista uma área de 594,5 m², que corresponde a 27,9% da área total a ser projetada, enquanto para armazenagem e estoque (UPEs 2 e 6) a área prevista foi de 1 000,5 m², que corresponde a 46,9% da área total. Apesar de existirem operações de manufatura na produção de embalagens, a área de produção apresenta menor demanda de espaço em relação à armazenagem, pois a água mineral é bombeada diretamente da fonte, demandando apenas seu envase. Devido ao fato de os produtos demandarem a liberação do controle de qualidade físico-químico e microbiológico previamente a sua expedição, a armazenagem de insumos e o estoque de produtos exigem uma área consideravelmente maior.

É importante destacar que essas estimativas devem ser recalculadas ao final do projeto, o que permitirá sua comparação com a situação inicialmente proposta. Essa prática permite analisar a habilidade do projetista em estimar com maior precisão, em projetos futuros, a proporção de paredes e de circulações.

Além das áreas estimadas, a Tabela 2.2 também apresenta as estimativas volumétricas obtidas com base na definição do pé-direito necessário às distintas UPEs. Essa definição considera a verticalização necessária à acomodação de máquinas e equipamentos de grande porte e às posições de estocagem e de armazenagem.

Uma vez definida a área total necessária, é importante estabelecer o tamanho e o formato da(s) edificação(ões). Devem ser propostas edificações independentes caso os espaços demandem características distintas (construção leve e pesada, risco, ruído, dispersão de partículas, previsão de expansão, pé-direito, equipamentos de movimentação, temperatura, características dos produtos). Caso seja utilizada apenas uma edificação, a área ocupada por ela corresponde à soma das áreas de todas as UPEs. Em ambos os casos você deve estar atento à ocupação do terreno, como veremos na Seção 6.1.2.

O formato da(s) edificação(ões) de unidades produtivas tende a mimetizar o terreno disponível, especialmente quando ele é de porte pequeno ou médio, situação em que a ocupação de sua superfície tende a ser maior do que 60%. Usualmente, os terrenos têm o formato retangular, com dimensões que variam de 10 m a 100 m de frente e de 30 m a 500 m de profundidade. Realidade que tende a influenciar projetistas a adotar formatos de edificações retangulares em proporções similares àquelas do terreno, por exemplo, de 1:2, 1:3 e 1:4. Nesses casos, o formato do prédio é mais um resultado da busca por um maior aproveitamento do terreno do que uma escolha do projetista.

Quando o terreno apresentar grande dimensão, é possível propor edificação(ões) com formato quadrado, hexagonal, circular, elíptico ou composições entre eles, situação não usual em que o projetista enfatiza aspectos estéticos, de modo a gerar uma edificação que possa valorizar ainda mais a imagem da empresa.

Outro aspecto muito importante na definição do tamanho da edificação é a modulação a ser utilizada, que pode interferir no formato externo (ver Seção 5.4.6). A modulação envolve a reflexão sobre o tipo de estrutura a ser adotada, sendo usual modulações entre 5 m e 8 m. A modulação a ser adotada determina o formato e as dimensões externas da edificação, expressando uma definição prévia do projetista em relação ao espaçamento entre eixos dos elementos estruturais da construção. Em edificações médias e pequenas, usualmente são utilizadas modulações diferentes em ambos os eixos; já em prédios com grande área construída, a modulação é a mesma em ambos os eixos. Quando há limitação nas dimensões do terreno, o formato e o tamanho da edificação interferem na definição da modulação.

Além dessas questões, a definição do tamanho e do formato da edificação deve considerar o aproveitamento do espaço volumétrico e a utilização de pavimento superior e de prédios distintos para o posicionamento das UPEs.

Exemplo 2.4

Para o caso da Ieam, estime as dimensões das edificações e determine sua modulação.

Como previsto nos Exemplos 2.2 e 2.3, as UPEs de administração e de apoio aos funcionários demandam pé-direito de 2,8 m, o envase necessita de 4 m e o apoio aos funcionários deve ser afastado da administração para separar os fluxos de clientes e de funcionários da produção. A administração deve ter 275,5 m² e o controle de qualidade, 230 m², podendo ser alocados em um pavimento superior, enquanto os 261 m² para o apoio dos funcionários deve ser alocado em prédio independente, de modo a atender às restrições de relacionamento entre as atividades. A opção por utilizar o segundo pavimento reduz a superfície de ocupação do terreno, abatendo 766,5 m² da área total de 2 131,5 m² inicialmente prevista, resultando em uma edificação com 1 365 m².

Várias combinações de dimensões de edificação podem ser adotadas para atender a essa demanda de área, a exemplo de 37 m × 37 m (1 369 m², com proporção de 1:1), 26 m × 52 m (1 352 m², com proporção de 1:2), 21 m × 63 m (1 323 m², com proporção de 1:3) ou 18 m × 72 m (1 296 m², com proporção de 1:4), assim como variantes intermediárias entre essas proporções.

Como opção ao projetista da Ieam, será utilizado o concreto pretendido que permite vãos livres de até 20 m na cobertura e nos espaçamentos entre pilares de até 6 m, consideração que afeta o tamanho e o formato do prédio. Em função das dimensões do terreno, adotou-se uma proporção inicial do prédio de 1:3. Uma estimativa da menor dimensão da edificação pode ser obtida dividindo-se os 1 365 m² em 3 quadrados iguais de área correspondente a 455 m² (proporção de 1:3), cujos lados são calculados pela extração da raiz quadrada da área, que corresponde a 21,33 m. Por outro lado, adotando-se vão livre máximo de 20 m para a largura do prédio e considerando-se o espaçamento máximo de 6 m entre pilares ao longo do maior eixo, o comprimento do prédio deveria ser de 68,25 m (1 365 m²/20 m). Assim, seria possível adotar onze ou doze vãos de 6 m (66 m ou 72 m) de comprimento, que resultariam em áreas edificadas abaixo e acima daquela inicialmente prevista.

Como opção do projetista, foi adotado um tamanho de edificação de 20 m × 72 m (1 440 m² com proporção de 1:3,6) com espaçamento longitudinal resultante entre eixos de pilares ligeiramente inferior a 6 m e transversal de aproximadamente 6,5 m (ver Figura 2.4). Observe que o tamanho adotado é 5,49% superior aos 1 365 m² inicialmente previstos, devendo ser distribuído proporcionalmente entre as UPEs.

Figura 2.4 – Modulação entre elementos estruturais para a Ieam

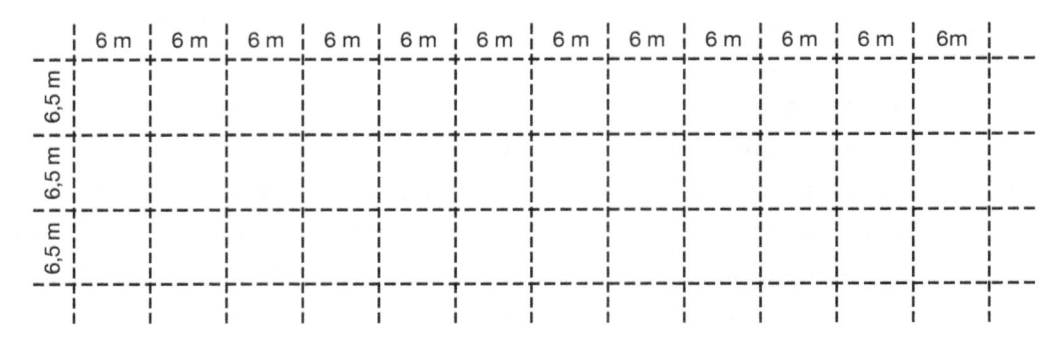

Similarmente, respeitando a modulação entre eixos de pilares de 6 m, o prédio auxiliar para apoio aos funcionários terá dimensões de 8 m × 18 m (144 m²), perfazendo os 261 m² em dois pavimentos necessários para aproveitar o desnível do terreno. A distância prevista entre os prédios será de treze metros, que corresponde a duas modulações. Uma vez definido o tamanho da(s) edificação(ões), as UPEs devem ser distribuídas na edificação, atendendo os espaços previstos e o DR com base no diagrama de blocos adimensionais. Um erro comum, que pode ser evitado, é realizar a alocação das UPEs à edificação sem respeitar o DR e o DBA, gerando soluções de leiaute que não atendem aos relacionamentos entre atividades previamente estabelecidos.

2.1.4 Restrições, limitações, condicionantes e ajustes

A identificação dos elementos básicos do projeto de espaço gera conhecimento e consenso suficiente para a proposição de soluções de leiaute. Conforme o planejamento de espaço se desenvolve, ele tende a se tornar menos emotivo e mais racional e construtivo (Lee et al., 1997). Ao propor soluções alternativas, é importante considerar um conjunto de limitações e condicionantes que pode demandar ajustes, de modo a acomodar os espaços previstos para as UPEs à dimensão das edificações a eles determinadas.

As limitações podem ser entendidas como elementos que impedem a proposição de uma dada solução de leiaute, considerada a princípio como ideal.

Alterações no diagrama de configurações devem ser consideradas em função dos métodos de manuseio, dos recursos de armazenagem, das condições do terreno e dos arredores, das necessidades de pessoal, das características das construções, dos serviços de suporte e auxiliares, dos procedimentos de controle e das particularidades das atividades (Muther, 1978). Schenk, Wirth e Müller (2010) consideram que um leiaute real supera o leiaute ideal ao levar em consideração todas as restrições impostas pelos produtos, pela produção, pelos procedimentos e pelos processos.

As **limitações** podem ser entendidas como elementos que impedem a proposição de uma dada solução de leiaute, considerada a princípio como ideal, a exemplo de problemas de formato e tamanho do espaço reservado, de modulação, de tipo de estrutura adotada, de desnível, de impossibilidades tecnológicas, de pé-direito, de paredes existentes, de custo, entre outros. As definições de um nível de planejamento impõem limitações aos demais, a exemplo da posição dos acessos à edificação, usualmente estabelecida quando da proposta de ocupação do terreno, que dificilmente pode ser alterada no estudo do arranjo interno.

Lee et al. (1997) identificam um conjunto amplo de fatores como limitadores à acomodação das UPEs ao prédio, a exemplo do espaçamento entre elementos estruturais, do fornecimento de energia e de fontes de calor, do peso de equipamentos e do perigo de explosão, às quais podemos adicionar o acesso a veículos, os recuos de zoneamento urbano, a insolação, o vento dominante e as exigências sanitárias, ambientais e trabalhistas.

Um leiaute real deve contemplar uma variedade de fatores, por exemplo: caminhos para as pessoas os mais curtos possíveis; rotas de emergência seguras e não ocupadas; áreas de risco identificadas e perigos segregados; comunicação entre estações de trabalho; separação entre equipamentos e sistemas pesados e leves, grandes e pesados; utilização dos espaços verticais e das capacidades de movimentação em nível do piso e elevada; separação de estações e equipamentos de produção incompatíveis (vibração, calor, poeira, barulho etc.); agrupamento de máquinas e estações de trabalho manuais com necessidades ou impactos ambientais similares (emissões, iluminação, temperatura, umidade etc.); flexibilidade (*mix* e escopo de produção); e habilitação de expansão (Schenk; Mirth; Müller, 2010).

2.2 Desenvolvimento do projeto e leiaute

O projeto e leiaute lida com um problema que não apresenta solução única para a alocação das UPEs ao espaço determinado pelo contorno das edificações, sendo comum a proposição de várias soluções alternativas para um dado nível de planejamento de espaço. Trata-se de um problema de alocação de áreas a um espaço delimitado, que pode ser tratado de forma qualitativa e/ou quantitativa.

A geração de leiautes alternativos pode ser auxiliada pelo uso de algumas recomendações, propostas por Tompkins et al. (1996): empreender o esforço necessário, determinar tempo-limite, buscar várias alternativas, estabelecer metas, ser questionador, não ser muito detalhista no início, não ser conservador, evitar rejeições e aceitações prematuras, consultar a literatura, investigar problemas análogos, usar a técnica "tempestade de ideias" (*brainstorming*), evitar soluções prontas, envolver pessoal experiente e inexperiente (operacional e gerencial), reconhecer as próprias limitações, trabalhar em equipe e pensar a longo prazo.

O projeto de instalações envolve arte e ciência, o que leva sempre à produção de leiautes alternativos, estágio em que a criatividade do projetista é realmente testada (Tompkins et al., 1996). Para a seleção das alternativas de leiaute, os autores propõem a utilização de métodos manuais e assistidos por rotinas computacionais, baseados nos pesos do DR, nas distâncias entre as UPEs e na quantidade de viagens, tanto para leiautes novos (método do diagrama de relações e método de construção baseado em grafos) quanto para a melhoria em leiautes existentes (método das trocas pareadas).

Segundo Owens (2011), o fato de não existir tecnologia que substitua o trabalho do projetista no projeto de leiaute de instalações levou à implantação de ferramentas de análise em pacotes computacionais de auxílio ao desenho, sendo intuitivo e natural que, para serem úteis à indústria, ferramentas como o planejamento sistemático de leiaute e a análise sistemática da movimentação devem avançar de procedimentos manuais para versões automatizadas.

Apesar de ser comum a proposição de sofisticados métodos quantitativos, ainda são muito utilizados os métodos qualitativos para a alocação de áreas aos espaços disponíveis. Uma forma qualitativa indicada na literatura para posicionar as UPEs é baseada na alocação de pequenos blocos quadrados de espaço ao retângulo que define a edificação. O tamanho desses blocos pode ser definido com base na modulação adotada, nas proporções da edificação ou na área da menor UPE em relação à área do prédio.

Essa forma pode ter implementação manual ou computacional, como discutido na Seção 2.3, e pode ser mais bem compreendida por meio de exemplo.

Exemplo 2.5

Realize as alocações das UPEs para o caso da Ieam considerando as dimensões das edificações obtidas no Exemplo 2.4.

Inicialmente, é preciso converter as UPEs em blocos quadrados para posteriormente realizar sua alocação no espaço disponível. No caso da Ieam, as proporções da edificação foram utilizadas para determinar as laterais dos blocos quadrados de 4 m (16 m²), sendo necessários 90 blocos para ocupar os 1 440 m² definidos para o prédio.

Observe que os blocos devem ser computados por pavimento (ver Tabela 2.3) e que o número de 133 blocos (95 + 38) é superior ao total de 133,22 blocos necessários para ocupar os 2 131,5 m² de área total. A diferença é devida aos ajustes de arredondamento do número de blocos por pavimento e por edificação e ao acréscimo de área da edificação para atender à modulação estabelecida.

Tabela 2.3 – Espaço e número de blocos para a Ieam

UPEs		Área total (m²)	1º pavimento		2º pavimento	
			Área (m²)	N. blocos (16 m²)	Área (m²)	N. blocos (16 m²)
1	Administração	275,5	–	–	275,5	17
2	Estoque de matéria-prima	232	232	15	–	–
3	Produção de vasilhames	116	116	7	–	–
4	Higienização	43,5	43,5	3	–	–
5	Envase (5a) e CQ (5b)	435	205	13	230	14
6	Armazenagem de produtos	768,5	768,5	48	–	–
7	Apoio aos funcionários	261	144	9	117	7
Total		2 131,5	1 509	95	622,5	38

São muitas as possibilidades de alocação de blocos nos espaços disponíveis e nas limitações e condicionantes do projeto, sendo necessário identificar o melhor arranjo para os blocos no espaço disponível do prédio, que devem estar na mesma escala. Vale lembrar que o trabalho de alocação dos blocos das UPEs nos limites estabelecidos pelo contorno do prédio deve ser realizado respeitando o DR e o DBA, como indicado na Figura 2.5.

Figura 2.5 – DR sobreposto aos limites das edificações da Ieam

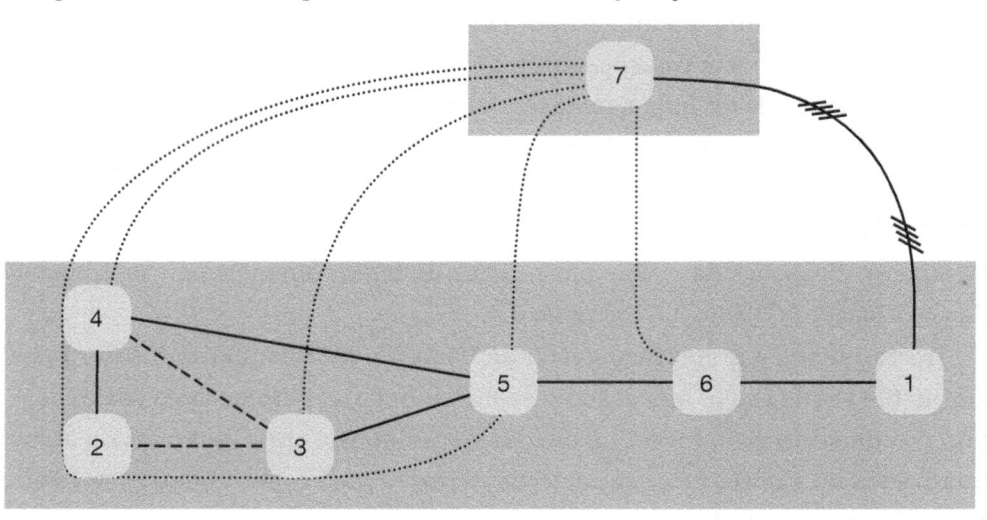

Várias são as soluções possíveis para as alocações. A Figura 2.6 apresenta duas soluções de alocação, (a) e (b), para o caso da Ieam, nas quais os blocos excedentes foram alocados proporcionalmente às UPEs. Nessas soluções, a UPE 1 ocupará o segundo pavimento do prédio principal, acima da UPE 6, na frente do prédio, e a UPE 7 será completamente alocada no prédio auxiliar.

Figura 2.6 – Alocações de blocos aos limites do prédio para o caso da Ieam

2	2	2	2	4	4	6	6	6	6	6	6	6	6	6	6	6	6
2	2	2	2	3	4	5	5	6	6	6	6	6	6	6	6	6	6
2	2	2	3	3	3	5	5	6	6	6	6	6	6	6	6	6	6
2	2	2	3	3	3	5	5	6	6	6	6	6	6	6	6	6	6
2	2	2	3	3	3	5	5	6	6	6	6	6	6	6	6	6	6

a)

2	2	2	4	3	3	5	6	6	6	6	6	6	6	6	6	6	6
2	2	2	4	3	3	5	5	6	6	6	6	6	6	6	6	6	6
2	2	2	4	3	3	5	5	6	6	6	6	6	6	6	6	6	6
2	2	2	2	3	3	5	5	6	6	6	6	6	6	6	6	6	6
2	2	2	2	3	3	5	6	6	6	6	6	6	6	6	6	6	6

b)

Sule (2009) propõe utilizar a solução que tenha maior aderência ao DRA, identificada com base na efetividade das alocações, calculada pela soma das multiplicações entre os valores numéricos (4, 3, 2, 1, 0 e –1), referentes aos códigos das relações (A, E, I, O, U e X), e a menor distância retilínea entre os extremos dos conjuntos de blocos de cada UPE, sendo o arranjo mais efetivo aquele que apresenta a menor soma. O cálculo da efetividade proposto pelo autor, para as alocações realizadas no Exemplo 2.5, Figura 2.6 (a), é dado pela soma 2, valor indicado na Tabela 2.4, que foi gerado pela distância de dois blocos entre a UPE 2 e a UPE 5, multiplicado pelo valor 1, referente à afinidade do tipo O. Quando esse valor é comparado à efetividade das alocações da Figura 2.6 (b), que teve soma igual a 10, fica caracterizado que o melhor arranjo para os blocos é aquele apresentado na Figura 2.6 (a).

Tabela 2.4 – Efetividade das alocações para o caso da Ieam

UPE	1	2	3	4	5	6
1	–					
2	U(0) · 15	–				
3	U(0) · 12	E(3) · 0	–			
4	U(0) · 14	I(2) · 0	E(3) · 0	–		
5	U(0) · 10	O(1) · 2	A(4) · 0	A(4) · 0	–	
6	I(2) · 0	U(0) · 2	U(0) · 2	U(0) · 0	A(4) · 0	–
Soma	0	2	0	0	0	

Para o arranjo mais efetivo, apresentado na Figura 2.6 (a), é possível esboçar o fluxo de materiais, como apresentado na Figura 2.7, procedimento que pode auxiliar na definição das circulações principais e auxiliares.

Figura 2.7 – Alocações de blocos e fluxo para o caso da Ieam

2	2	2	2	4	4	6	6	6	6	6	6	6	6	6	6	6	6
2	2	2	2	3	4	5	5	6	6	6	6	6	6	6	6	6	6
2	2	2	3	3	3	5	5	6	6	6	6	6	6	6	6	6	6
2	2	2	3	3	3	5	5	6	6	6	6	6	6	6	6	6	6
2	2	2	3	3	3	5	5	6	6	6	6	6	6	6	6	6	6

Observe que é possível produzir um arranjo de blocos utilizando apenas as técnicas qualitativas apresentadas, especialmente para leiautes de unidades produtivas de pequeno e de médio porte. Para unidades produtivas de grande porte, pode ser interessante a utilização de uma rotina computacional sistemática nas alocações dos blocos, como aquelas descritas na Seção 2.3. Em ambos os casos, é importante compreender a estreita ligação entre as alocações dos blocos e a produção de um projeto e leiaute detalhado.

As alocações de blocos representam um esboço inicial, que pode auxiliar em um momento crítico, em que a solução esquemática precisa ser convertida em projeto e leiaute. A alocação de áreas no espaço disponível na edificação e os ajustes sempre necessários se caracterizam por um processo trabalhoso de tentativa e erro, que pode ser simplificado pelo uso das ferramentas apresentadas neste capítulo. A Figura 2.8 (a) e (b) traz exemplos de soluções de leiautes alternativos alcançadas com o uso dessas ferramentas.

Figura 2.8 – Soluções de leiautes alternativos para o caso da Ieam

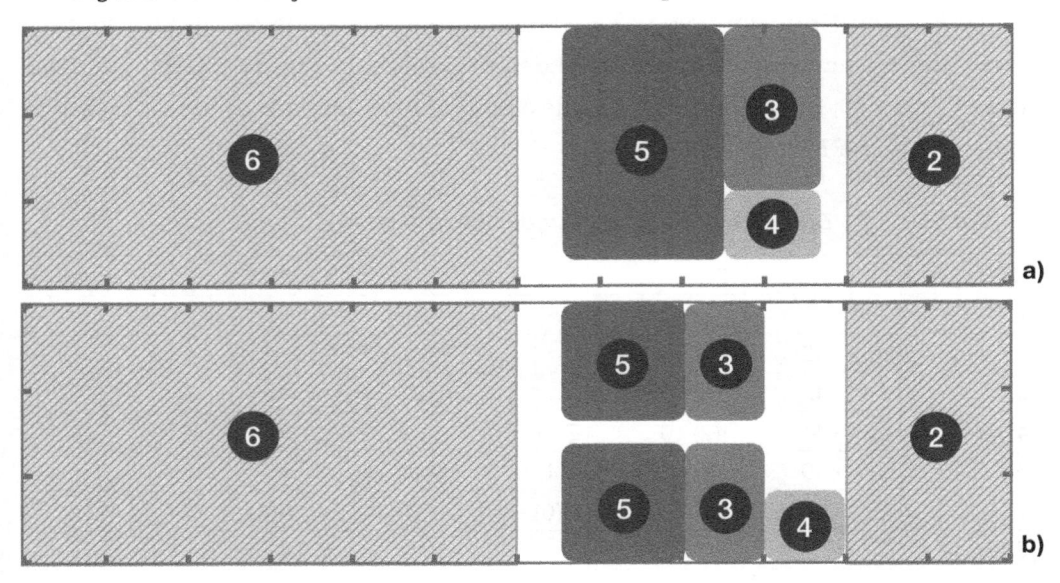

a)

b)

2 – Estoque
3 – Produção de vasilhames
5 – Envase
4 – Higienização
6 – Armazenagem de produtos

É importante observar que nesse nível de planejamento de espaço são estabelecidos os grandes fluxos de materiais e o formato das UPEs, decisões que afetam diretamente a *performance* da unidade produtiva e condicionam as possibilidades de arranjo das máquinas. Por essa razão, você deve ter grande cuidado ao realizar a opção pelo leiaute final.

A avaliação e a seleção da melhor alternativa entre as soluções propostas devem ser baseadas em fatores previamente definidos, cuidado que pode evitar que a tomada de decisão seja baseada em critérios oportunistas, eleitos para defender o ponto de vista de poucos indivíduos, com a intenção de direcionar a escolha entre as alternativas.

Stephens e Meyers (2010) sugerem a utilização de medidas de *performance* que seriam consideradas em relação às soluções alternativas: distância percorrida pelas peças (total e porcentagem percorrida em veículos e utilizando a força da gravidade); frequência de movimentação (cartas "de/para"); utilização do espaço (porcentagem da área total utilizada por corredores, da verticalização da estocagem e da área dedicada às máquinas); taxa de utilização das máquinas; custos de manuseio (porcentagem de trabalhadores e de horas utilizados no manuseio); e custo do investimento (total e taxa de retorno do investimento).

É importante destacar que o projetista deve ser capaz de desenhar esboços à mão, utilizados para registrar soluções parciais; porém, para o desenho do projeto de leiaute, é necessário apoio de *softwares* de suporte ao desenvolvimento, à edição e à impressão das soluções identificadas, a exemplo do AutoCAD, DataCAD, Sckech up e Visio.

Exemplo 2.6

Apresente a solução detalhada de leiaute para o caso da Ieam.

A solução detalhada do pavimento térreo (indústria e apoio aos funcionários) e do segundo pavimento (administrativo e de controle de qualidade) é apresentada na Figura 2.9. Observe que as UPEs estão claramente definidas, assim como os ambientes e os fluxos de materiais entre elas.

Figura 2.9 – Solução detalhada de leiaute e fluxos para o caso da Ieam

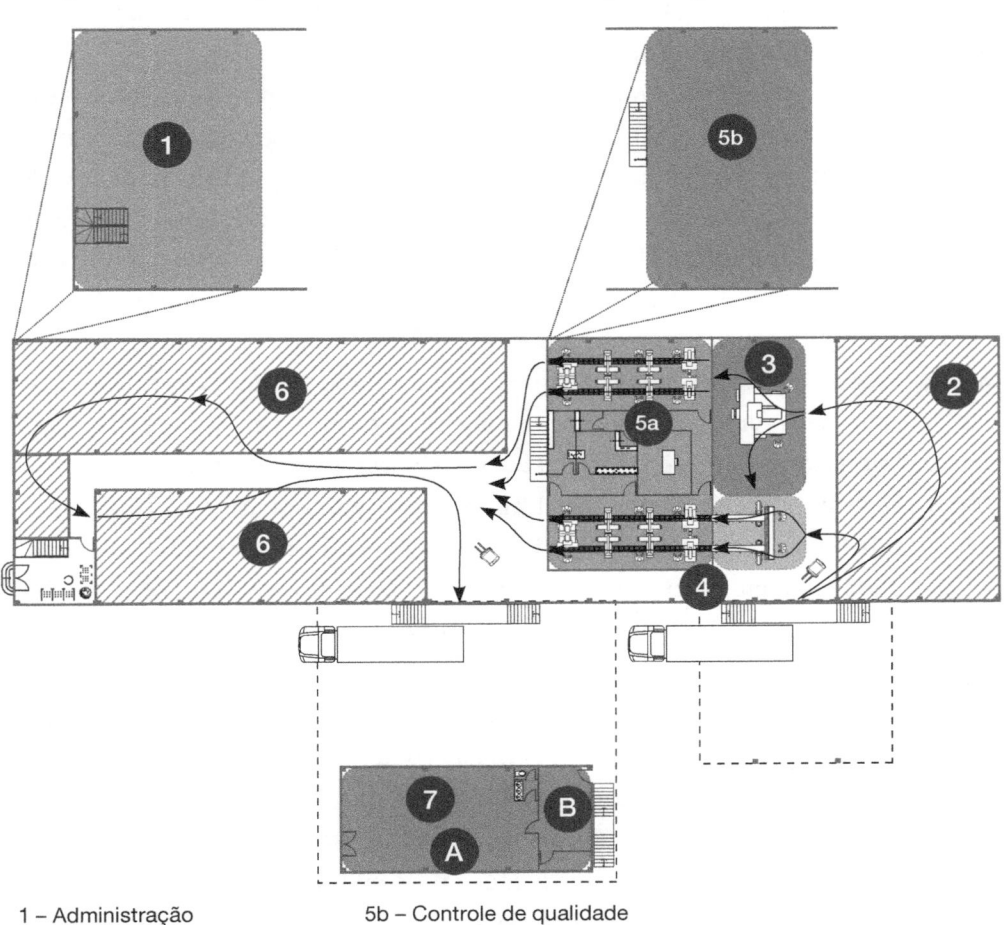

1 – Administração
2 – Estoque
3 – Produção de vasilhames
4 – Higienização
5a – Envase
5b – Controle de qualidade
6 – Armazenagem de produtos
7 – Apoio aos funcionários
A – Refeitório
B – Cozinha

2.3 Suporte computacional ao projeto e leiaute

Os projetistas podem se beneficiar de *softwares* de apoio computacional ao planejamento do leiaute (Storm, FactoryCAD, FactoryPLAN e Spiral), como descrito por Stephens e Meyers (2010). Tompkins et al. (1996) propõem a utilização de algoritmos computacionalmente implementados para a construção e a melhoria de leiautes, baseados em critérios objetivos (relacionamentos e distância) para alocações de blocos que constituem as UPEs, produzindo soluções ótimas ou múltiplas com formato retangular, a exemplo do Craft (*computerized relative allocation of facilities technique*), do Multiple (*multi-floor plant layout evaluation*), do blocplan, do MIP (*mixed integer programming*) e do Logic (*layout optimization with guillhotine cuts*).

Sule (2009) apresenta o desenvolvimento de plantas de leiautes assistidas por computador com base em: abordagens exatas de programação matemática, com ou sem aplicações de teoria dos grafos; heurísticas – Correlap (*computerized relationship layout planning*), Planet (*plant layout analysis and evaluation thecnique*), MAT (*modular alocation technique*), Craft e modelos probabilísticos, como Aldep (*automated design program*), *biased sampling* e simulação.

Como a solução do ajuste dos blocos e a edificação são representados em uma mesma escala, é natural imaginar que rotinas computacionais para a alocação das UPEs possam ser unificadas em apenas um *software*, capaz de realizar análises quantitativas em relação a propostas de leiautes alternativos. Tompkins et al. (1996) sugerem que algoritmos auxiliam no desenvolvimento e na avaliação de soluções de leiaute e descrevem a existência de pacotes comerciais para leiaute de instalações, como, entre outros, FactoryCAD, FactoryPLAN, FactoryFLOW, LayOPT e FactoryModeler. O incremento no uso de ferramentas que proporcionam um ponto de partida a projetistas – ao permitir o desenvolvimento de leiautes detalhados, produzidos com o auxílio de *softwares* comerciais recentes, para utilização na produção do leiaute de fábrica – pode ser obtido, por exemplo, com Catia, PlantWise, CADWorx Plant, Plant Professional, Flow Planner, FactoryFlow e FactoryCAD (Sule, 2009).

Owens (2011) sugere que os algoritmos apresentados em livros de projeto de instalações e leiaute não oferecem versões comerciais, não sendo utilizados na prática pelas indústrias devido a suas limitações (trazem hipóteses não realistas e desconsideram formatos dos departamentos, aspectos da edificação e fatores qualitativos), e que *softwares* comerciais de planejamento e leiaute, tais como FactoryFLOW, Flow Planner e outros pacotes de simulação, são os mais utilizados pelas indústrias e deveriam ser aplicados no ensino do planejamento de leiaute.

O futuro do planejamento de leiaute está relacionado ao uso intensivo de ferramentas de análise inseridas em *softwares* de desenho assistido, conforme Owens (2011), para quem os pacotes modernos de leiaute de instalações fornecem ferramentas de análise além do planejamento sistemático de leiaute, por permitirem o desenho de redes de circulações interconectadas, nas quais é possível visualizar os vetores de relacionamentos e a intensidade de fluxo e obter distâncias precisas, custo e tempo em relação a cada alternativa, representadas sobre cada solução de leiaute em gráficos de fluxo e de congestionamento.

Algumas limitações desses métodos computacionais são discutidas por Tompkins et al. (1996), para quem computadores não vão capturar e utilizar completamente a experiência e o julgamento humanos em problemas de leiaute.

■ Síntese

Neste capítulo, você compreendeu a importância dos elementos básicos para o processo de desenvolvimento do projeto e leiaute, bem como a utilidade das ferramentas qualitativas e quantitativas clássicas para a construção, a avaliação e a seleção de soluções alternativas. Você pôde verificar também a importância da relação entre as atividades e entre as UPEs e seus relacionamentos, da determinação dos espaços e de se conhecer as restrições presentes em qualquer projeto e leiaute de instalações produtivas. Pôde perceber, ainda, a adequação do procedimento manual para empreendimentos pequenos e médios e que, no caso de grandes empreendimentos, é necessário recorrer a rotinas computacionais, integradas ou não a *softwares*, para a representação gráfica, na busca do melhor ajuste entre as UPEs e para construção do projeto e leiaute.

■ Questões para revisão

1. Quais são os quatro elementos básicos ao projeto e leiaute?
2. Assinale as afirmativas a seguir como verdadeiras (V) ou falsas (F):
   ( ) O diagrama de blocos adimensionais é uma primeira tentativa de expressar os relacionamentos identificados de forma visual e adimensional que vão subsidiar a proposta de soluções posteriores de leiaute.

( ) Necessidade de acesso visual, fluxo de trabalho e fluxo de pessoas são critérios que podem ser utilizados para definir a necessidade de proximidade entre as UPEs para o caso de indústrias e de serviços.

( ) A importância em formalizar os relacionamentos entre as UPEs é produzir uma forma de visualizar o conjunto completo de necessidades de proximidade que devem predominar no lançamento do leiaute.

( ) A diferença entre o diagrama de relacionamentos de atividades e o diagrama de relacionamentos é que eles não tratam das mesmas UPEs.

( ) O nível de agregação das atividades em UPEs não depende do projetista, sendo diretamente obtido das informações dadas pela empresa.

3. Qual proporção deve ser utilizada na definição das dimensões de um prédio que deverá ter uma largura mínima de 15 m e máxima de 20 m? Considere que o prédio mede 30 m × 100 m e que a edificação deverá ter 1050 m² de superfície ocupada no terreno:

   a. Entre 1:2,5 e 1:4,67.
   b. Entre 1: 5 e 1:3.
   c. Entre 1:4,67 e 1:3,5.
   d. Entre 1:2 e 1:3.
   e. Entre 1:5 e 1:3,5.

4. Qual modulação entre pilares deve ser adotada para uma edificação industrial com dimensões de 12 m × 30 m?

   a. A modulação pode ser de 5 m com seis vãos entre pilares ou de 6 m com cinco vãos entre pilares no sentido longitudinal.
   b. No sentido longitudinal, a modulação pode ser de 10 m com três vãos entre pilares ou de 3 m com dez vãos entre pilares.
   c. A modulação pode ser de 6 m com dois vãos entre pilares no sentido transversal.

5. Qual o significado das letras da escala qualitativa com seis níveis (A, E, I, O, U e X), utilizada para estabelecer a hierarquia de prioridades de proximidade entre as UPEs?

■ Questões para reflexão ─────────────────────────

1. Qual a diferença entre os elementos básicos do planejamento de espaço de uma indústria e de uma empresa prestadora de serviço?

2. Como as restrições afetam os diferentes níveis de planejamento de espaço?

3. Que atividades, UPEs e relacionamentos deveriam ser considerados no projeto e leiaute de fábricas de móveis de madeira, de transformadores, de calçados, de talheres, de implementos agrícolas, de saneantes, de cosméticos, de sandálias, de sorvetes, de *tablets*, de massa instantânea, de chocolate, de guitarras e de bolachas?

4. Que atividades, UPEs e relacionamentos deveriam ser considerados no projeto e leiaute de um parque temático, de um centro de distribuição e de uma lavanderia hospitalar?

■ Para saber mais ─────────────────────────

AUTODESK INC. **Autocad**. San Rafael, CA, [200-?]. Software de CAD. Disponível em: <http://www.autodesk.com.br/products/autocad/overview>. Acesso em: 26 set. 2015.

O projeto e leiaute de instalações produtivas deve ser representado gráfica e visualmente, esforço que pode ser atenuado com o auxílio da computação. Vários softwares *podem ajudar a desenvolver o projeto ao facilitar a edição, a impressão, o armazenamento e a exportação dos desenhos. Esse* site *corporativo é um dos* softwares *de desenho assistido por computador mais conhecidos do mundo. Nele você pode encontrar um conjunto de opções, incluindo* softwares *especializados para projetos industriais.*

SIEMENS PLM SOFTWARE. **FactoryCAD**. Plano, TX, [200-?]. Software de CAD. Disponível em: <http://www.plm.automation.siemens.com>. Acesso em: 26 set. 2015.

SIEMENS PLM SOFTWARE. **FactoryFLOW**. Plano, TX, [200-?]. Software de CAD. Disponível em: <http://www.plm.automation.siemens.com>. Acesso em: 26 set. 2015.

Um desses sites *apresenta um* software *de gerenciamento do ciclo de vida do produto e o outro, um* software *de gerenciamento de operações de manufatura, utilizados para planejar e otimizar processos e que incorporam funções de apoio a manufatura, produção e suporte.*

TRIMBLE NAVIGATION LIMITED. **SketchUp**. Sunnyvale, CA, [200-?]. Software de CAD. Disponível em: <http://www.sketchup.com/pt-BR>. Acesso em: 26 set. 2015.

O SketchUp é um software de CAD modelador de superfícies gratuito que permite, além das tradicionais características desse tipo de programa, gerar imagens e vídeos. É um dos softwares mais utilizados por profissionais e pelo público em geral no desenho assistido pelo computador e atende à maior parte das necesidades de projeto e leiaute de instalações produtivas. Entre as características desse software estão a flexibilidade, a facilidade de uso, a gratuidade, a possibilidade de desenhar em três dimensões, a grande biblioteca de componentes (blocos) e a interface com outros softwares.

3 Modelagem e dimensionamento de processos produtivos

Conteúdos do capítulo:
- *Unidades típicas utilizadas em instalações produtivas.*
- *Conceitos e medidas de desempenho das unidades típicas.*
- *Modelagem, dimensionamento e representação de sistemas de manufatura organizados em leiaute celular, de processo e de produto.*

Após o estudo deste capítulo, você será capaz de:
1. *identificar as formas adotadas pelas empresas para organizar seus processos e relacioná-las a diferentes tipos de leiaute;*
2. *compreender e utilizar conceitos e medidas de desempenho de sistemas de manufatura;*
3. *dimensionar deterministicamente as instalações produtivas;*
4. *projetar leiautes organizados nos modelos celular, de processo e de produto;*
5. *compreender a influência da dinâmica e da interdependência entre os elementos dos leiautes organizados;*
6. *entender a importância da simulação na modelagem de sistemas de manufatura complexos.*

Injetora de Plástico (IP)

A empresa IP produz peças plásticas injetadas e precisa atender a uma demanda mensal de 37 mil peças. A IP funciona 8 horas por dia durante 22 dias por mês. As injetoras produzem simultaneamente duas peças em ciclos de trabalho com duração de 90 segundos, têm tempo médio entre falhas de 36 horas e, quando necessário, demandam em média uma hora para seu conserto.

Bicicletas Populares (BP)

A empresa BP precisa projetar um sistema de manufatura com leiaute de processo para produzir dez diferentes tipos de peças (de 1 a 10), que vão abastecer a linha de montagem de três modelos de bicicletas (A, B e C). A demanda estimada de bicicletas é de 63.000 unidades por ano, sendo 20.000 unidades do modelo A, 25.000 do modelo B e 18.000 do modelo C, por ano. As peças serão produzidas em lotes idênticos de 300 unidades que demandam o uso de cinco tipos de máquinas (M_1 a M_5). Com base nas cartas de fluxos de processamento das bicicletas, sabe-se que as partes dos tipos 1, 3, 5, 7 e 8 são processadas nas máquinas M_2 e M_5; dos tipos 2 e 10, nas máquinas M_1, M_3 e M_4; dos tipos 4 e 9, nas máquinas M_1, M_3 e M_5; e do tipo 6, apenas na máquina M_5. A empresa BP funciona 8 horas por dia e 22 dias por mês, estima que a taxa de defeituosos (q) no processamento seja de 1%, em todas as máquinas para todas as partes, e prevê que as máquinas estarão disponíveis em 95% do tempo e operando a uma eficiência de 97%.

Brinquedos TG (BTG)

A empresa BTG pretende instalar um novo *site* para a produção de seus brinquedos, produzir 2 620 000 unidades de dez diferentes tipos de brinquedo (1 a 10), que demandam o processamento de quinze máquinas diferentes (A a O), e estuda a viabilidade de implantar um processo produtivo organizado em leiaute

Estudos *de caso*

celular. Pretende ainda identificar as famílias de brinquedos e agrupamentos de máquinas com base nos roteamentos e nas quantidades a serem produzidas e também na melhor sequência de utilização das máquinas.

Calçados Balanceados (CB)

A CB é uma pequena empresa que precisa projetar uma linha de produção manual, com um trabalhador por estação, para a produção de um modelo de sapato masculino, cuja demanda anual é de 100 000 unidades. A empresa trabalha 44 horas por semana durante 50 semanas por ano e precisa balancear sua linha de produção, motivo pelo qual relacionou o conjunto de elementos de trabalho necessários para produzir os calçados, bem como seus respectivos tempos e precedências.

A decisão de como arranjar os equipamentos e os maquinários em um espaço demanda a realização de um conjunto de atividades, do desenvolvimento de estudos e da geração de desenhos, que aproximam esse específico nível de planejamento de espaço do senso comum ao desenvolvimento de um leiaute de uma unidade produtiva. Esse nível oferece a oportunidade de aplicar intensivamente técnicas e métodos quantitativos que estão diretamente relacionados tanto à compreensão teórica quanto às diferentes formas de conceber e gerenciar sistemas de produção.

Em instalações produtivas já existentes, que são os casos mais comuns, o espaço a ser ocupado já está delimitado, mas, em unidades novas, o espaço deve ser definido com base nos conceitos apresentados no Capítulo 2.

3.1 Instalações produtivas e suas unidades típicas

Os processos necessários ao desenvolvimento de produtos e serviços tendem a seguir arranjos físicos típicos que materializam decisões estratégicas e gerenciais prévias. Assim, quando você observa um sistema produtivo, deve ter em mente que ele é o resultado de escolhas realizadas em relação a um conjunto de fatores variáveis ao longo do tempo, que resulta na opção por um tipo, uma estratégia ou um sistema a ser adotado.

A forma como os processos são organizados caracteriza unidades produtivas típicas relacionadas às denominações *produção em massa*, *em lotes*, *celular* e *por processo* (*job shop*), sendo extensamente caracterizadas na literatura (Lee et al., 1997; Meredith; Shafer, 1999; Groover, 2000; Gaither; Frazier, 2005; Krajewski; Ritzman; Malhotra, 2009; Slack et al., 2009; Bellgran; Säfsten, 2010).

Essas formas podem se apresentar puras ou combinadas entre si e, muitas vezes, não constitui tarefa trivial sua identificação em sistemas reais. Sistemas produtivos podem se valer, simultânea e complementarmente, de mais de uma dessas formas tradicionais de organização de seus processos, podendo não haver clara definição de início e de término entre eles, a exemplo de células que alimentam uma linha de produção, células de montagem de uma indústria metalúrgica abastecidas por máquinas arranjadas em um leiaute de processo ou de uma indústria que produz bateladas de massa-base em máquinas organizadas em leiaute de processo para atender a uma linha de moldagem, cozimento, embalagem e empacotamento de bolachas.

Em manufaturas de partes discretas, a quantidade e a variedade de produtos a serem produzidos estão entre os fatores mais importantes na determinação de qual é o sistema de manufatura mais apropriado a cada situação (Groover, 2000). Segundo o autor, a quantidade anual de itens produzidos pode ser baixa (1 a 100 unidades), média (101 a 10000 unidades) ou alta (acima de 10001 unidades); enquanto a variedade pode ser grande (*hard*), quando os produtos diferem substancialmente, ou pequena (*soft*).

A complexidade do produto também interfere na determinação do(s) sistema(s) de manufatura necessário(s) à produção, que, segundo Bellgran e Säfsten (2010), é afetada por variantes na estrutura e no *design* do produto, nos materiais, nos tamanhos, nos pesos e no número de partes dos componentes: produtos simples

(<31 partes); produtos complexos (>500 partes); produtos de complexidade média ou intermediária (entre 31 e 500 partes).

As empresas tendem a se especializar em combinações entre quantidade e variedade, resultante do posicionamento estratégico adotado. Quando a variedade é alta, a quantidade produzida tende a ser baixa; nesse sentido, a escolha da forma de produção tem uma relação de compromisso inversa entre a quantidade e a variedade de itens produzidos, opção que vincula automaticamente o tipo de leiaute a ser utilizado (ver Figura 3.1).

Figura 3.1 – Relação entre quantidade, variedade e formas de produção e de leiaute

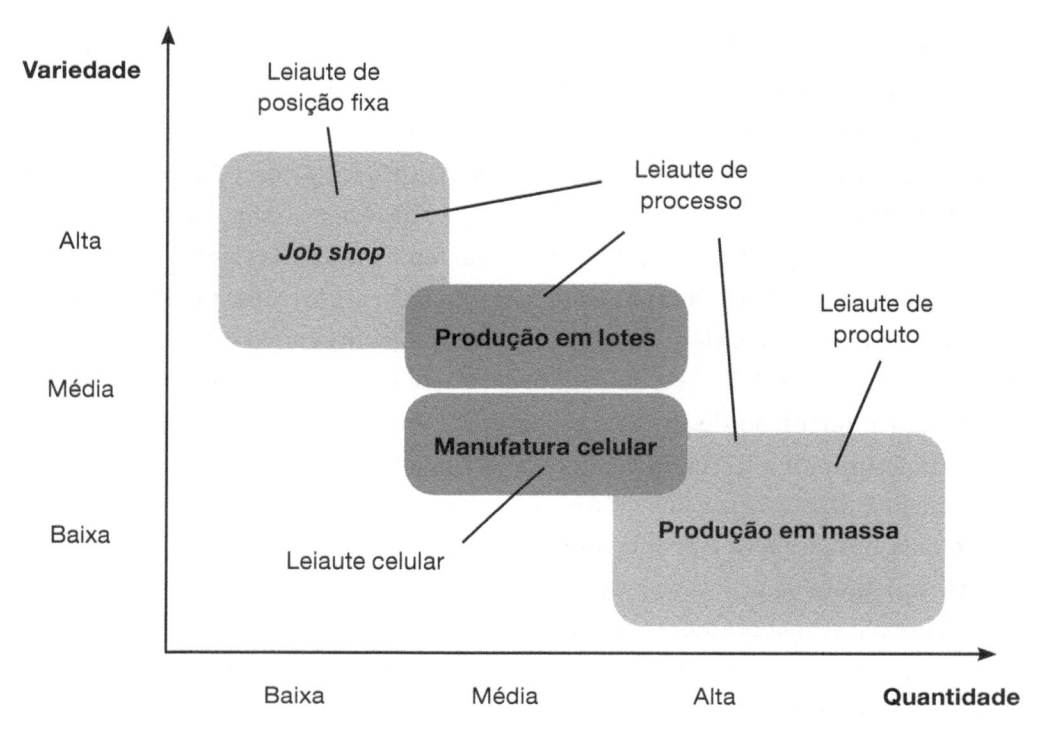

Fonte: Adaptado de Groover, 2000, p. 7.

O leiaute de posição fixa é utilizado quando ocorre a produção em baixa quantidade de produtos especializados, pesados, personalizados e tipicamente complexos, a exemplo de aeronaves, máquinas especiais e navios. A força de trabalho é especializada e planejada com o propósito de apresentar grande flexibilidade para lidar com uma alta variedade e a movimentação de materiais ocorre com o auxílio de guindastes e veículos industriais. Usualmente, o produto pesado e grande permanece na mesma localização durante a sua produção, sendo as suas partes produzidas em um leiaute de processo.

O **leiaute de processo** é o mais flexível de todos por se adaptar a uma grande quantidade de combinações entre quantidades e variedades de produtos, sendo provavelmente o leiaute mais utilizado. Sua principal desvantagem é a de requerer grande manipulação de material entre setores, que é compensada pela flexibilidade para acomodar diferentes sequências de operações. Esse tipo de leiaute pode ser utilizado para dar suporte a três diferentes estratégias de produção.

A primeira estratégia é a produção de pequenas quantidades de produtos grandes e pesados, que adotam o leiaute fixo. Pode ser utilizada em produções do tipo *job shop*, nas quais as diferentes ordens de produção (*jobs*) de pequenas quantidades de produtos (alta variedade) são produzidas por trabalhadores habilidosos, que operam um conjunto de máquinas iguais ou similares com capacidade superior à demanda e agrupadas em setores, permitindo seu compartilhamento entre os diferentes produtos.

A segunda ocorre quando o leiaute de processo é utilizado na produção por lotes. O leiaute de processo dá suporte à produção de uma variedade média de produtos de demanda estável, mas não alta, sendo os trabalhadores dedicados a operar máquinas especializadas, agrupadas em seções pelas quais são roteados produtos, para a produção de quantidades superiores à demanda, de modo a repor um nível de estoque planejado.

A terceira acontece no caso de produções em grande quantidade, ou em massa, quando o leiaute de processo é adotado para a produção de grandes quantidades de produtos em equipamentos especializados, de alta velocidade e dedicada a produtos únicos. No caso em que a produtividade é alta, a quantidade de *setups* é baixa e o trabalho é tedioso pela contínua repetição de ciclos de trabalho, minimizando as habilidades demandadas dos trabalhadores.

O **leiaute celular** é adotado quando a produção ocorre em quantidade e variedade médias e as células são compostas de várias estações de trabalho, planejadas de acordo com princípios de tecnologia grupo (TG), definida por Groover (2000) como uma filosofia de manufatura na qual partes similares são identificadas e agrupadas em conjunto para tirar vantagem das similaridades de projeto e produção. A implantação dessa filosofia tem como vantagens a simplificação da programação da produção, a padronização de ferramentas e fixações, o trabalho em equipe e a redução dos tempos de *setup*, do tempo de atravessamento, da manipulação de materiais e do inventário em processo.

Veja que o termo *célula* é largamente utilizado no ambiente industrial, nem sempre na exata acepção de sua definição ou com o planejamento necessário a sua caracterização como uma célula de TG, imprecisão que você pode detectar arguindo quanto à variedade de tipos de produtos realizados, à forma de organização do trabalho em seu interior e se os produtos iniciam e terminam sua produção/montagem na mesma célula.

O **leiaute de produto** é utilizado na produção em grande quantidade, quando existe uma alta demanda por produtos, que são manufaturados em instalações dedicadas, usualmente denominadas *linhas de produção*, apesar de poderem assumir arranjos sinuosos. As estações de trabalho são dispostas em sequência e os produtos são fisicamente movidos pelas estações de montagem, de forma a completar a montagem do produto. Trabalhadores dedicados e equipados com ferramentas especializadas realizam uma parte do trabalho total a cada estação de trabalho, que são planejadas de forma a maximizar a eficiência do processo, usualmente conectadas por esteiras transportadoras. Na situação pura, a linha serve a apenas um produto, podendo ainda ser produzida uma pequena variedade de produtos em uma mesma linha, como ocorre nas modernas linhas de montagem de carros e eletrodomésticos.

As distintas formas de produção podem ocorrer exclusivamente, como acontece normalmente em pequenas empresas, porém, na prática, é comum que empresas adotem combinações delas, resultando na adoção de diferentes tipos de leiaute em um mesmo *site*.

Cada uma dessas diferentes formas de produção é caracterizada por Groover (2000, 2011) como um *sistema de manufatura*, por serem composições integradas de equipamentos e recursos humanos que executam uma ou mais operações de processamento e/ou montagem em um material inicial, em parte ou num conjunto de partes. Observe que um ou mais tipos de sistema de manufatura podem ser utilizados na realização de um mesmo produto, a exemplo de partes plásticas e metálicas de uma bicicleta produzidas em células específicas e montadas em uma linha de produção.

Usualmente, situações em que é demandado mais de um sistema de manufatura ocorrem quando, em uma mesma instalação, produzem-se produtos **distintos**, que demandam tecnologias, processamento e organização de sistemas de manufaturas diferenciados (por exemplo, produtos com componentes plásticos, metálicos e de madeira), e/ou **complexos**, cujos componentes são processados por máquinas arranjadas em leiaute de processo ou celular e sua montagem é realizada com a utilização de um leiaute de produto, a exemplo de eletrodomésticos, eletrônicos e máquinas agrícolas.

Cada empresa deve decidir qual estratégia de produção adotará, considerando sua posição atual e futura no mercado, à qual corresponde um tipo específico de leiaute. Entre os critérios para a definição da melhor estratégia de produção estão a escala de produção necessária ou prevista (quantidade e volume), a variedade de produtos, as opções tecnológicas disponíveis e os custos associados às diferentes opções. Observe que as escolhas não devem ser aleatórias e têm relação direta com a estratégia de mercado da empresa, resultando numa sinergia e num suporte mútuo entre a estratégia competitiva da empresa e a estratégia de produção adotada.

Você deve observar que processos são projetados para atender a uma determinada demanda prevista, que pode não ser estável ao longo do tempo. Por esse motivo, análises sobre a adequação de um leiaute devem ser realizadas com base no conjunto de especificações utilizado em seu projeto, evitando julgamentos injustos quanto ao excesso ou à falta de capacidade em dado período. Nesse sentido, qualquer solução de leiaute logo tende a ter capacidade ociosa, por ter sido idealizado para atender a uma demanda futura estabelecida no horizonte de planejamento; similarmente, após determinado período de tempo, um leiaute tende a estar defasado ou ter capacidade insuficiente.

Muther (1978), ao propor uma metodologia para o desenvolvimento de leiaute, sugere a identificação de um conjunto de dados de entrada: produtos e serviços, quantidades e volumes de vendas e de inventário, roteamento e sequências de processamento, serviços de suporte necessários, pessoas, processos e sistema de informação e tempo de operação, turnos, sazonalidade e priorização. Similarmente, Tompkins et al. (2010) aconselham conhecer os produtos, seus processos e a programação da produção, informações inter-relacionadas que subsidiam o desenvolvimento do projeto das instalações.

A busca por informação presente implicitamente nessas recomendações sugere a impossibilidade de projetar aquilo que não é conhecido. É sempre importante reforçar que, anterior ao desenvolvimento de qualquer solução de leiaute adequada, é necessário intenso trabalho de pesquisa. Observe que a concepção do processo a ser projetado é tarefa essencialmente qualitativa que depende do conhecimento sobre a relação produto-processo, apesar de posteriormente o desenvolvimento do projeto ser suportado por uma gama de técnicas, análises e dimensionamentos quantitativos.

A gama de operações necessárias à produção pode influenciar a definição do tipo de leiaute, pois, segundo Groover (2000, 2007, 2011), elas adicionam valor por meio da alteração da forma, das propriedades ou da aparência inicial dos materiais, transformando-os de um estado de acabamento a um estado mais avançado e mais próximo do estado final, que pode ser de processamento – moldagem (conformação, remoção de material, solidificação e processamento de partículas), melhoria de propriedades (tratamento térmico) e de superfícies (limpeza e revestimento) – ou de montagem – junção (soldagem, brasagem e colagem) e fixação mecânica (aparafusamento e fixação permanente).

A definição das unidades de planejamento de espaço (UPEs), como apresentadas no Capítulo 2, pode ser influenciada pela opção de sistema de manufatura e pelos tipos de operação necessária. Ao planejar um leiaute de produto, pode ser útil compreender o conceito de máquina-chave, que se refere a uma máquina muito cara ou que desempenha uma função crítica, cuja utilização deve ser maximizada, mesmo que isso signifique baixa taxa de utilização das demais. Diante da necessidade de uma máquina-chave, todo o sistema de manufatura deve ser pensado para dar suporte a ela, devendo ser estudado o conjunto de peças nela processadas para, então, determinar as máquinas de suporte demandadas ao completo processamento. São exemplos de máquina-chave: uma serra de fita em uma serraria, por seu porte, sua capacidade e pela posição inicial no processo; e uma guilhotina em uma indústria metalomecânica, que abastece uma série de etapas de processamento posteriores.

A concepção de novos sistemas de manufatura e a compreensão dos existentes pode ser feita com base em um conjunto de fatores, sistematizados por Groover (2000, 2011), que podem auxiliar os projetistas no desenvolvimento do projeto e leiaute de instalações:

- Tipos de operação realizada, que podem ser de processamento e/ou de montagem e permitem analisar o tipo, o tamanho, o peso e a geometria dos materiais.

- Número de estações de trabalho, que caracteriza a presença de uma ou mais estações.

- Sistema de leiaute, que distingue sistemas multiestações com rotas fixa e variável, sendo um conveniente indicador do tamanho do projeto e que tem grande influência na capacidade de produção, produtividade e custo por unidade. Implica o benefício da sinergia do trabalho coordenado de várias estações, o aumento da complexidade do gerenciamento e do planejamento do leiaute e o sistema de movimentação de materiais e do fluxo de produção.

- Nível de automação e apoio humano, que identifica a utilização de estações de trabalho manuais ou semiautomatizadas, as quais requerem a atenção do operador em tempo integral, ou automatizadas, as quais requerem apenas a atenção periódica dos operadores.

- Variedade das partes/dos produtos, que distingue os sistemas em função da variedade de produtos ou peças produzidas. No caso de modelos únicos, existe demanda suficiente para justificar sua dedicação; no caso de modelos em lotes, o sistema pode ser ajustado para atender a diferentes tipos de peças; já no caso de modelos mistos, é possível a produção contínua de uma variedade baixa ou média de produtos, com tempo de *setup* suficientemente baixo para possibilitar a produção economicamente viável.

Vale lembrar que a modelagem e o dimensionamento de processos produtivos e o projeto e leiaute de instalações são, usualmente, tratados como um problema a ser resolvido em momentos únicos no tempo, ou seja, existirá um intervalo relativamente longo antes que seja necessário alterar a solução de leiaute identificada. Apenas mais recentemente a literatura tem discutido as vantagens de utilizar leiautes reconfiguráveis (*reconfigurable layout problem*), abordagem não tratada neste livro.

Além disso, é importante destacar que indústrias de processo que trabalham por batelada também adotam o leiaute de produto em sistemas de manufatura dedicados à produção em grande quantidade com baixa variedade de produtos, sendo os produtos convertidos em unidades discretas e identificáveis apenas ao final do processamento – a exemplo da produção de sacos de cimento e de barras de aço e do envase de querosene em embalagens de gasolina em caminhões de transporte.

3.2 Medidas de desempenho

Um conjunto consolidado de métricas pode ser utilizado para mensurar e dimensionar quantitativamente o desempenho de sistemas de manufatura, correspondendo à parte analítica do projeto de leiaute. Essas métricas, determinísticas ou probabilísticas, auxiliam na determinação da capacidade física e do desempenho de sistemas de manufatura organizados em leiautes celular, de processo ou de produto.

Um conjunto de definições e medidas determinísticas, baseadas em modelos de gargalo, pode ser utilizado para produzir estimativas iniciais de desempenho de sistemas de manufatura, com uma boa aproximação (Hopp; Spearman, 2000; Groover, 2011). Essas medidas negligenciam complicadores normalmente presentes nas situações reais, como taxas de defeituosos, variações nos tempos de ciclo de operações e inadequado sequenciamento das operações, estimativas que podem ser posteriormente complementadas com base em modelos probabilísticos, apresentados na Seção 3.4.

3.2.1 Capacidade, taxa de produção e tempo de ciclo

Em sistemas que produzem partes discretas, a **capacidade de produção (CP)** e a **taxa de produção (Tx)** são conceitos complementares que relacionam as quantidades de peças a serem produzidas por tempo de período ($t_{período}$), disponível ou de interesse (ver Equação 3.1). Enquanto a taxa de produção (Tx) expressa o número de unidades produzidas por hora ou minuto, a capacidade de produção (CP) indica o número de unidades produzidas considerado um período de tempo maior, usualmente diário, semanal, mensal ou anual. Usualmente, em indústrias de partes discretas, a capacidade de produção (CP) e a taxa de produção (Tx) são expressas em termos do número de unidades por período; já em indústrias de processo, em termos da quantidade de litros, barris ou metro cúbico (volume) por período.

$$CP = t_{período} \cdot Tx \quad \text{Equação 3.1}$$

É importante que o projetista tenha convicção em relação à capacidade de produção (CP) do sistema de manufatura a ser dimensionado, mesmo que ela tenha sido proposta com base em uma demanda estimada, à qual está relacionado certo grau de incerteza. Na perspectiva do projetista, a capacidade de produção (CP) é um parâmetro informado pelo investidor sobre o qual não deveria ser lançada dúvida na etapa de projeto. Na perspectiva do investidor, existe um risco inerente à definição da demanda a ser atendida, que está diretamente ligado à estratégia da empresa, uma vez que um excesso de capacidade de produção (CP) implica um investimento maior que o necessário, o que representa prejuízo, e, similarmente, a insuficiência de capacidade de produção (CP) resulta na incapacidade de produzir a quantidade necessária, situação que limita a possibilidade de lucro.

A taxa de produção (Tx) depende do **tempo de ciclo** (t_c) (ver Equação 3.2). O tempo de ciclo (t_c) é usualmente expresso em minutos ou horas e corresponde ao tempo necessário à realização de uma unidade de determinado item. O tempo de ciclo (t_c) é composto dos tempos de processamento/montagem, de movimentação da peça e do trabalhador e daquele utilizado para manuseio de ferramentas.

$$Tx = 1/t_c \quad \text{Equação 3.2}$$

Uma vez conhecida a capacidade de produção (CP) demandada do sistema, pode ser calculada a taxa de produção (Tx) necessária e o tempo de ciclo máximo para atendê-la, estimativa que pode ser feita em relação a uma máquina, a um conjunto de máquinas ou a um sistema. Nos casos em que um número de máquinas (n) realiza o mesmo processamento, a capacidade de produção (CP) e a taxa de produção (Tx) são incrementadas na proporção do número de máquinas (n), sendo necessário multiplicar o lado direito das equações 1 e 2 pelo número de máquinas (n).

Existem casos em que a empresa deliberadamente se propõe a produzir uma quantidade (Q) menor que a capacidade de produção (CP) máxima planejada para máquina ou sistema de manufatura, gerando uma ociosidade intencional, com o propósito de nivelar o fluxo de produção à demanda de mercado. Caso típico que ocorre quando a capacidade de produção (CP) é superior à demanda. O *takt* é uma palavra alemã para definir a cadência ou o passo adequado à disponibilidade de tempo na fábrica para uma demanda. Nessa situação, a cadência, ou o tempo de *takt* (t_{tk}), a ser adotada para a produção de uma unidade é reduzida em relação à taxa de produção (Tx) para a qual o sistema foi dimensionado, de modo a atender estritamente à demanda estabelecida. O tempo de *takt* (t_{tk}) pode ser estimado pela Equação 3.3, sendo usualmente medido em unidades por minuto.

$$t_{tk} = t_{período}/Q \quad \text{Equação 3.3}$$

Exemplo 3.1

Quantas máquinas são necessárias para atender à demanda para o caso da empresa IP?

Para produzir as 37 000 peças (pç) demandadas, é preciso produzir a uma taxa de:

$Tx = 1/t_c = [(60 \text{ min/h})/(1,5 \text{ min/par de pç})] = 40$ par de pç/h = 80 pç/h = 1,33 pç/min

São necessárias 2,63 máquinas:

$CP = n \cdot t_{período} \cdot Tx \rightarrow 37000 \text{ pç} = n \cdot (22 \text{ dias} \cdot 8h) \cdot 80 \text{ pç/h} \rightarrow n = 2,63$ máquinas

Caso fossem dedicadas três máquinas à produção das peças, a capacidade de produção (CP) máxima seria de 42.240 pç/mês, sendo 14.080 pç/mês por máquina.

Hipoteticamente, na situação em que a empresa tivesse a demanda reduzida para 25.000 pç por mês, a cadência das máquinas (t_{tk}) deveria ser aumentada de 0,75 min/pç (t_c) para 0,85 min/par (t_{tk}) de peça, como demonstrado a seguir:

$t_{período} = 22 \text{ dias} \cdot 8h \cdot 60 \text{min} = 10.560 \text{ min}$;

$t_{tk} = t_{período}/Q = (10.560/25.000 \text{ pç}) = 0,422$ min/pç = 0,85 min/par de peças.

Para cada injetora, os tempos de *takt* (t_{tk}) seriam de:

$t_{tk}^{3Maq} = 0,85$ min/par de peças/3 máq = 0,28 min/par de peças, por máquina;

$t_{tk}^{2Maq} = 0,85$ min/par de peças/2 máq = 0,42 min/par de peças, por máquina.

Observe que, na impossibilidade de aumentar o tempo de ciclo (t_c) para o tempo de *takt* (t_{tk}), como calculado, e para evitar sobra de produção, também é possível reduzir o período de operação ($t_{período}$) das máquinas, raciocínio também válido para sistemas de manufatura mais complexos. Além disso, veja que não foi considerada a taxa de defeituosos e as quebras das máquinas.

3.2.2 Disponibilidade e utilização

A capacidade de produção (CP) do sistema de manufatura pode ser afetada pela disponibilidade (D) e pela utilização (U), medidas de eficiência expressas em percentual (%). A utilização (U) pode ser estimada pela proporção entre as quantidades de peças que um sistema efetivamente produz (Q) em relação a sua capacidade de produção (CP) para um mesmo período (ver Equação 3.4).

$$U = 100 \cdot Q/CP \quad \text{Equação 3.4}$$

Alternativamente, a utilização (U) pode ser estimada pela proporção de tempo que a máquina está sendo utilizada em relação ao tempo total disponível para seu uso. Essa situação ocorre quando os equipamentos estão disponíveis para uso, mas não estão produzindo devido a problemas de sequenciamento, por falta de material, por atrasos entre processos ou em função de folgas higiênicas, levando à redução da capacidade de produção (CP) inicialmente estimada.

A disponibilidade (D) é uma medida da confiabilidade de equipamentos que é expressa em termos de uma proporção de tempo (%), podendo ser estimada por meio do tempo médio entre falhas (t_{mf}) e do tempo médio de conserto (t_{mc}) (ver Equação 3.5). É esperado que a máquina esteja 100% do tempo disponível para produzir, porém, quando isso não ocorre, há uma redução da capacidade de produção (CP) inicialmente estimada.

$$D = 100 \cdot (t_{mf} - t_{mc})/t_{mf} \quad \text{Equação 3.5}$$

É importante observar que tanto a utilização (U) quanto a disponibilidade (D) podem ser estimadas em relação a um equipamento individual ou em relação a um complexo sistema de manufatura e que ambas podem afetar diretamente a capacidade de produção (CP) e a taxa de produção (Tx). Em situações de projeto da instalação, na ausência de informação precisa, podem ser adotados valores de utilização (U) e disponibilidade (D) para majorar a capacidade de produção (CP) que funcionariam como coeficientes de segurança.

Exemplo 3.2

Estime a disponibilidade das máquinas para o caso da empresa IP. Caso a empresa reduza a quantidade de peças produzidas para 32 000 pç/mês, por dificuldades no fornecimento de material, qual será a utilização das máquinas?

Cada máquina estará disponível apenas 97,22% do tempo, majorando em 1 174 pç a capacidade de produção (CP) ideal, inicialmente prevista em 42 240 pç/mês, resultando em CP = 41 066 pç/mês.

$D = 100 \cdot (36 - 1)/36 = 97,22\%$.

Caso a empresa reduza a quantidade de peças produzidas para 32.000 pç/mês, as máquinas seriam utilizadas em 75,76% de sua CP máxima, ou, similarmente, seria necessário utilizá-las apenas 75,76% do tempo total disponível, como indicado a seguir:

U = 100 · Q/CP = 100 · 32000/42240 = 75,76%.

Veja que a existência de informação permitiu o cálculo de D e U, que funcionaram como coeficientes de segurança ao majorar a capacidade de produção (CP) ideal. Diante da inexistência de informação, os valores de U e D podem ser uma estimativa dos valores previamente fixados pelo projetista. Esse cuidado visa considerar a variabilidade presente em qualquer processo, aproximando a capacidade de produção (CP) da realidade das empresas, na qual é esperado um comportamento estocástico. Considerando os valores de U e D identificados no exemplo, a capacidade de produção (CP) seria de 31 111 pç/mês (42240 · 0,9722 · 0,7576).

Os cálculos apresentados até aqui desconsideram o tempo de ajuste, ou de *setup*, supondo que a máquina permaneça realizando produtos por tempo suficientemente grande para considerá-lo desprezível, simplificações não assumidas nas demais seções deste capítulo.

As seções a seguir apresentam técnicas para identificar os melhores arranjos de leiaute depois de escolhido o tipo de sistema de manufatura a ser projetado, como discutido na Seção 3.1, porém, não ajudam a realizar a opção entre eles, que deve estar alinhada com a estratégia de atuação adotada pela empresa.

3.3 Modelagem e dimensionamento de sistemas de manufatura

Modelagem e dimensionamento de sistemas de manufatura se referem à análise quantitativa do projeto de leiaute de instalações produtivas, apresentada nesta seção em relação aos leiautes de processo, celular e de produto, já caracterizados na Seção 3.1.

Os resultados obtidos na modelagem e no dimensionamento de sistemas de manufatura podem e devem ser integrados ao nível de planejamento apresentado no Capítulo 2, não existindo sequência mais apropriada para sua condução, por serem etapas interdependentes. Cabe ao projetista identificar a melhor ordem para as atividades desses dois níveis de planejamento de espaço, que, no modelo proposto por Lee et al. (1997), correspondem ao projeto do micro e do macroespaço.

O projeto de sistemas de manufatura, por ser uma construção mais abstrata, pode ter como ponto de partida o momento do desenvolvimento do leiaute, dado ser necessário um leiaute para descrever uma proposta de sistema de manufatura, beneficiando-se, assim, de seu resultado concreto e visual, o que facilita a comunicação, a discussão, a apresentação e a simulação de diferentes alternativas (Bellgran; Säfsten, 2010).

3.3.1 Leiaute de processo

O leiaute de processo é utilizado em sistemas de manufatura organizados na forma de *job shop*, produção de lotes e produção em massa para produzir uma variedade de itens que demandam diferentes rotas em estações de trabalho, planejadas para produzir lotes com quantidades pequenas, médias e grandes de itens. Em função do número de estações de trabalho demandadas para a realização dos produtos, esse tipo de sistema de manufatura pode ser estudado como sistemas de **máquina única**, de ***cluster* de máquinas** ou de **produção em lotes**.

3.3.1.1 Sistema de manufatura de máquina única

Os sistemas de manufatura de máquina única são uma forma de produção muito utilizada em produções por processo, podendo ocorrer também em produções em grande escala. Em relação aos demais sistemas, apresenta as vantagens de fácil instalação e operação, baixo custo por unidade produzida, tempo reduzido para implementação, flexibilidade a mudanças nos produtos e rápido lançamento de novos produtos. Também denominados *célula de máquina única*, esses sistemas realizam todas as operações necessárias ao processamento ou à montagem do produto final, podendo ser manuais ou automatizadas. Um ou mais trabalhadores podem ser requeridos durante o ciclo de trabalho para abastecimento, ajuste, troca de ferramentas, controle e desabastecimento.

É importante observar que situações nas quais uma ou mais máquinas dão suporte a uma máquina principal, associadas ou subordinadas a ela, podem ser consideradas e dimensionadas como *sistemas de máquina única*; não havendo subordinação, a situação deve ser considerada como *célula de tecnologia de grupo* (Groover, 2000).

Os sistemas de manufatura de máquina única são dimensionados com base na carga de trabalho (Crg) prevista para dado período de tempo, expressa em minutos ou horas, sendo estimada a partir da quantidade (Q) de peças a serem produzidas e de seu tempo de ciclo (t_c). O número ideal de máquinas necessário (n^{ideal}) é estimado pela Equação 3.6.

$$n^{ideal} = Crg/t_{período} = Q \cdot t_c/t_{período} \quad \text{Equação 3.6}$$

Um conjunto de fatores pode exigir o aumento no número ideal de máquinas (n^{ideal}). O tempo de período ($t_{período}$) pode ser reduzido em função da disponibilidade (D) e da utilização (U) das máquinas em razão de quebras e manutenções, do inadequado balanceamento ou sincronização da produção e da necessidade de realizar o *setup* a cada novo lote. O tempo de ciclo (t_c) pode ser inferior ao estimado em função da eficiência do trabalhador (E_t) e a taxa de defeituosos (q) pode demandar o aumento na quantidade (Q) de unidades a serem realizadas, fatores que devem ser considerados na estimativa do número de máquinas, como indica a Equação 3.7.

$$n = Q \cdot t_c/t_{período} = [(Q/(1-q)) \cdot (t_c/E_t)]/[t_{período} \cdot D \cdot U] \quad \text{Equação 3.7}$$

Exemplo 3.3

Para o caso da empresa IP, estime o número de máquinas necessárias para produzir 37 000 pç, sabendo que a estimativa da taxa de defeituosos é de 5% e a eficiência dos trabalhadores é de 97%.

O número de máquinas pode ser estimado em 3,87, como segue:

Crg = [(37 000 pç/mês/(1 − 0,05)) · (1,5 min/pç/0,97)]/2 pç = 21 min = 30.113,95 min.

$td_{período}$ = (22 dias · 8h · 60min) · 0,9722 · 0,7576 = 7 777,85 min.

n = 30 113,95 min/7 777,85 min = 3,87 máquinas = 4 máquinas (arredondamento para cima)

Observe que as 4 máquinas (3,87) necessárias superam as 3 máquinas (2,63) calculadas no Exemplo 3.1, em função dos defeituosos produzidos e de a disponibilidade, a utilização e a eficiência dos trabalhadores serem menores do que aquelas lá utilizadas.

3.3.1.2 Sistema de manufatura de *clusters* de máquinas

Os sistemas de manufatura de *clusters* de máquinas, ou *sistemas de agrupamento de máquinas* ou de *máquinas combinadas*, são aqueles em que um conjunto de máquinas com a mesma função realiza simultaneamente produtos idênticos ou muito similares (Groover, 2011; Sule, 2009). Esses sistemas são usualmente constituídos de máquinas automatizadas que não requerem atenção contínua, o que possibilita o controle de mais de uma máquina pelo mesmo operador.

Para que um trabalhador consiga atender simultaneamente a mais de uma máquina, o tempo de ciclo (t_c) deve ser longo o suficiente em relação ao tempo requerido de atenção do trabalhador, as máquinas devem estar próximas e as regras legais e de organização do trabalho devem permitir essa situação. Considerando que os t_c das máquinas são iguais, é possível estimar um número ideal de máquinas que pode ser atendido por um mesmo trabalhador pela comparação entre os tempos do trabalhador e das máquinas.

O tempo do trabalhador (t_{tr}) para servir a *n* máquinas é igual a $t_{tr} = n \cdot (t_r + t_s)$, sendo composto do tempo de serviço (t_s) necessário para alimentar e remover peças das máquinas e do tempo de reposicionamento (t_r), para os deslocamentos entre as máquinas. O tempo das máquinas envolve o tempo de operação (t_{op}), no qual as máquinas operam sozinhas, e o tempo de serviço (t_s), necessário para a alimentação e a remoção de peças, que requerem a assistência do trabalhador. Dessa forma, o tempo de máquina (t_{mq}) é igual a $t_{mq} = (t_{op} + t_s)$.

Para que o *cluster* de máquinas esteja equilibrado, o tempo de máquina (t_{mq}) deve ser igual ao tempo do trabalhador (t_{tr}), resultando em $(t_{op} + t_s) = n \cdot (t_r + t_s)$, no qual o número ideal de máquinas é dado pela razão indicada na Equação 3.8.

$$n = (t_{op} + t_s)/(t_r + t_s) \quad \text{Equação 3.8}$$

Como o número de máquinas e de trabalhadores deve ser inteiro, haverá ociosidade no número destes ou daquelas. Caso a razão $(t_{op} + t_s)/(t_r + t_s)$ seja arredondada para o inteiro superior, as máquinas terão tempo ocioso e o tempo do *cluster* ($t_{cluster}$) será dominado pelo tempo de máquina (t_{mq}), sendo calculado por $t_{cluster} = t_{op} + t_s$. Caso a razão $(t_m + t_s)/(t_r + t_s)$ seja arredondada para o inteiro inferior, o trabalhador terá tempo ocioso e o tempo do *cluster* ($t_{cluster}$) é dominado pelo tempo do trabalhador (t_{tr}), sendo calculado por $t_{cluster} = n \cdot (t_{tr} + t_s)$. Na ausência de informações sobre os custos, é preferível deixar o trabalhador ocioso.

Exemplo 3.4

No caso do Exemplo 3.3, considerando que as máquinas são automáticas e não requerem a assistência durante os ciclos de processamento, a quantas máquinas um trabalhador pode atender caso o tempo de serviço seja de 10 segundos e o tempo de reposicionamento seja de 12 segundos?

Sabendo que $t_c = 90$ s e $t_s = 10$ s (alimentação e remoção), então, $t_m = 80$ s.

$t_{mq} = t_m + t_s = 80$ s $+ 10$ s $= 90$ s e $t_{tr} = n \cdot (t_r + t_s) = n \cdot (12 + 10) \rightarrow n = 90/22 = 4{,}09$ máquinas.

Assim, um único trabalhador é capaz de operar simultaneamente as 4 máquinas previstas no Exemplo 3.3, ficando ocioso por 2 segundos (90 s $- 4 \cdot 22$ s).

Exemplo 3.5

Apresente soluções alternativas de leiaute para as modelagens e os dimensionamentos dos sistemas de manufatura do Exemplo 3.4.

A Figura 3.2 apresenta três possibilidades de arranjo de leiaute, em que a seta representa o fluxo interno de movimentação do operador e o acesso de matérias-primas e de produtos prontos ocorre por meio de uma circulação. Observe que as três opções indicadas consideram apenas um trabalhador operando as quatro máquinas e que foram reservadas áreas específicas, representadas por paletes, para a movimentação externa (abastecimento e remoção) de lotes de peças pela circulação.

Figura 3.2 – Opções de arranjos de leiaute de microespaço

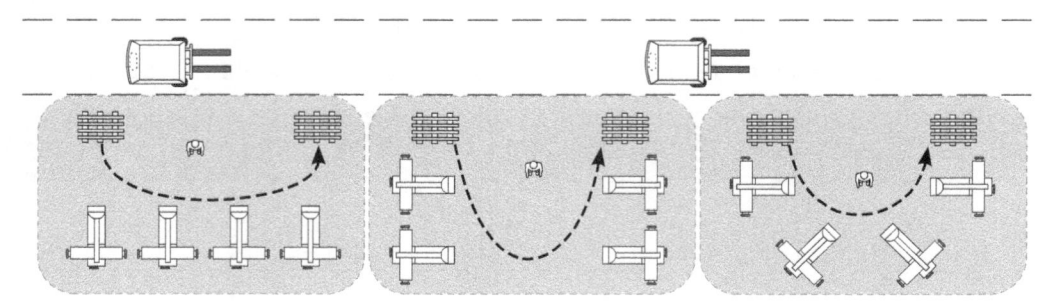

3.3.1.3 Sistema de manufatura de produção em lotes ou em massa

Os sistemas de manufatura de produção em lotes e em massa utilizam o leiaute de processo para realizar produtos que demandam o processamento de diferentes máquinas, arranjadas com base nas funções que desempenham. Eles se diferenciam pelo fato de que, na produção em lotes, são demandados *setups* entre lotes para a produção de quantidades médias de variados produtos, procedimento que não é necessário na produção em massa, uma vez que as máquinas são dedicadas de modo a atender à quantidade demandada.

No caso de lotes unitários de partes, o tempo de ciclo (t_c, em minutos) para a realização de uma unidade deve considerar o tempo de *setup* (t_{setup}), e o tempo necessário ao processamento de uma parte na estação de trabalho ($t_{processamento}$) é dado na Equação 3.9.

$$t_c = t_{setup} + t_{processamento} \quad \text{Equação 3.9}$$

Quando os lotes são produzidos em quantidades maiores, o tempo para processá-los (t_{lote}, em minutos) e o tempo de ciclo médio por unidade (t_c, em minutos) são dados pela Equação 3.10 e pela Equação 3.11, respectivamente.

$$t_{lote} = t_{setup} + Q \cdot t_{processamento} \quad \text{Equação 3.10}$$

$$t_c = t_{lote}/Q \quad \text{Equação 3.11}$$

No caso de lotes de tamanho muito grande (produção em massa), o t_{setup} é muito pequeno em relação ao tempo total de processamento ($Q \cdot t_{processamento}$), e o tempo de *setup* pode ser desprezado, resultando em $t_c = t_{processamento}$. É importante considerar que a eliminação do tempo de *setup* (t_{setup}) é o argumento utilizado para justificar a utilização da produção em massa, suposição implícita aos dimensionamentos apresentados nos Exemplos 3.3 e 3.4.

A carga de trabalho (Crg) prevista para um período de tempo pode ser estimada com base na quantidade (Q) de peças a serem produzidas e de seu tempo de ciclo (t_c), enquanto o número ideal de máquinas (n^{ideal}) é estimado por meio da divisão da carga de trabalho (Crg) pelo tempo disponível no período ($T_{período}$), como indicado na Equação 3.12.

$$n^{ideal} = Crg/t_{período} = Q \cdot t_c/t_{período} \quad \text{Equação 3.12}$$

Vários fatores podem exigir o aumento no número ideal de máquinas (n^{ideal}). O tempo de período ($t_{período}$) pode ser reduzido em função da disponibilidade (D) e da utilização (U) das máquinas, do inadequado balanceamento e da sincronização da produção, do tempo de *setup* (t_{setup}) (produções por lotes) e de quebras e manutenções. O templo de ciclo (t_c) pode ser inferior ao estimado em função da eficiência do trabalhador (E_t), enquanto a taxa de defeituosos (q) pode demandar o aumento na quantidade (Q) de unidades a serem realizadas. Assim, o número de estações (n) necessárias deve ser corrigido, como indica a Equação 3.13.

$$n = Q \cdot t_c/t_{periodo} = [(Q/(1-q)) \cdot (t_c/E_t)]/[t_{periodo} \cdot U \cdot D] \quad \text{Equação 3.13}$$

Exemplo 3.6

Para o caso da empresa BP, que utiliza um leiaute de processo, qual a quantidade necessária de cada tipo de máquina?

Com base no projeto das bicicletas, são conhecidas as quantidades de cada tipo de peça (1 a 10), de demandas por modelo (q^A, q^B e q^C) e os tempos de processamento (t_p, em segundos) de cada tipo de peça, considerados iguais nas cinco máquinas, que, por conveniência, são aquelas indicadas na Tabela 3.1. Os tempos de setup (t_{setup}, em minutos) para todos os tipos de peças são: de 20 minutos nas máquinas 1, 3 e 10; de 10 minutos nas máquinas 2, 4, 5, 6 e 7; e de 15 minutos nas máquinas 8 e 9.

Tabela 3.1 – Quantidades de partes a serem produzidas em cada máquina

	1	2	3	4	5	6	7	8	9	10
q^A (un)	0	0	1	5	3	5	4	2	1	5
q^B (un)	4	5	4	5	3	3	3	4	5	4
q^C (un)	4	5	4	5	3	3	3	4	0	4
t_p (s)	8	11	28	12	31	46	27	20	33	15

O cálculo das quantidades de máquinas depende da carga de trabalho à qual cada máquina será submetida e do número de lotes a serem produzidos, cujos valores são indicados na Tabela 3.2. Tomando como referência a parte do tipo 1 (Prt1) e a máquina 1 (M_1), a seguir são demonstrados os cálculos dos resultados sistematizados na Tabela 3.2. A quantidade total (Q) de peças a produzir deve ser corrigida para compensar a taxa de defeituosos de 1%:

$Q_{total}^{Prt1} = (Q^A + Q^B + Q^C)/(1-q) = (0 \cdot 20000 + 4 \cdot 25000 + 4 \cdot 18000)/(0,99) = 175492$ un/ano

O número de lotes determina o número de *setups* necessários:

N_{setups} = 175 492 un/ano/300 pç/lote = 584,93 lotes/ano ≅ 585 lotes/ano

É possível, então, calcular as cargas de trabalho (Crg) de cada máquina $[(t_{setup} \cdot N_{setups}) + (Q_{total} \cdot t_p)]$, que pode ser obtida pelas somas das cargas de trabalho geradas pelas partes tipos 1 a 10 (Crg^{Prt1}):

Crg M_1 = [Crg^{Prt1} + Crg^{Prt2} + ... + Crg^{Prt10}] = [[0 · (20 min · 585) + (0 · 8 s/60)] + [(10 min · 731) + (219 366 un/ano · 11 s/60)] + [(20 min · 653)+(195 898 un/ano · 28 s/60)] + [(10 min · 1071) + (321 396 un/ano · 12 s/60)] + (10 min · 643) + (192 837 un/ano · 31 s/60)] + [(10 min · 779) + (233 649 un/ano · 46 s/60)] + (10 min · 711) + (213 243 un/ano · 27 s/60)] + [(15 min · 721) + (216 304 un/ano · 20 s/60)] + (15 min · 493) + (147 944 un/ano · 33 s/60)] + [(20 min · 925) + (277 522 un/ano · 15 s/60)]

Crg M_1 = 0,0 + 51 182,1 + 0,0 + 80 344,2 + 0,0 + 0,0 + 0,0 + 0,0 + 103 554,2 + 87 880,5

Crg M_1 = 322 961,0 min/ano

O número total de máquinas necessárias para atender à demanda prevista pode ser calculado com base no $td_{período}$ e na Crg de cada máquina:

$td_{período}$ = 8 h · 22 dias · 12 meses = 2 112 h/ano = 126 720 min/ano

Quantidade de máquinas M_1 = 322 961,0 min/ano / 126 720 min/ano = 2,55 ≅ 3 máquinas

Tabela 3.2 – Sistematização de parâmetros por tipo de produto

	1	2	3	4	5	6	7	8	9	10	Total
QA	0	0	20 202	101 010	60 606	101 010	80 808	40 404	20 202	101 010	525 252
QB	101 010	126 263	101 010	126 263	75 758	75 758	75 758	101 010	126 263	101 010	1 010 103
QC	72 727	90 909	72 727	90 909	54 545	54 545	54 545	72 727	0	72 727	636 361
Q_{total}	175 492	219 366	195 898	321 396	192 837	233 649	213 243	216 304	147 944	277 522	2 193 651
Lotes	585	731	653	1 071	643	779	711	721	493	925	7 312
Crg M_1	70 197,9	153 546,3	208 958,1	241 032,6	218 554,9	190 815,9	213 248,7	158 622,7	207 108,4	263 641,5	1 925 727,0
Crg M_2	0,0	51 182,1	0,0	80 344,2	0,0	0,0	0,0	0,0	103 554,2	87 880,5	322 961,0
Crg M_3	35 098,9	0,0	104 479,1	0,0	109 277,5	0,0	106 624,4	79 311,3	0,0	0,0	434 791,1
Crg M_4	0,0	51 182,1	0,0	80 344,2	0,0	0,0	0,0	0,0	103 554,2	87 880,5	322 961,0
Crg M_5	0,0	51 182,1	0,0	0,0	0,0	0,0	0,0	0,0	0,0	87 880,5	139 062,6
Crg Total	35 098,9	0,0	104 479,1	80 344,2	109 277,5	190 815,9	106 624,4	79 311,3	103 554,2	0,0	809 505,4
$t_c^{Médio}$	13,0	15,2	34,7	16,3	36,9	53,2	32,6	23,9	45,6	20,6	

Seguindo o mesmo raciocínio apresentado para a M_1 nas demais máquinas, obtém-se um total de 19 máquinas, sendo três do tipo M_1, quatro do tipo M_2 (3,43), três do tipo M_3 (2,55), duas do tipo M_4 (1,1) e sete do tipo M_5 (6,39).

Observe que as perdas com a redução da eficiência e da disponibilidade podem ser consideradas em relação ao seu impacto no $t_{período}$ ou em relação ao tempo do ciclo médio. Para o segundo caso, o tempo do ciclo médio para as peças tipo 1, considerando lotes de tamanho de 300 unidades, é calculado como segue:

$$t_c^{Prt1} = [(20 \text{ min} \cdot 60 + 8 \text{ s} \cdot 300 \text{ un/lote})/300]/[(1/0{,}97) \cdot (1/0{,}95)] = 13 \text{ s}$$

Exemplo 3.7

Apresente o leiaute para o número de máquinas identificadas no Exemplo 3.6, sabendo que as máquinas M_1, M_2 e M_5 necessitam de 3 m² cada uma, que a M_3 demanda 2 m² e que a M_4 precisa de 1,5 m².

O arranjo na Figura 3.3 representa uma proposta de leiaute de processo obtida pela aplicação das técnicas descritas no Capítulo 2, considerando uma UPE distinta para cada grupo de máquinas. A solução proposta considera um corredor central em um prédio que possui limitação em sua largura, situação típica em pequenas e médias indústrias.

Figura 3.3 – Solução de leiaute de processo

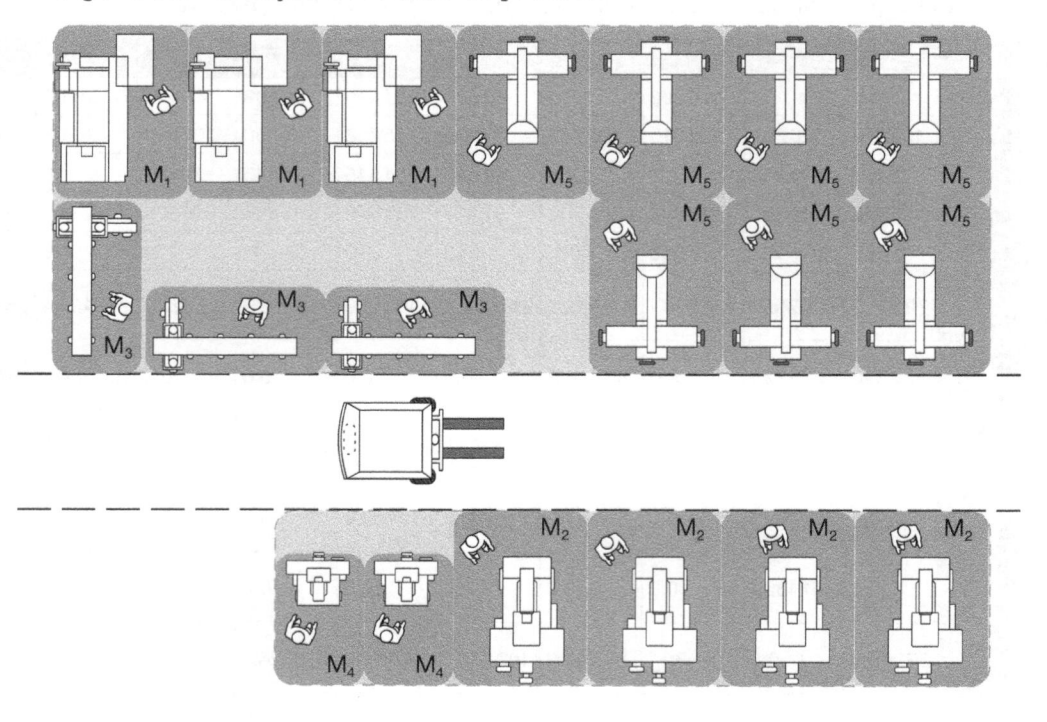

O leiaute proposto utiliza uma área de 74,62 m², sendo 58,38 m² dedicados às máquinas e 16,245 m² à circulação entre as UPEs. Observe que a área indicada para cada máquina já prevê folga para a circulação do operador e para a movimentação de peças e que houve um aumento de 49,24% na área em relação à simples soma das áreas das máquinas (51 m²).

3.3.2 Leiaute celular

Em situações em que existe demanda por uma quantidade média ou grande de produtos, é possível dedicar um conjunto de máquinas ou estações de trabalho para a realização de um número reduzido de tipos de itens com operações similares. Dedicação de recursos que busca a eficiência no processamento ou na montagem dos produtos, obtida pela aplicação de tecnologia de grupo e pela adoção de um leiaute celular, que resulta na simplificação dos fluxos de trabalho.

A decisão pela utilização do leiaute celular pode ocorrer em situação de instalações novas, sendo, porém, mais comum nos casos em que a empresa está organizada em um leiaute de processo, para produzir em lotes, gerando grande manipulação de materiais e inventário em processo e longos tempos de atravessamento. A utilização do leiaute celular envolve a identificação das famílias de produtos que vão compor as células (Seção 3.3.2.1) e a definição do arranjo das máquinas e estações de trabalho (Seção 3.3.2.2).

3.3.2.1 Identificação das famílias de partes similares

Tecnologia de grupo (TG) é uma filosofia de manufatura na qual as peças ou as partes similares são identificadas e agrupadas para tirar vantagem das similaridades de projeto e produção, enquanto a manufatura celular (MC) é um agrupamento de equipamentos de produção organizados em uma célula de máquinas especializada na produção de uma família de partes (Meredith; Shafer, 1999; Groover, 2000; Slack et al., 2009). A similaridades podem ser identificadas pelas características dos produtos ou pelas operações necessárias para sua realização, sendo comum a utilização das cartas de processo na identificação das famílias. A Figura 3.4 exemplifica duas famílias de produtos (estofados e cadeiras) que demandam processamentos distintos, mas em suas respectivas famílias têm características de forma e processamento similares.

Figura 3.4 – Exemplos de famílias de produtos

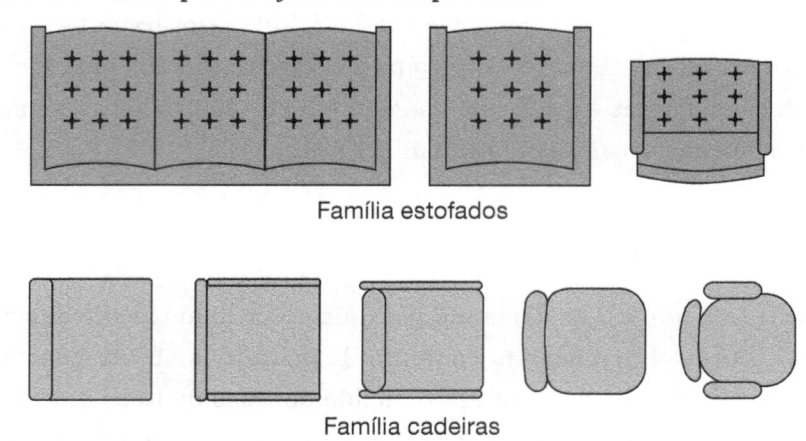

Família estofados

Família cadeiras

Quando a quantidade de produtos investigada para formar as famílias de produtos não é muito grande, pode ser utilizada a inspeção visual de imagens das peças candidatas, associada à experiência do projetista, sendo esta uma abordagem menos precisa, porém mais barata.

Em situações em que a quantidade de produtos é muito grande, a identificação das famílias é feita pelo método de classificação e codificação, com apoio de *softwares* específicos que realizam a seleção com base em atributos de forma (externa, interna, rotacional, retangular, razão entre lados, tolerâncias etc.) e de operações de manufatura (maior operação, acabamento superficial, tamanho do lote, ferramentas e equipamentos utilizados na fabricação etc.). Nesse método, o esforço inicial para cadastrar os atributos de todos os produtos é compensado pela facilidade na identificação de famílias para produtos existentes e novos.

Outra opção para identificar as famílias de produtos é a análise do fluxo de produção (AFP), método mais relatado na literatura (Gaither; Frazier, 2005; Krajewski; Ritzman; Malhotra, 2009; Slack et al., 2009; Groover, 2011) e mais indicado quando a quantidade de tipos de partes não é demasiadamente grande.

A AFP utiliza as rotas de produção para a identificação das famílias com base na totalidade das peças produzidas ou em uma amostra representativa, consumindo menos tempo que o método de classificação e codificação. A principal desvantagem se deve ao fato de não utilizar atributos de forma na identificação das famílias de produtos, o que pode produzir agrupamentos subótimos, uma vez que peças com geometrias muito diferentes podem requerer processamento nas mesmas máquinas, enquanto peças com geometrias similares podem demandar o uso de máquinas diferentes. Sua virtude se deve ao fato de requerer menos tempo de implementação em relação ao método de classificação e codificação, o que facilita a introdução da TG nas empresas.

Para a condução da AFP, é necessário coletar os dados dos produtos a serem considerados (quantidade, sequências de operações, tamanhos de lotes, demanda e tempos de processamento, entre outros) e classificá-los de acordo com suas rotas de processamento e sequências de máquinas a serem percorridas. Esse conjunto de informações permite a elaboração da carta de AFP ou matriz de incidência máquina-parte, cujas posições a_{ij} são preenchidas com o valor 1 sempre que um produto demanda o processamento em determinada máquina.

Diversos algoritmos e heurísticas são apresentados na literatura para a identificação de agrupamentos de máquinas com base na carta de AFP, a exemplo de programação inteira, *rank order clustering (ROC)*, *direct clustering analysis*, *cluster identification algorithm* e *neighbourhood algorithm*, cada um com suas vantagens e desvantagens.

Aqui apresentamos a identificação das famílias pela AFP utilizando o ROC, ou algoritmo de agrupamento ordenado por *ranking* (AOR), dada sua eficiência e facilidade de aplicação. A sequência de passos do AOR é a seguinte:

1. efetuar a soma decimal equivalente (SDE) ($SDE_{colunas} = \sum_{k=1}^{m} a_{ik} \cdot 2^{m-k}$) de cada uma das colunas da matriz;
2. ordenar as colunas em ordem decrescente da SDE;
3. efetuar a SDE ($SDE_{linhas} = \sum_{k=1}^{n} a_{jk} \cdot 2^{n-k}$) de cada uma das linhas da matriz;
4. ordenar as linhas em ordem decrescente da SDE;
5. encerrar

Vale destacar que o resultado não é alterado caso o algoritmo seja utilizado para ordenar inicialmente as linhas e depois as colunas.

Após aplicado o algoritmo AOR, nem sempre é fácil a identificação dos agrupamentos de máquinas e famílias de partes da matriz diagonal. Pode ser necessário rearranjar as linhas ou colunas da matriz ou encontrar uma solução para produtos que necessitam de processamento na maioria das máquinas. Quando há sobreposição dessa necessidade, deve ser estudada a possibilidade de duplicar máquinas, retirar alguma máquina da matriz de incidência, tratando-a como uma estação de máquina única, ou adequar o projeto da parte de modo que demande processamento apenas nas células geradas. Essas questões são mais bem ilustradas no próximo exemplo.

Exemplo 3.8

Para o caso da empresa BTG, considerando os roteamentos e a previsão de vendas anual em milhares de unidades apresentados na Tabela 3.3, construa a carta de AFP e verifique se é possível formar células de manufatura utilizando o algoritmo AOR para identificar as famílias de brinquedos e os agrupamentos de máquinas.

Tabela 3.3 – Roteamentos e previsão de vendas por produto

Produto	Roteamento	Quantidade (un)	Fração *mix*
1	ABCDEFGH	500 000	19,08
2	MGNONO	350 000	13,36
3	HLHK	150 000	5,73
4	CFEDH	200 000	7,63
5	NON	100 000	3,82
6	IJHKL	150 000	5,73
7	GNO	200 000	7,63
8	ACFBEDHD	440 000	16,79
9	GMN	280 000	10,69
10	IHJ	250 000	9,54
Total		2 620 000	100,00

Com base no roteamento dos produtos pelas máquinas, é possível construir a matriz de incidência máquina-produto pela indicação do numeral 1 sempre que um produto demanda processamento em uma máquina, como apresentado na Tabela 3.4.

Tabela 3.4 – Matriz de incidência máquina-produto inicial

	1	2	3	4	5	6	7	8	9	10
A	1							1		
B	1							1		
C	1			1				1		
D	1			1				1		
E	1			1				1		
F	1			1				1		
G	1	1					1		1	
H	1		1	1		1		1		1
I						1				1
J						1				1
K			1			1				
L			1			1				

(continua)

(Tabela 3.4 – conclusão)

	1	2	3	4	5	6	7	8	9	10
M	1								1	
N	1				1		1		1	
O	1				1		1			

A Tabela 3.5 a seguir indica os valores das somas decimais equivalentes das colunas da matriz máquina-produto (passo 1 do algoritmo AOR). Observe que SDE = 3 $(1 \cdot 2^0 + 1 \cdot 2^1)$ para a coluna do produto 5 e que SDE = 152 $(1 \cdot 2^3 + 1 \cdot 2^4 + 1 \cdot 2^7)$ para a do produto 9.

Tabela 3.5 – Matriz de incidência máquina-produto: passos 1 e 2 do AOR

	1	2	3	4	5	6	7	8	9	10	2^{m-k}
A	1							1			16 384
B	1							1			8 192
C	1			1				1			4 096
D	1			1				1			2 048
E	1			1				1			1 024
F	1			1				1			512
G	1	1					1		1		256
H	1		1	1		1		1		1	128
I						1				1	64
J						1				1	32
K		1			1						16
L		1			1						$8 = 2^3$
M									1		$4 = 2^2$
N					1		1		1		$2 = 2^1$
O					1		1				$1 = 2^0$
SDE	32 640	256	152	7 808	3	248	259	32 384	262	224	
Ordem	1	6	9	3	10	7	5	2	4	8	

Após reordenar as colunas (passo 2), calculamos os valores das somas decimais equivalentes das linhas da matriz máquina-produto (passo 3), como indica a Tabela 3.6. Veja que, para a linha da máquina L, SDE = 10 $(1 \cdot 2^1 + 1 \cdot 2^3)$ e, para a da máquina N, SDE = 97 $(1 \cdot 2^0 + 1 \cdot 2^5 + 1 \cdot 2^6)$.

Tabela 3.6 – Matriz de incidência máquina-produto: passos 3 e 4 do AOR

	1	8	4	9	7	2	6	10	3	5	SDE	Ordem
A	1	1									768	6
B	1	1									768	7

(continua)

(Tabela 3.6 – conclusão)

	1	8	4	9	7	2	6	10	3	5	SDE	Ordem
C	1	1	1								896	2
D	1	1	1								896	3
E	1	1	1								896	4
F	1	1	1								896	5
G	1			1	1	1					624	8
H	1	1	1				1	1	1		910	1
I							1	1			12	12
J							1	1			12	13
K							1		1		10	14
L							1		1		10	15
M				1							64	10
N				1	1					1	97	9
O					1					1	33	11
2^{n-k}	512	256	128	64	32	16	$8=2^3$	$4=2^2$	$2=2^1$	$1=2^0$		

Após reordenar as linhas (passo 4) como apresentado na Tabela 3.7, o algoritmo AOR é encerrado e a matriz máquina-produto gerada deve permitir a identificação das famílias de dois agrupamentos de máquinas, tarefa que nem sempre é simples. Observe que a máquina G é demandada no processamento dos produtos 1, 2, 9 e 7, que a máquina H é usada nos produtos 1, 8, 4, 6, 10 e 3 e, além disso, que o produto 5 precisa de processamento nas mesmas máquinas que os produtos 9, 7 e 2.

Tabela 3.7 – Matriz máquina-produto final

	1	8	4	9	7	2	6	10	3	5
H	1	1	1				1	1	1	
C	1	1	1							
D	1	1	1							
E	1	1	1							
F	1	1	1							
A	1	1								
B	1	1								
G	1			1	1	1				
N				1	1					1
M				1						
O					1					1
I							1	1		
J							1	1		
K							1		1	
L							1		1	

Reposicionando a coluna do produto 5 entre as colunas dos produtos 2 e 6 e supondo que seja viável a duplicação das máquinas G (G1) e H (H1), é possível identificar as células de máquinas e famílias de peças na matriz diagonal mostrada na Tabela 3.8.

Tabela 3.8 – Matriz diagonal máquina-produto final

	1	8	4	9	7	2	5	6	10	3
H	1	1	1							
C	1	1	1							
D	1	1	1							
E	1	1	1							
F	1	1	1							
A	1	1								
B	1	1								
G	1									
G1				1	1	1				
N				1	1		1			
M				1						
O					1		1			
H1								1	1	1
I								1	1	
J								1	1	
K								1		1
L								1		1

Veja que os agrupamentos indicados permitiram formar: a família I, constituída dos produtos 1, 8 e 4, a serem realizados nas máquinas H, C, D, E, F, A, B e G, correspondendo a 43,51% da quantidade total de produtos; a família II, composta dos produtos 9, 7, 2 e 5, a serem realizados nas máquinas G1, N, M e O, que responde por 35,5% do *mix* de produtos; e a família III, formada pelos produtos 6, 10 e 3, que demandam processamento nas máquinas H1, I, J, K e L, representando 20,99% do *mix*.

Nesse exemplo, a empresa tem grande potencial de adotar o leiaute celular, aproveitando-se das vantagens associadas aos sistemas de manufatura celular caracterizados na Seção 3.1, em substituição ao arranjo inicial, que adotava o leiaute de processo.

Uma vez identificados os agrupamentos de máquinas que formarão as células e as famílias de células, ainda é necessário identificar a melhor posição e a melhor sequência para as máquinas dentro das células com base no roteamento dos diferentes produtos.

3.3.2.2 Sistema de células de manufatura

O projeto do arranjo de máquinas e estações de trabalho no interior da célula deve considerar o *mix* de produção, os roteamentos dos produtos e os tempos de ciclo para sua produção. Os fluxos intracelulares são definidos pelo arranjo das máquinas e pelo formato da célula, mas também são influenciados pelos fluxos extracelulares, que determinam a localização dos acessos para materiais, pessoas e equipamentos de movimentação.

Na sua forma pura, uma célula deveria ser capaz de produzir integralmente famílias de partes identificadas por TG e apresentar apenas movimentos de avanço. Na prática, podem ocorrer os movimentos intracelulares de avanço, de retorno, de passagem (*by pass*) e de repetição, como apresentado na Figura 3.5.

Figura 3.5 – Tipos de movimentos intracelulares

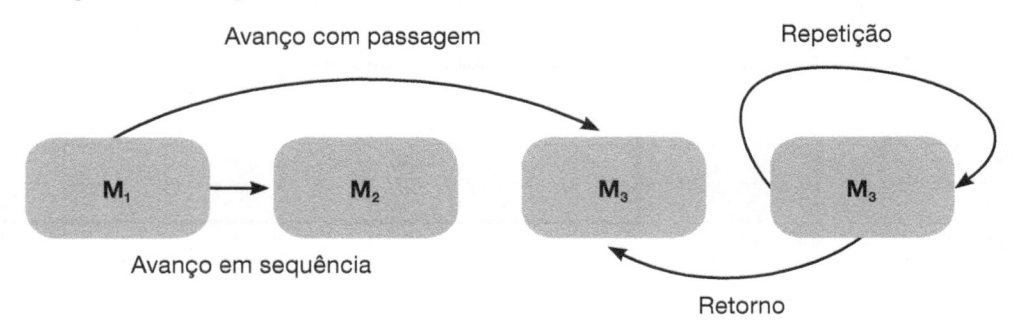

Identificar o arranjo lógico para as máquinas no interior das células tem definição trivial quando todos os produtos exigem a mesma sequência e o mesmo roteamento, bastando ordená-los com base na ordem lógica de processamento. Quando o *mix* a ser realizado na célula apresenta produtos com roteamentos variados entre as máquinas, você terá de realizar uma análise quantitativa para apoiar a tomada de decisão sobre o arranjo a ser adotado.

A melhor ordenação é sempre aquela que, simultaneamente, produz a menor quantidade de movimentos de retorno e o maior número de movimentos de avanço.

A programação matemática (Battesini; Godoy, 2013) permite identificar a sequência ótima das máquinas/estações de trabalho. Alternativamente, a sequência pode ser obtida com o auxílio de heurísticas, que são simples e efetivas na produção de soluções viáveis, obtidas em passos de algoritmos aplicados em relação a cartas "de/para", habitualmente construídas com base na quantidade de partes movimentadas entre as máquinas em um período de tempo representativo, mensal ou anual.

As heurísticas de Hollier 1 e 2, apresentadas em Groover (2000), não produzem a certeza de ter encontrado a solução ótima, mas envolvem menor esforço que a modelagem matemática.

O método de Hollier 1 tem três etapas:

1. construir a carta "de/para";
2. determinar as somas de "de" (S^{de}) e de "para" (S^{para}) de cada máquina;
3. posicionar as máquinas na célula com base na menor S^{de} ou S^{para}.

Caso o menor valor seja S^{para}, a máquina deve ser alocada ao início da sequência; caso o menor valor seja S^{de}, a máquina deve ser alocada ao final da sequência. Em caso de empate, devem ser utilizadas as seguintes regras: entre somas S^{de} ou entre somas S^{para} de diferentes máquinas, aquela com a menor razão "de/para" ($R^{de/para}$) é alocada ao início da sequência; entre uma soma S^{de} e uma soma S^{para} de uma mesma máquina, ela é desconsiderada e o passo 3 é reiniciado; entre uma soma S^{de} e uma soma S^{para} de diferentes máquinas, ambas as máquinas são selecionadas e alocadas ao final (S^{de}) e ao início (S^{para}); reformatar a carta "de/para" excluindo linhas e colunas da máquina alocada.

O método Hollier 2 é mais simples e também pode ser conduzido em três etapas:

1. construir a carta "de/para";
2. determinar a razão $R^{de/para}$ das máquinas;
3. ordenar as máquinas em ordem decrescente da razão $R^{de/para}$.

Em caso de empate, a máquina com maior S^{de} é alocada à frente e a outra a seguir.

O resultado da aplicação de algoritmos é a identificação da melhor sequência para as máquinas da célula, que pode ser avaliada com base no percentual de movimentos de avanço e recuo em relação ao total de movimentos. Alternativamente, uma análise mais rigorosa seria considerar somente movimentos de avanço ou recuo em sequência ou, alternativamente, a soma destes com aqueles movimentos de passagem.

Exemplo 3.9

Para o caso da empresa BTG, apresentado no Exemplo 3.8, identifique as sequências das máquinas para as células de TG utilizando os métodos Hollier 1 e 2. Indique a melhor sequência de máquinas com base no percentual de movimentos de avanço e recuo.

As heurísticas indicam a cada interação a posição em que será alocada cada uma das máquinas.

Para a família I, constituída dos produtos 1, 8 e 4 e oito máquinas (H, C, D, E, F, A, B e G), a cada interação a heurística indica uma posição na sequência: _____.

O passo inicial do algoritmo Hollier 1 demanda a construção da carta "de/para" do agrupamento de máquinas da Família I (produtos 1, 8 e 4 e máquinas H, C, D, E, F, A, B e G) e, ao final de cada interação, a heurística indica a posição a ser alocada em cada uma das máquinas na sequência: _____.

A Tabela 3.9 foi construída com base na quantidade mensal a ser produzida de cada brinquedo, em milhares de unidades, multiplicadas por 10^{-3} para facilitar os cálculos. Na primeira interação, a máquina A é alocada na primeira posição da sequência (A _____), por apresentar $S^{Para} = 0$ e $R^{de/para} \to \infty$, indicando que nenhuma outra máquina envia partes a ela.

Tabela 3.9 – Carta "de/para" método Hollier 1

		Para									
		H	C	D	E	F	A	B	G	S^{de}	$R^{de/para}$
De	H			440						440	0,39
	C			500		640				1 140	1,21
	D	640			500					1 140	0,72
	E			640		500				1 140	1,00
	F				200			440	500	1 140	1,00
	A		440					500		940	$\to \infty$
	B		500		440					940	1,00
	G	500								500	1,00
	S^{Para}	1 140	940	1 580	1 140	1 140	0	940	500	7 380	

Antes de iniciar a segunda interação, devemos excluir da carta a coluna e a linha da máquina A e conduzir as demais interações que resultam nas alocações de máquinas a alguma das posições. A Tabela 3.10 indica as alocações de máquinas realizadas a cada interação e suas posições, bem como a sequência final: A H B C D E F G.

Tabela 3.10 – Carta "de/para" método Hollier 1 final

Interação	P1	P2	P3	P4	P5	P6	P7	P8
1ª	A							
2ª	A	H						
3ª	A	H						G
4ª	A	H	B					G
5ª	A	H	B	C				G
6ª	A	H	B	C			F	G
7ª	A	H	B	C	D	E	F	G

Com base na sequência obtida após a aplicação do método Hollier 1, os fluxos intracelulares de materiais podem ser observados no diagrama de fluxos, ou de letras, como apresentado na Figura 3.6. Veja que tanto a célula deve estar equilibrada em relação à quantidade total de partes recebidas e enviadas (1 140 unidades) quanto cada máquina individualmente (M_A = 940), motivo pelo qual algumas recebem ou enviam partes diretamente à entrada ou à saída da célula.

Figura 3.6 – Diagrama de fluxos para solução obtida pelo método Hollier 1

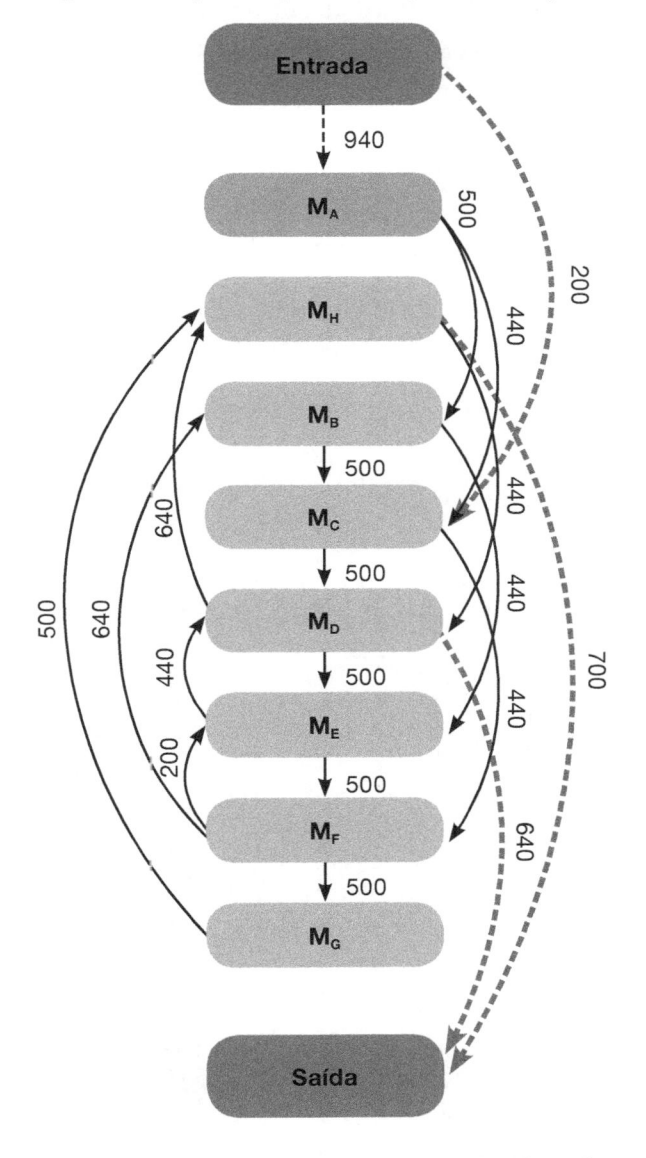

A eficiência do sequenciamento das máquinas obtida pelo método Hollier 1 pode ser analisada pelo percentual de movimentos de recuo (MR) e de avanço (MA):

MR: $100 \cdot [(200 + 640) + (640 + 440 + 500)]/7380 = 32,79\%$

MA_{Total}: $100 \cdot [(500 + 500 + 500 + 500 + 500) + (500 + 440 + 440 + 440 + 640)]/7.380 = 67,21\%$

$MA_{Sequência}$: $100 \cdot [(500 + 500 + 500 + 500 + 500)]/7380 = 33,88\%$

A aplicação do método Hollier 2 se dá em uma interação que pode ser observada diretamente na carta "de/para" preparada para a aplicação do método Hollier 1, apresentado na Figura 3.7, pela ordenação decrescente dos valores $R^{de/para}$. O sequenciamento de máquinas obtido pode ser observado diretamente no diagrama de fluxos apresentado na Figura 3.7. Observe que os métodos Hollier 1 e 2 produziram sequenciamentos distintos e que, na sequência obtida pelo método Hollier 2, as máquinas E e F poderiam ter sua ordem invertida, mesmo aplicando-se o critério de desempate.

Figura 3.7 – Diagrama de fluxos para solução obtida pelo método Hollier 2

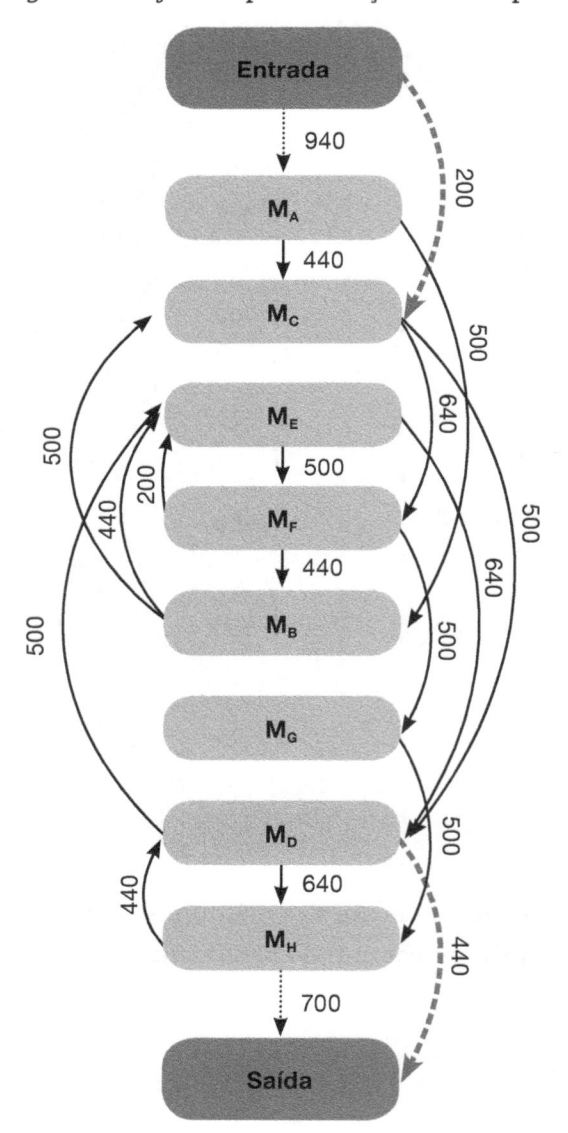

A eficiência do sequenciamento das máquinas obtida pelo método Hollier 2 pode ser analisada pelo percentual de movimentos de recuo (MR) e avanço (MA):

MR: $100 \cdot [(200 + 440) + (500 + 440 + 500 + 440)]/7\,380 = 34{,}15\%$

MA: $100 \cdot [(440 + 500 + 440 + 640) + (500 + 640 + 500 + 640 + 500 + 500)]/7\,380 = 71{,}82\%$

$MA_{Sequência}$: $100 \cdot [(440 + 500 + 440 + 640)]/7\,380 = 27{,}37\%$

Veja que os sequenciamentos obtidos para as máquinas da Família I, por ambos os métodos, apresentam MR, MA e $MA_{Sequência}$ muito similares, podendo ser utilizados outros critérios técnicos para escolher uma entre as duas soluções.

Para a Família II, a sequência de máquinas obtida pelos métodos Hollier 1 (terceira interação) é M→G1→C→N e, pelo método Hollier 2, é G1→M→N→O, enquanto, para a Família III, a sequência de máquinas obtida pelos métodos Hollier 1 (quarta interação) é I→K→J→H1→L e Hollier 2 é I→H1→K→L→J. Observe que a condução dos algoritmos permitiu a obtenção de distintas sequências, que você pode comparar com base em indicadores de eficiência de movimentos e identificar qual solução é a mais adequada.

O formato da célula depende do arranjo das máquinas ou estações de trabalho, sendo comum a utilização de formações em linha, elípticas ou em forma de U. O arranjo das máquinas em linha é apropriado nos casos de predominância de movimentos intracelulares em sequência, que podem ocorrer auxiliados ou não por esteiras transportadoras. O arranjo em linha dificulta movimentos de retorno e de passagem e produz células mais alongadas, pela disposição ordenada das máquinas. O arranjo elíptico ou em laço (*loop*) é apropriado quando existe a necessidade de movimentos de retorno ou de passagem e a recirculação de partes dentro da célula, sendo usualmente realizados com o auxílio de esteiras transportadoras (ver Figura 3.8).

Figura 3.8 – Arranjos intracelulares em linha e em laço

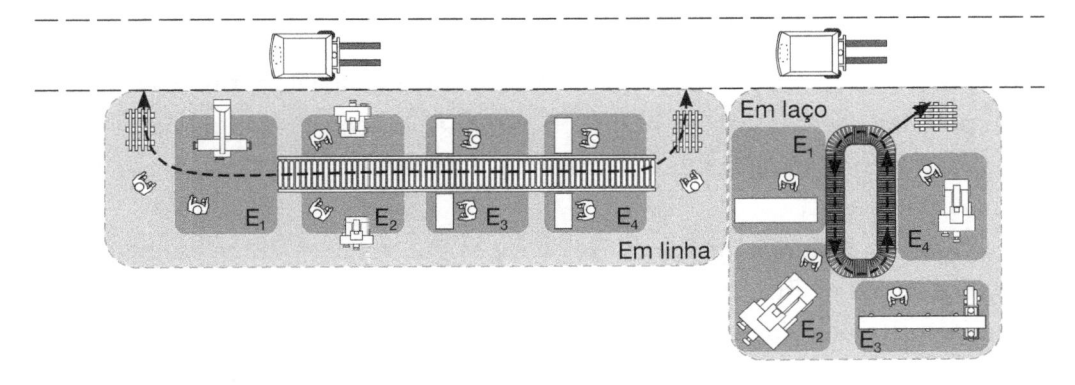

O arranjo intracelular mais flexível é aquele em forma de U (ver Figura 3.9), pois apresenta um conjunto de vantagens: privilegia o trabalho em equipe e a integração entre trabalhadores; é compatível com a produção em lotes e com o fluxo unitário de partes; simplifica a movimentação de trabalhadores e partes entre estações de trabalho, sendo recomendado quando existirem movimentos de passagem.

O arranjo em U é utilizado em grandes empresas, por exemplo, na Toyota Motors, onde é o arranjo mais empregado, por facilitar a redefinição e a alteração nos tempos de *takt*, permitir a revisão das rotinas de operações padronizadas e o fluxo de produção unitário, facultar que a carga e a descarga da célula sejam realizadas por um mesmo operador, possibilitar o aumento e a redução do número de trabalhadores da célula e a melhor visualização das operações desbalanceadas e viabilizar a adoção de variações côncavas e circulares (Monden, 1984).

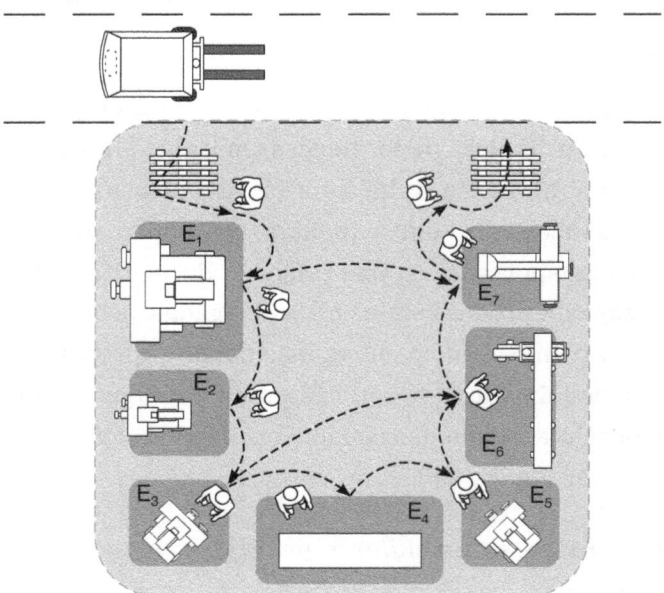

Figura 3.9 – Arranjos intracelulares em U

A *performance* da célula é diretamente influenciada pelo arranjo das máquinas, pelo formato da célula e nível de automação, pela forma de controle de produção e pelos sistemas de movimentação de materiais utilizados nas tecnologias disponíveis.

O arranjo de máquinas proposto e a posição relativa entre as máquinas podem reduzir as distâncias percorridas, enquanto o formato adotado para a célula pode facilitar a integração entre trabalhadores e a adequação dos tempos de ciclo às oscilações de demanda. Máquinas e equipamentos automatizados permitem diminuir a taxa de defeituosos e reduzir o número de operadores por não demandarem sua atenção em tempo integral. A opção por movimentar de forma mecanizada materiais no interior da célula pode reduzir o tempo para a produção dos itens, mas demandar maior área. A produção em fluxo unitário de peças ou em lotes representa distintas concepções de controle, que produzem quantidades diferentes de inventário em processo e impactam a área livre necessária entre as estações de trabalho.

Exemplo 3.10

Com base no arranjo de máquinas para a família I, identificado no Exemplo 3.9, indique o melhor formato para a célula e esboce seu leiaute. Considere que as máquinas (M) têm dimensões (D) em metros, capacidade de processamento simultâneo de peças (PS) em unidades, tempo de realizar um ciclo de processamento (T_m) em segundos e tempos de ciclo (T_c) também em segundos, indicados na Tabela 3.11. Além disso, a célula é abastecida por circulação geral em uma das suas faces, a movimentação de material em seu interior é realizada manualmente e a produção ocorre em lotes de brinquedos, que devem ser acondicionados em caixas entre os ciclos de processamento nas máquinas, os quais necessitam da assistência de um operador durante todo seu ciclo.

Tabela 3.11 – Características das máquinas para família de partes I

	Máquina	D	PS	T_m	T_c
1	A	1 × 1	1	35	35
2	B	1 × 2	2	90	45
3	C	2 × 3	1	45	45
4	D	1 × 1	1	90	90
5	E	2 × 2	2	90	45
6	F	2 × 3	3	120	40
7	G	2 × 2	1	45	45
8	H	1 × 1	1	50	50

A família I é responsável pela produção de 1.140.000 unidades/ano, que correspondem a 43,51% da quantidade total de produtos produzidos pela empresa. A célula é composta das máquinas A, B, C, D, E, F, G e H, que conjuntamente ocupam 25 m², à qual deve ser adicionada a área para recepção, expedição, movimentação de trabalhadores e de materiais em seu interior. Por decisão do projetista, para o desenvolvimento do leiaute, será utilizada a sequência obtida pelo método Hollier 1, que apresentou o maior percentual de movimentos de avanço em sequência. Antes de iniciar o desenvolvimento do leiaute, é importante avaliar o equilíbrio entre os processamentos realizados na célula.

Veja que a máquina D apresenta um tempo de ciclo de 90 s, enquanto as demais têm tempos entre 35 s e 50 s. Esse desequilíbrio caracteriza um potencial gargalo que limita a capacidade da célula como um todo, tendo em vista que a máquina D é necessária na produção de três brinquedos (1, 4 e 8). De modo a balancear melhor as operações no interior da célula, a máquina D deve ter sua capacidade duplicada, o que será obtido por sua duplicação.

O arranjo intracelular adotado foi em forma de U por serem necessários muitos movimentos de passagem e retorno, pela facilidade de movimentação de materiais no interior da célula e para permitir a integração entre trabalhadores. O leiaute resultante é apresentado na Figura 3.10, na qual se destacam: a área de 63,75 m² (7,5 m × 8,5 m), que é 2,55 vezes maior que os 25 m² inicialmente estimados pela soma das áreas das máquinas; a centralização das áreas de recepção e expedição de materiais; a duplicação da máquina D (D_1 e D_2); os fluxos de avanço (esquerda) e recuo (direita), sendo aqueles sequenciais representados por linhas cheias e os demais por linhas tracejadas; os movimentos de entrada e saída da célula em vermelho; a utilização de um trabalhador por máquina; e a adoção de pequenos contentores junto das máquinas para a movimentação de lotes entre elas.

Figura 3.10 – Solução de leiaute das máquinas para a Família I

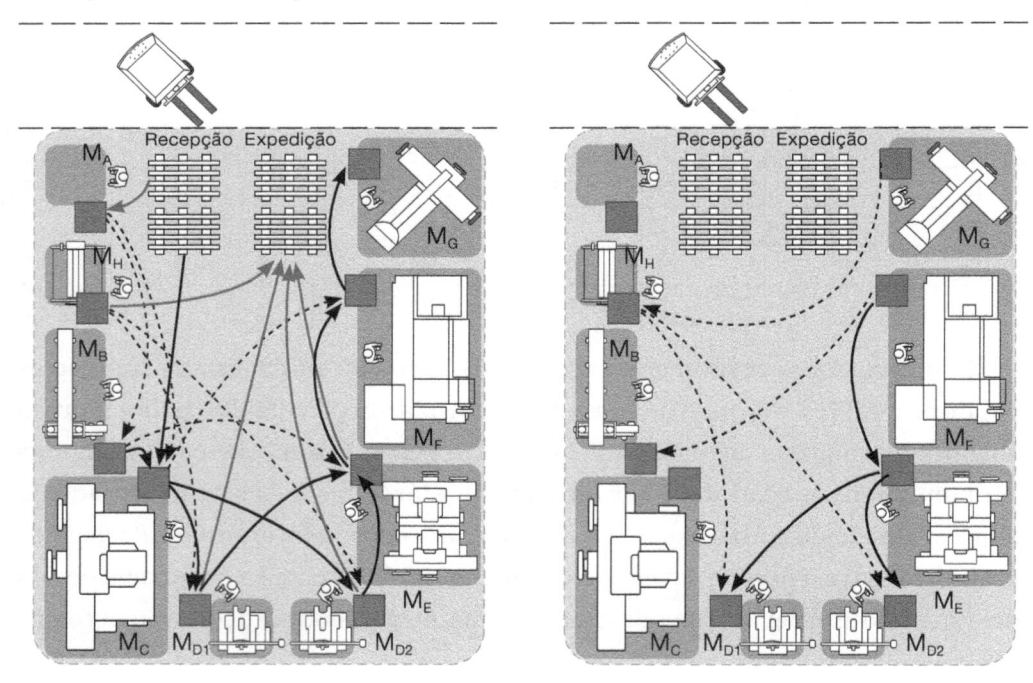

Observe que a solução de leiaute em U minimiza os movimentos de retorno e os não sequenciais e que a quantidade de setas indica intenso fluxo de materiais e trabalhadores no interior da célula, além de o acesso à circulação principal demandar apenas uma face da célula, permitindo que as demais sejam paredes ou tenham contiguidades com outros setores.

3.3.3 Leiaute de produto

Grande parte dos produtos manufaturados são produzidos em sistemas organizados em linhas de montagem, ordenadas em leiaute de produto planejado para produzir produtos similares ou idênticos, com demanda média ou grande, pela realização de operações de processamento ou montagem ou ambas. Nas linhas de produção, os produtos têm rota fixa e movimentos sempre de avanço em sequência, determinando uma relação de precedência entre as estações de trabalho.

Essa forma de produção permite que se tire proveito da sinergia das atividades, realizadas em um conjunto de estações de trabalho que executam operações cuidadosamente repartidas de modo que o trabalho total seja dividido em quantidades menores. Usualmente, adota o fluxo unitário de partes movimentadas manualmente ou com o auxílio de um sistema de transporte mecanizado, exigindo o equilíbrio entre os tempos das estações, sendo a estação mais lenta considerada o gargalo do sistema.

A movimentação pode ter passo rígido, no qual o trabalhador tem um tempo fixo máximo para completar as tarefas propostas para sua estação de trabalho. A movimentação de partes ocorre de forma contínua e o trabalho é repetitivo e estressante, possibilitando a ocorrência de montagens incompletas. Quando é adotado o passo com folga, o tempo de movimentação das partes entre estações é sincronizado, mas não rígido, permitindo-se a formação de filas entre estações e que o trabalhador se movimente além do limite de sua estação de trabalho. Existem casos em que o passo não é sincronizado, quando são toleradas filas entre estações, e os trabalhadores são motivados eticamente ou por monitoração para alcançar o passo. A situação mais usual é a adoção de um passo que impõe uma disciplina que garanta o alcance da taxa de produção necessária.

Apesar da denominação, os *sistemas de produção em linha* podem assumir formato em U, em S ou outras formas alternativas, sendo todos considerados leiautes de produto. Esses sistemas podem ser projetados para lidar com variações nos produtos, podendo ser linhas de modelos únicos, que não admitem variações; de modelos mistos, que podem ser rapidamente reconfiguradas para atender a uma variedade limitada de produtos; e de lotes de modelos, que demandam um tempo de reconfiguração significativo para conseguirem atender a uma variedade grande de modelos.

A seção a seguir foca no dimensionamento de linhas de modelo único, abordagem que, com algumas adaptações, pode ser utilizada tanto para linhas de lotes de modelos, pela identificação do balanceamento ideal para cada um deles, quanto para linhas de modelos mistos, usualmente balanceadas com base em pesos relativos derivados das quantidades ou percentuais de cada modelo no *mix* de produção.

Em certas situações, o processamento a ser realizado pela linha é governado por uma máquina cujo trabalho não pode ser fracionado. Nesses casos, o balanceamento se torna dependente do tempo do ciclo da máquina-chave, que é utilizado para balancear as demais estações. Quando o tempo de ciclo de uma máquina é indivisível em relação aos demais elementos de trabalho necessários à realização do produto, pode ser utilizada a estratégia de duplicá-la, o que permite reduzir o tempo a ser utilizado no balanceamento da linha pela metade. A duplicação ou o aumento da(s) máquina(s) em n vezes têm impacto direto sobre o leiaute, podendo ser utilizados arranjos de máquinas em paralelo ou em série.

3.3.3.1 Sistemas em linhas de produção

Uma linha de montagem deve ser projetada de forma a alcançar uma capacidade de produção (CP) que satisfaça a demanda estabelecida para dado período de tempo. As relações entre capacidade de produção (CP), taxa de produção (Tx) e tempo de ciclo (t_c) apresentadas na Equação 3.14 e na Equação 3.15, respectivamente, também são válidas para as linhas de montagem.

$$CP = t_{período} \cdot Tx \quad \text{Equação 3.14}$$

$$Tx = 1/t_c \quad \text{Equação 3.15}$$

O projeto da linha de produção deve considerar que a taxa de produção (Tx) possa ser reduzida pela falta de eficiência da linha (E), devido a fatores operacionais e do balanceamento (E_b) relacionados ao projeto da linha, sendo expressa por números entre 0 (pior condição) e 1 (plenitude máxima de funcionamento). A linha pode ser menos eficiente do que o esperado em função de sua utilização (U) e/ou disponibilidade (D), definidas na Equação 3.4 e na Equação 3.5, respectivamente, em razão da variabilidade natural nos tempos das tarefas e dos atrasos ou retrabalhos gerados pela produção de peças defeituosas, entre outros.

Com base nesses conceitos, é possível determinar o número ideal de estações de trabalho (n_{iE}) em uma linha, que depende da carga de trabalho (Crg) total necessária para realizar o produto e do tempo disponível no período ($t_{período}$, 60 minutos em uma hora), ambos tomados na mesma unidade de tempo, usualmente em horas. A carga de trabalho (Crg) mínima é obtida pela multiplicação do tempo total de trabalho necessário à realização de um produto (t_{Trb}, em minutos) pela taxa de produção (Tx) demandada (peça/h) corrigida pela eficiência da linha (E) estimada. Como o número ideal de estações de trabalho (n_{iE}) pode não ser um inteiro, o número de estações de trabalho a ser considerado no projeto da linha de produção deve ser maior que ou igual a n_{iE}, como indicado na Equação 3.16.

$$n_{iE} \geq Crg/[t_{período}] = [t_{Trb} \cdot (Tx/E)]/[t_{período}] = [t_{Trb} \cdot (60 \text{ min}/t_c) \cdot (1/E)]/[60 \text{ min}]$$

$$n_{iE} \geq [t_{Trb}/t_c] \cdot [1/E] \quad \text{Equação 3.16}$$

No balanceamento de linhas de produção, o trabalho necessário à realização de um produto (t_{Trb}) é caracterizado em termos dos tempos individuais de elementos de trabalho (t_{et}), que representam as quantidades mínimas de trabalho possíveis de serem fracionadas e suas respectivas restrições de precedência.

Procedimentos de balanceamento determinísticos assumem que os tempos individuais de elementos de trabalho (t_{et}) não variam e são aditivos. Além disso, o trabalho necessário à realização de um produto (t_{Trb}) pode ser expresso pela soma de todos os tempos individuais de elementos de trabalho (t_{et}). Na prática, estes não são constantes previamente determinadas e a soma deles pode ser maior que o tempo necessário para que o operador os realize, pela economia de movimento obtida com sua combinação. As restrições de precedência ou requisitos tecnológicos entre os elementos de trabalho podem dificultar o equilíbrio entre os tempos de ciclo das estações, produzindo uma eficiência do balanceamento (E_b) inferior à ideal.

A forma mais utilizada para a representação dos elementos de trabalho e de seus requisitos tecnológicos são os diagramas de precedência, como aquele da Figura 3.12, do Exemplo 3.11.

O problema da alocação dos elementos de trabalho nas estações pode ser tratado com o auxílio da otimização matemática ou de heurísticas implementadas por algoritmos, que têm o objetivo de nivelar a carga de trabalho entre as estações atendendo às restrições de precedência. Busca-se, então, a redução das diferenças entre o tempo de ciclo ideal e a soma dos tempos individuais de elementos de trabalho (t_{et}) resultantes de suas atribuições às estações.

Diversas heurísticas são propostas na literatura para resolver o problema de balanceamento de linha (Gaither; Fraizer, 2005; Krajewski; Ritzman; Malhotra, 2009; Sule, 2009; Groover, 2011). Nesta seção, apresentaremos os métodos do **maior candidato** (MC) e do *ranking* **posicional de pesos** (RPP), heurísticas baseadas no senso comum e na experimentação, que produzem resultados satisfatórios, nos quais é assumida a alocação de um trabalhador por estação.

A heurística do MC consiste em três passos, nos quais os elementos de trabalho são arranjados de acordo com os valores de seus tempos individuais de elementos de trabalho (t_{et}) até o limite do tempo de ciclo (t_c):

1. listar os elementos de trabalho em ordem de seus tempos individuais de elementos de trabalho (t_{et});
2. designar à primeira estação os elementos de trabalho que satisfaçam os requisitos de precedência, em ordem de seus tempos individuais de elementos de trabalho (t_{et}) a partir do topo da lista, sem ultrapassar o tempo de ciclo (t_c);
3. repetir o passo anterior para as demais estações de trabalho até posicionar todos os elementos de trabalho.

No procedimento heurístico RPP, a alocação dos elementos de trabalho nas estações considera o *ranking* de peso atribuído aos elementos de trabalho (RP), e, após sua posição no diagrama de precedência, utiliza um algoritmo com três passos:

1. listar os elementos de trabalho em ordem decrescente de seus elementos de trabalho (RP), calculados pela adição de seus tempos individuais de elementos de trabalho (t_{et}) a todos os que os seguem;
2. designar à primeira estação os elementos de trabalho que satisfaçam os requisitos de precedência, em ordem de seus elementos de trabalho (RP) a partir do topo da lista, sem ultrapassar o tempo de ciclo (t_c);
3. repetir o passo anterior para as demais estações de trabalho até posicionar todos os elementos de trabalho.

Depois de realizado o balanceamento da linha, é possível mensurar a eficiência do balanceamento (E_b) imposta pelo desequilíbrio entre tempos das estações de trabalho e a estação gargalo com o uso da Equação 3.17, bem como o atraso ($delay = 1 - E_b$) em virtude da ineficiência no balanceamento.

$$E_b = [t_{Trb}/t_c] \cdot [1/n] \quad \text{Equação 3.17}$$

É importante destacar que existem casos em que o sequenciamento das etapas é definido qualitativamente, não sendo necessário recorrer a heurísticas para identificá-las, razão por que o projeto da linha se resume a uma relação inequívoca de precedências entre máquinas. Nesse caso, o balanceamento da linha é simplificado, sendo necessário apenas balancear os tempos das estações de trabalho (máquinas), que, idealmente, contam com o mesmo tempo de ciclo.

Exemplo 3.11

Para o caso da empresa CB, construa o diagrama de precedências com base nos elementos de trabalho (et), em seus tempos (t_{et}, em segundos) e suas precedências imediatas (PI), apresentados na Tabela 3.12, sabendo que uma experiência prévia indica que a linha operará com eficiência de 96%. Determine o tempo total de trabalho necessário à realização de um produto, a taxa de produção necessária para atender à demanda, o tempo ideal de ciclo, o tempo de ciclo a ser utilizado no balanceamento da linha e o número teórico mínimo de estações de trabalho necessárias.

Tabela 3.12 – Elementos de trabalho e suas características

et	t_{et}	PI	et	t_{et}	PI
1	48	–	15	39	12
2	25	–	16	8	13 e 17
3	45	1	17	43	10 e 14
4	6	1	18	34	14
5	18	1 e 2	19	19	11
6	13	2	20	5	19
7	50	3	21	10	15 e 16
8	31	3, 4 e 5	22	18	17
9	37	7 e 8	23	25	14
10	37	6 e 8	24	32	18
11	23	6	25	40	18 e 20
12	11	9	26	17	21, 22 e 23
13	15	9	27	19	24 e 25
14	12	10 e 11	28	33	25

O diagrama de precedências para a linha é apresentado na Figura 3.11.

Figura 3.11 – Diagrama de precedências

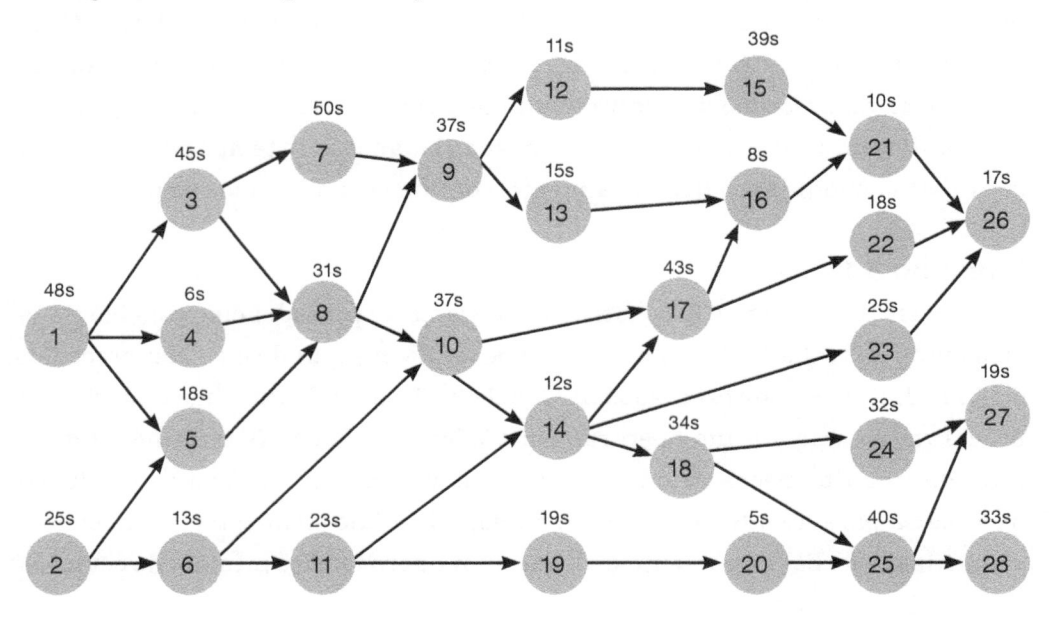

O tempo total de trabalho necessário à realização de um produto é de 713 segundos (11,88 minutos), dados pela soma de todos tempos dos 28 elementos de trabalho. Para calcular a taxa de produção necessária e o tempo ideal de ciclo, é preciso igualar a demanda prevista à capacidade de produção:

$Tx = CP/t_{período} = 100000/(50\ sem \cdot 44\ h) = 45,45\ un/h$

$t_c^{ideal} = 1/Tx = 1/45,45\ un/h = 0,022\ h/un = 1,32\ min/un = 79,2\ s/un$

O tempo de ciclo a ser utilizado no balanceamento da linha e o número ideal mínimo de estações de trabalho dependem da eficiência da linha:

$t_c^{balanceamento} = t_c^{ideal}/E = 79,2\ s/un \cdot 0,96 = 76,03\ s/un$

$n_{iE} \geq [t_{Trb}/t_c] \cdot [1/E] \geq [713\ s/un/79,2\ s/un] \cdot [1/0,96] = 9,4$ estações de trabalho

Observe que, para compensar o fato de a eficiência ser inferior a 100% ao $t_c^{balanceamento}$, que é inferior ao t_c^{ideal}, serão necessárias no mínimo dez estações de trabalho para que a linha atenda à demanda prevista.

Exemplo 3.12

Balanceie a linha de produção do Exemplo 3.11 utilizando o método do maior candidato (MC) e do *ranking* posicional de pesos (RPP), indicando qual dos dois métodos apresenta o balanceamento mais eficiente.

As estações (E_n) obtidas utilizando o método do maior candidato (MC) estão apresentadas na Tabela 3.13, em ordem de alocações dos elementos de trabalho. Observe que os elementos de trabalho estão em ordem decrescente de seus tempos individuais de elementos de trabalho (t_{et}), que nenhuma estação apresenta tempo superior a $t_c^{balanceamento} = 76{,}03$ s/un e que foram necessárias dez estações para balancear a linha.

Tabela 3.13 – Balanceamento de linha de produção pelo método do maior candidato

et	t_{et}	Pl	E	t_{Est} (s)	et	t_{et}	Pl	E	t_{Est} (s)
1	48	–	E1	73	13	15	9	E6	70
2	25	–	E1		14	12	10 e 11	E6	
3	45	1	E2	76	17	43	10 e 14	E6	
5	18	1 e 2	E2		18	34	14	E7	74
6	13	2	E2		25	40	18 e 20	E7	
7	50	3	E3	73	28	33	25	E8	76
11	23	6	E3		24	32	18	E8	
19	19	11	E4	61	12	11	9	E8	
4	6	1	E4		15	39	12	E9	72
8	31	3, 4 e 5	E4		23	25	14	E9	
20	5	19	E4		16	8	13 e 17	E9	
9	37	7 e 8	E5	74	27	19	24 e 25	E10	64
10	37	6 e 8	E5		22	18	17	E10	
					21	10	15 e 16	E10	
					26	17	21, 22 e 23	E10	

Observe que o tempo máximo de $t_{Est(2)} = 76$ s deve ser utilizado como t_c para calcular a eficiência do balanceamento:

$E_b = [t_{Trb}/t_c] \cdot [1/n] = [713 \text{ s/un}/76 \text{ s/un}] \cdot [1/10] = 0{,}938$

A Tabela 3.14 apresenta as estações (E_n) obtidas com o método do *ranking* posicional de pesos (RPP), em ordem de alocações dos elementos de trabalho. Observe que $t_{Est(5)} = t_{Est(8)} = t_{Est(9)} = 75$ s são muito próximos a $t_c^{balanceamento} = 76{,}03$ s/un, que os elementos de trabalho estão em ordem decrescente de seus *rankings* (Rkg) e que foram necessárias dez estações para balancear a linha.

Tabela 3.14 – Balanceamento de linha de produção pelo método do ranking posicional de pesos (RPP)

et	tet	Pl	Rkg	E	t_{Est} (s)	et	tet	Pl	Rkg	E	t_{Est} (s)
1	48	–	565	E1	73	18	34	14	158	E6	71
2	25	–	505	E1		9	37	7 e 8	137	E6	
3	45	1	541	E2	69	25	40	18 e 20	92	E7	66
5	18	1 e 2	464	E2		12	11	9	77	E7	
4	6	1	452	E2		13	15	9	50	E7	
8	31	3, 4 e 5	446	E3	67	17	43	10 e 14	90	E8	75
6	13	2	383	E3		24	32	18	51	E8	
11	23	6	315	E3		15	39	12	66	E9	75
10	37	6 e 8	328	E4	73	16	8	13 e 17	35	E9	
14	12	10 e 11	291	E4		22	18	17	35	E9	
19	19	11	116	E4		21	10	15 e 16	27	E9	
20	5	19	97	E4		28	33	25	33	E10	69
7	50	3	187	E5	75	27	19	24 e 25	19	E10	
23	25	14	42	E5		26	17	21, 22 e 23	17	E10	

Utilizando o tempo máximo de $t_{Est(5)} = t_{Est(8)} = t_{Est(9)} = 75$ s e considerando as dez estações obtidas no balanceamento para calcular sua eficiência:

$E_b = [t_{Trb}/t_c] \cdot [1/n] = [713 \text{ s/un}/75 \text{ s/un}] \cdot [1/10] = 0{,}951$

Veja que esse balanceamento é superior ao anterior, devendo ser adotado no leiaute da linha. A Figura 3.12 caracteriza no diagrama de relacionamentos as dez estações formadas e seus respectivos elementos de trabalho.

Figura 3.12 – Estações de trabalho formadas e seus elementos de trabalho

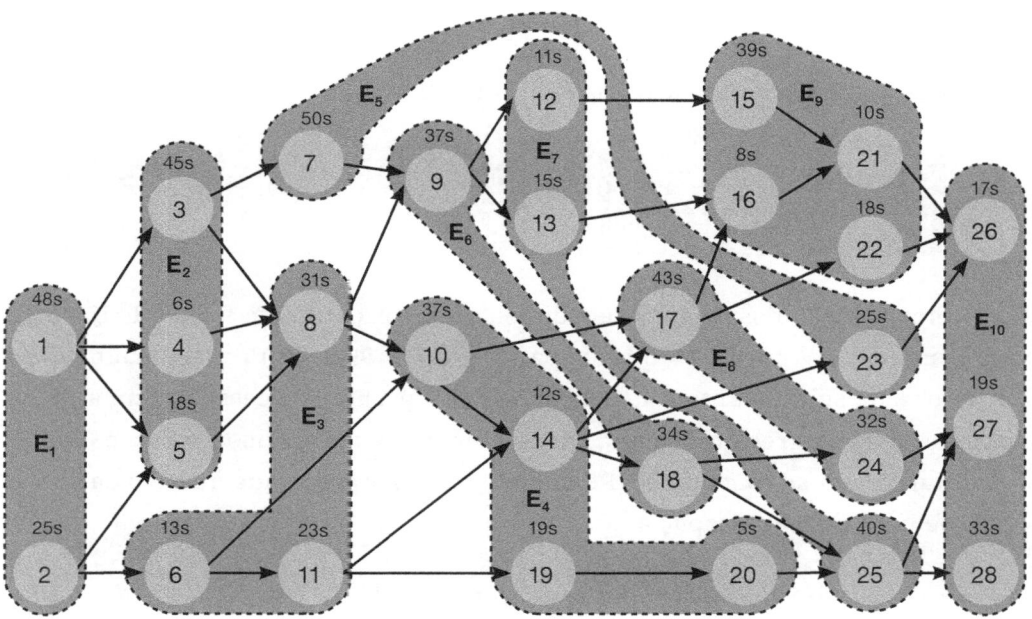

É importante destacar que o desempenho da linha está vinculado à E estimada pela experiência prévia e ao balanceamento realizado, com tempo das estações-gargalo $t_{Est(5)} = t_{Est(8)} = t_{Est(9)} = 75$ s, sendo esperado que a linha tenha as seguintes taxa de produção (Tx) e capacidade de produção (CP):

Tx = $1/t_c$ = 1/75 s/un = 0,0133 un/s = 0,8 un/min = 48 un/h

CP = [$t_{período}$ · Tx] · E = [(50 sem · 44 h) · 48] · 0,96 = 105.600 un/ano · 0,96 = 101.376 un/ano

Exemplo 3.13

Utilizando o balanceamento mais eficiente de linha do Exemplo 3.12, apresente seu leiaute sabendo que as estações de trabalho E_1, E_5 e E_8 necessitam de 3 m² cada uma, que as estações E_3, E_4, E_7 e E_9 necessitam de 2 m² e que as demais estações demandam 1,5 m².

O leiaute de produto pode ter variados formatos, sendo caracterizado por estações de trabalho sequencialmente arranjadas para a produção de um produto. A Figura 3.13 apresenta o arranjo em linha para o problema proposto, no qual se pode observar uma das características de produto arranjado em linha, que é a necessidade de áreas de acesso a circulações principais nas duas extremidades. Além disso, destaca-se a necessidade de apenas 25,5 m² para as máquinas, à qual devem ser acrescidas áreas para posicionar a esteira transportadora, a recepção e a expedição da linha, fazendo com que a solução apresentada ocupe a área de 50,62 m² (2,65 m × 19,1 m).

Figura 3.13 – Solução de leiaute de produto

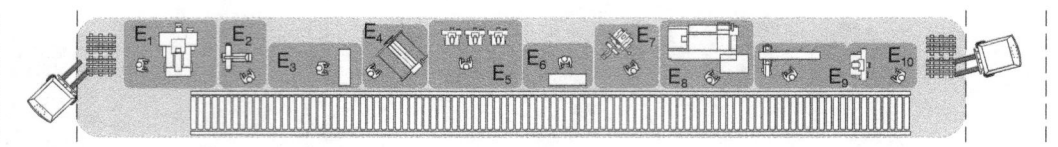

Outra solução possível é o uso do leiaute de produto em forma de U, como apresentado na Figura 3.14, que ocupa 43,46 m² (4,74 m × 9,15 m), área um pouco inferior à da solução anterior. O formato em U permite o acesso por uma única extremidade e agrega o conjunto de vantagens já discutidos na Seção 3.2.2.2, caracterizando-se como uma UPE mais fácil de ser arranjada quando da busca pela solução de macroespaço.

Figura 3.14 – Solução de leiaute em forma de U

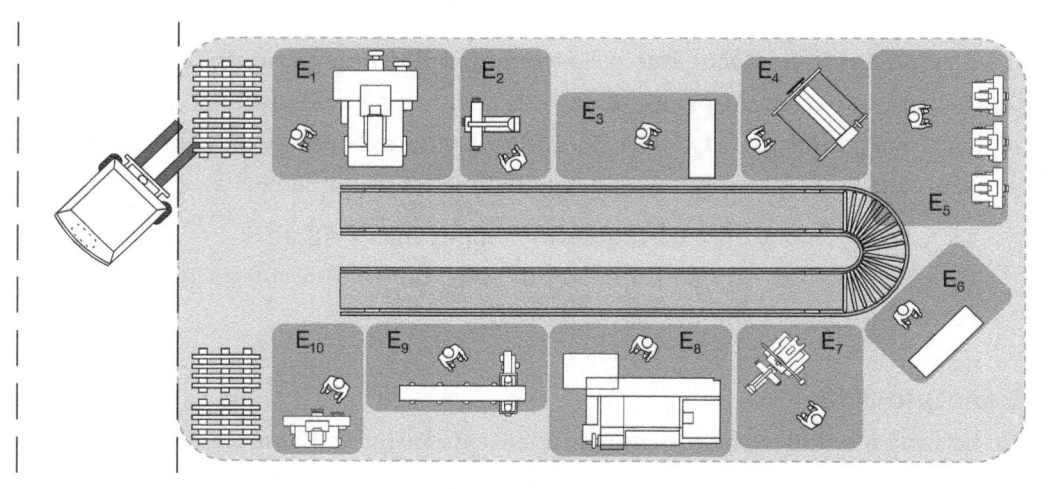

3.4 Uso de simulação no projeto de processos produtivos

Os diferentes tipos de arranjos produtivos podem ser dimensionados com o auxílio de métodos determinísticos, como até aqui apresentados, ou pelo uso de *softwares* de simulação, nos quais os sistemas de manufatura são modelados. A simulação, que é uma ferramenta, pode auxiliar na análise e na otimização de cenários, sendo útil quando as técnicas mais simples não produzem resultados satisfatórios. Porém, ela não é uma panaceia, não substitui o pensar inteligente e não pode prever o futuro (Chwif; Medina, 2010).

O uso de modelos de simulação permite analisar ao longo do tempo sistemas complexos, compostos de objetos e entidades interdependentes governados por parâmetros estocásticos. Uma simulação é a imitação de um sistema dinâmico usando um modelo computacional para avaliar a melhora de seu desempenho, sendo uma ferramenta útil somente quando se compreende a natureza do problema a ser resolvido (Harrell; Ghosh; Bowden, 2012).

Os modelos são representações simplificadas de um sistema real ou a ser planejado, podendo ser simbólicos (icônicos ou diagramáticos), matemáticos, analíticos ou de simulação (Chwif; Medina, 2010). Os modelos podem ainda ser determinísticos ou estocásticos e estáticos ou dinâmicos (Harrell; Ghosh; Bowden, 2012; Kelton; Smith; Sturrock, 2014). Em modelos determinísticos, os parâmetros de entrada são constantes, definidos *a priori* e produzem resultados invariáveis, não importando quantas vezes o modelo é rodado. Os modelos estocásticos são baseados em variáveis aleatórias e usualmente probabilísticas, cujos valores variam e alteram os estados do modelo em instantes discretos no tempo. Quando os modelos são estáticos, o sistema é representado em um momento particular no tempo, não sendo relevante a variável **tempo**, e, no caso de modelos dinâmicos, a evolução do tempo ocorre simultaneamente às mudanças de estado das variáveis do sistema.

Os seres humanos têm uma racionalidade limitada para analisar e entender sistemas que operam de forma inter-relacionada e aleatória em interações complexas, sendo oportuno desenvolver modelos computacionais de simulação para evitar custos e consumo de tempo, capturar interdependências, considerar a variabilidade, mostrar o comportamento ao longo do tempo, produzir múltiplas medidas de *performance* e gerar resultados de fácil compreensão, comunicação e visualmente apelativos, o que costuma comprometer as pessoas interessadas (Harrell; Ghosh; Bowden, 2012).

Similarmente, o uso de modelos computacionais pode evitar erros caros e comuns em projetos, como reservar espaço insuficiente para produto em processo, superestimar ou subestimar capacidades de maquinário, fluxos de materiais ineficientes e caminhos congestionados (Stephens; Meyers, 2010). Segundo os autores, diferentemente dos *softwares* utilizados para o planejamento e o projeto de unidades produtivas, os *softwares* de simulação são utilizados para a análise da *performance* de sistemas (Promodel, FactoryFLOW, Arena). Além desses, vários *softwares* estão disponíveis para a construção de modelos computacionais de simulação baseados em eventos discretos, por exemplo, Arena, Promodel, Simul8, Simio e FlexSim, todos *softwares* proprietários, sendo ferramentas úteis no auxílio ao processo de tomada de decisão em relação aos sistemas modelados, inclusive quanto ao melhor arranjo de leiaute.

A simulação tem sido aplicada a uma grande variedade de cenários (Harrell; Ghosh; Bowden, 2012; Kelton; Smith; Sturrock, 2014), como em aeroportos, hospitais, portos, indústrias de mineração, parques de diversão, centrais de chamadas telefônicas, cadeias de suprimentos, manufaturas, órgãos militares e de telecomunicações, sistema judiciário criminal, emergências médicas, setor público e de serviços, de modo a otimizar a utilização e a alocação de recursos, a produtividade, o roteamento e o manuseio de transporte de itens e produtos.

A implementação de modelos de simulação pode ser descrita em um número maior ou menor de etapas, a depender dos autores. Segundo Harrel, Ghosh e Bowden (2012), não existem regras definitivas para conduzir um projeto de simulação, sendo recomendado o uso de um conjunto genérico de passos: definir o objetivo e o plano do estudo; coletar e analisar os dados do sistema; construir o modelo; validar o modelo; conduzir experimentos; e apresentar os resultados (Kelton; Smith; Sturrock, 2014).

A simplicidade aparente relacionada a essa sequência de passos não deve ser subestimada. O uso de simulação em processos produtivos demanda acesso a um *software* específico e exige conhecimento particular relacionado à modelagem conceitual, à programação computacional, à estatística e à otimização de sistemas, dificuldades que podem fazer com que o uso desse recurso não seja tão disseminado entre projetistas de leiaute.

■ Síntese

Neste capítulo, caracterizamos as principais formas de arranjar sistemas de manufatura e sua importância no projeto de instalações. Você pôde perceber que as diferentes concepções de sistemas atendem às estratégias de posicionamento de mercado das empresas em dado momento de tempo. Pôde ainda compreender a importância das medidas de desempenho usualmente utilizadas no projeto de unidades produtivas, que permitiram dimensionar e propor soluções alternativas de leiaute organizadas para a produção por processo, celular e de produto.

■ Questões para revisão

1. Em relação ao problema do Exemplo 3.6, caso a taxa de defeituosos seja de 1%, os lotes tenham tamanhos de 200 unidades e considerando que as demais informações sejam as mesmas, são necessárias:
   a. 15 máquinas no total, sendo duas do tipo M1, quatro do tipo M2, três do tipo M3, duas do tipo M4 e quatro do tipo M5.
   b. 19 máquinas no total, sendo três do tipo M1, quatro do tipo M2, três do tipo M3, duas do tipo M4 e sete do tipo M5.
   c. 21 máquinas no total, sendo cinco do tipo M1, seis do tipo M2, três do tipo M3, duas do tipo M4 e cinco do tipo M5.
   d. 11 máquinas no total, sendo duas do tipo M1, três do tipo M2, três do tipo M3, duas do tipo M4 e uma do tipo M5.
   e. 15 máquinas no total, sendo duas do tipo M1, quatro do tipo M2, três do tipo M3, duas do tipo M4 e quatro do tipo M5.

2. Em relação ao problema do Exemplo 3.6, caso a taxa de defeituosos seja de 5%, os lotes tenham tamanhos de 200 unidades e considerando que as demais informações sejam as mesmas, são necessárias:
   a. 10 máquinas no total, sendo três do tipo M1, duas do tipo M2, três do tipo M3, duas do tipo M4 e oito do tipo M5.
   b. 25 máquinas no total, sendo sete do tipo M1, oito do tipo M2, três do tipo M3, duas do tipo M4 e cinco do tipo M5.
   c. 17 máquinas no total, sendo uma do tipo M1, cinco do tipo M2, três do tipo M3, duas do tipo M4 e seis do tipo M5.
   d. 21 máquinas no total, sendo quatro do tipo M1, três do tipo M2, cinco do tipo M3, duas do tipo M4 e sete do tipo M5.
   e. 20 máquinas no total, sendo três do tipo M1, quatro do tipo M2, três do tipo M3, duas do tipo M4 e oito do tipo M5.

3. Em relação ao problema do Exemplo 3.6, caso a taxa de defeituosos seja de 1%, os lotes tenham tamanhos de 500 unidades e considerando que as demais informações sejam as mesmas, quantas máquinas são necessárias?

4. Em relação ao problema do Exemplo 3.6, caso a taxa de defeituosos seja de 5%, os lotes tenham tamanhos de 500 unidades e considerando que as demais informações sejam as mesmas, quantas máquinas são necessárias?

5. Qual o impacto do aumento do percentual de defeituosos, do tempo de *setup* e do tamanho do lote sobre o sistema produtivo, respectivamente?
   a. Queda nas vendas, aumento do total de peças produzidas e diminuição do número de peças em processamento.
   b. Retrabalho, diminuição do total de peças produzidas e aumento do número de peças em processamento.
   c. Aumento do total de peças a serem produzidas, perda de eficiência e sobrecarga no sistema de movimentação de materiais.

■ Questões para reflexão

1. Qual o melhor tipo de leiaute? Existe alguma relação entre os tipos de leiaute adotados pelas empresas e seu tempo de existência?

2. Como as medidas de desempenho e o nível de automação influenciam o projeto de leiaute de sistemas de manufatura?

3. É possível que os leiautes de processo, celular e de produto convivam simultaneamente em uma mesma unidade produtiva? Em quais condições?

■ Para saber mais

BELGE ENGENHARIA E SISTEMAS. **ProModel**. São Paulo, [200-?]. *Software* de simulação. Disponível em: <http://www.belge.com.br/promodel.php>. Acesso em: 26 set. 2015.

Nesse site, *você pode conhecer um dos mais renomados* softwares *de simulação de eventos discretos, consultar material bibliográfico selecionado e fazer o* download *de uma versão livre.*

FLEXSIM SOFTWARE PRODUCTS, INC. **FlexSim**. Orem, UT, [200-?]. Software de simulação. Disponível em: <https://www.flexsim.com/pt>. Acesso em: 26 set. 2015.

Esse é um site de outro software de simulação, muito utilizado, que oferece material de apoio educacional, uma versão livre e exemplos de aplicação.

FREE MANAGEMENT LIBRARY. Disponível em: <http://managementhelp.org>. Acesso em: 26 set. 2015.

Esse site apresenta vários links organizados por assuntos relacionados aos conteúdos abordados neste capítulo.

POMS – Production and Operations Management Society. Disponível em: <http://www.poms.org>. Acesso em: 26 set. 2015.

O site acima é da Sociedade de Produção e Gestão de Operações, no qual você pode encontrar uma revista especializada, notícias, exemplos de casos e ferramentas.

PRODUCTION SYSTEMS ENGINEERING. Disponível em: <http://www.productionsystemsengineering.com>. Acesso em: 26 set. 2015.

Nesse link, você pode fazer o download de um livro sobre teoria analítica e análise quantitativa de sistemas produtivos.

4 Movimentação de materiais

Conteúdos do capítulo:
- *Planejamento logístico interno de unidades produtivas.*
- *Equipamentos, métodos e sistemas de movimentação de materiais.*
- *Estratégias utilizadas na estocagem e no armazenamento de materiais.*
- *Planejamento de espaços necessários ao atendimento de demandas.*

Após o estudo deste capítulo, você será capaz de:
1. *compreender o processo de planejamento da movimentação de materiais;*
2. *entender os princípios e as medidas de* performance *associados aos sistemas de movimentação de materiais;*
3. *relacionar os tipos de leiaute aos equipamentos;*
4. *planejar e desenvolver seu projeto e leiaute de espaços de armazenamento.*

Estudos de caso

Centro de Distribuição Eficiente (CDE)

O CDE pretende estimar o número de posições a serem reservadas caso opte por utilizar a estratégia aleatória ou a dedicada de estocagem para manter armazenados em prateleiras convencionais 30 tipos de unidades de carga a serem mantidas em estoque (*stock keeping units* – SKUs), que são transportados em paletes. A reposição de cada tipo de SKU ocorre em um dia do mês, em intervalos de 15 dias, a uma taxa de saída de 5 SKU/dia. São mantidos em estoque 75 unidades de cada tipo de SKU, para as quais é adotado um estoque de segurança de 5 SKUs.

Montadora de Implementos Agrícolas (MIA)

A MIA necessita estocar dez tipos de matérias-primas (MP1 a MP10) e gostaria de avaliar o impacto no número de posições sobre o espaço necessário caso adote as estratégias de estocagem dedicada, aleatória e aleatória baseada em classes. A MIA dispõe de informações sobre estoques mínimos de SKU, cada tipo de matéria-prima, demandas diárias e programação de reposição. Considerando um período de 120 dias de operação, a empresa vai estudar o projeto de leiaute do estoque e estimar o número de empilhadeiras necessárias para atender à carga de trabalho.

A movimentação interna de matérias da empresa é elo integrante da cadeia logística. Por isso, o desenvolvimento do projeto e leiaute de uma instalação produtiva é indissociável da realização de opções relacionadas ao sistema de movimentação de materiais a ser adotado.

A compreensão sobre *por que*, *o que*, *quando*, *quanto* e *como* movimentar materiais pode interferir no espaço a ser reservado e também nas sequências entre processos. O conhecimento das técnicas apresentadas nos capítulos anteriores combinado com a compreensão das opções disponíveis para a movimentação e o manuseio de materiais podem ser decisivos no processo de planejamento de um sistema produtivo com indicadores de *performance* otimizados.

4.1 Logística interna e sistemas de movimentação

Processos de manufatura requerem transporte, manuseio e estocagem com considerável custo associado, processo logístico que pode assegurar e influenciar sua eficiência e seu desempenho (Schenk; Wirth; Müller, 2010). Segundo Schenk, Wirth e Müller (2010), a logística envolve planejamento, implementação e controle do movimento e do posicionamento de bens e pessoas, bem como atividades de suporte associadas, garantindo o suprimento de bens, materiais e informação, a realização de mudanças na localização de objetos e a deposição de objetos e de substâncias a reciclar (detritos, resíduos e materiais).

Em uma situação ideal, o material recebido deveria ser prontamente processado na produção de produtos finais, eliminando a necessidade de armazenamento e estocagem; porém, na prática, a perfeita implementação do conceito teórico, conhecido como *just-in-time*, não é possível, pois mesmos sistemas produtivos otimizados apresentam inventário de materiais (Sule, 2009).

O sistema de movimentação de materiais (SMM) deve providenciar a quantidade exata do material correto, na condição correta, na posição correta, na sequência correta, por um custo adequado e utilizando o método apropriado (Tompkins et al., 1996), levando o autor a caracterizar o desafio de planejá-lo como a arte e a ciência de projetar sistemas para movimentar, estocar, proteger e controlar materiais.

O Instituto de Manuseio de Materiais da América (*Material Handling Institute of America* – MHIA) caracteriza a movimentação de materiais e a logística como movimentação, proteção, armazenagem e controle de materiais e produtos durante seu processo de industrialização, distribuição, consumo e descarte, envolvendo a utilização de equipamentos e sistemas de suporte à previsão, à alocação de recursos, ao planejamento da produção, à administração de fluxo e processos, ao controle de estoque, à entrega ao cliente, ao atendimento e à assistência pós-venda (MHIA, 2015a). Uma típica movimentação de materiais em empresas estadunidenses envolve 25% dos funcionários, 55% do espaço da fábrica, 87% do tempo de produção e uma taxa de avarias entre 3% e 5%, sendo a movimentação, ainda, responsável por 5% a 70% do custo total do produto (Groover, 2000).

O planejamento de um SMM envolve a seleção dos equipamentos de movimentação, a definição da unidade de carga e a designação dos equipamentos às movimentações e a suas rotas (Sule, 2009), atividades cuja relação pode ser representada pela Equação 4.1.

$$\text{Materiais} + \text{Movimentos} = \text{Métodos} \quad \text{Equação 4.1}$$

Como abordagem inicial para identificação do melhor SMM, é usual a utilização da ferramenta de qualidade 5W1H.

Sule (2009) sugere questionar:

- **O quê?** (*What?*) – Auxilia na compreensão do tipo de material a ser manuseado e sua frequência.

- **Onde?** (*Where?*) – Descreve os dados associados ao movimento (caminho, distância e limitações físicas).

- **Quando?** (*When?*) – Define o momento da movimentação do material e o período de tempo disponível para realizá-lo, gerando informações sobre a velocidade e a frequência com que o SMM deve operar.

- **Quem?** (*Who?*) – Caracteriza o responsável e quantas pessoas são necessárias para a movimentação.

- **Como?** (*How?*) – Indica o método a ser utilizado, definindo custos e eficiência requeridas.

Similarmente, Tompkins et al. (2010) instigam a adoção de uma atitude questionadora ao se planejar um SMM novo ou uma melhoria, devendo ser inicialmente perguntado, de modo a distinguir o que *deve ser* feito daquilo que *está sendo* feito: Por que a movimentação é necessária? Por que as operações são realizadas dessa forma? E por que os materiais são recebidos, embalados e despachados assim? A Figura 4.1 expressa visualmente esse raciocínio.

Figura 4.1 – Processo de escolha entre alternativas de SMM

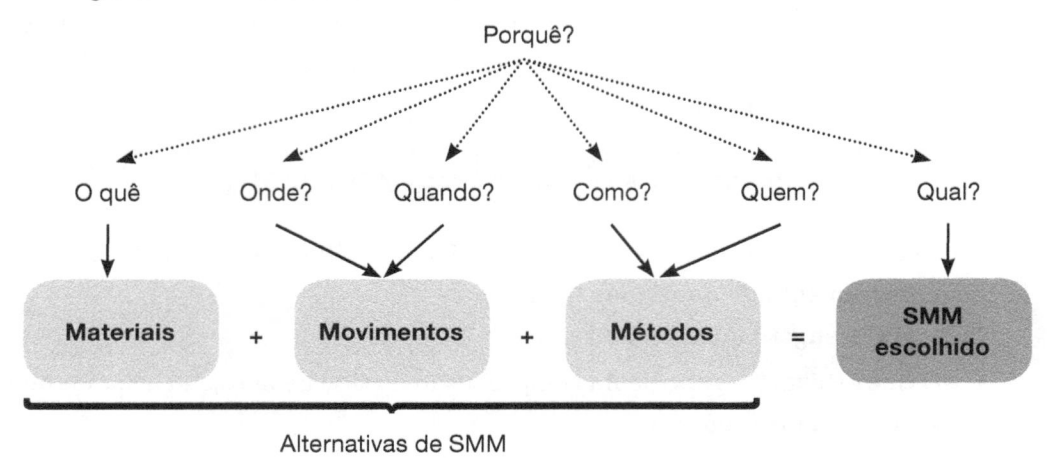

Porquê?

O quê → Materiais + Movimentos (Onde? Quando?) + Métodos (Como? Quem?) = SMM escolhido (Qual?)

Alternativas de SMM

Fonte: Adaptado de Tompkins et al., 2010, p. 183.

Segundo Tompkins et al. (2010), após questionar "por quê?", é preciso fazer as demais perguntas do 5W1H, pois elas ajudam a identificar alternativas para os SSM e a decisão sobre a melhor opção:

- Materiais: **O quê?** – O que deve ser movido? Deve ser realizado manualmente, mecanizado e automatizado? O que deveria ser feito? O que é necessário (dados, horizonte de planejamento, alternativas existentes e critérios para avaliá-las)?

- Movimentos: **Onde?** e **Quando?** – Onde o material é demandado? Existem problemas de manipulação? Onde o equipamento de movimentação deveria ser utilizado? Ocorrerão mudanças no futuro? As operações podem ser eliminadas, combinadas ou simplificadas? Onde o material deveria ser armazenado? Quando deveria ser movimentado? Quando deveria ser automatizado, consolidado, eliminado, expandido, contraído e auditado o SMM?

- Método: **Como?** e **Quem?** – Como o material deve ser movido? Como analisar o problema (se for movimentação, devem-se envolver os trabalhadores, aprofundar o conhecimento sobre o manuseio, escolher entre as alternativas disponíveis, mensurar a *performance* do SMM, acomodar as exceções)? Quem deveria manipular o material? Quem deveria ser envolvido no projeto (avaliar a implantação e a auditoria do SMM, definir o responsável a ser consultado para orçar os equipamentos, se já houve problema similar)?

- Seleção: **Qual?** – Quais operações são necessárias? Qual problema deve ser abordado inicialmente? Qual tipo de equipamento deve ser considerado? Qual material deve ser controlado em tempo real? Qual alternativa deve ser escolhida?

Além do fluxo, o planejamento do sistema de transporte deve definir as áreas de disposição, o tipo e a quantidade de equipamentos de transporte, o tipo e a localização das rotas de transporte, o tipo, o tamanho e a localização de pontos de alimentação (*buffers*), as habilidades e o número de trabalhadores, bem como o tipo e o escopo de todas utilidades (Tompkins et al., 2010). Uma vez projetado, um bom SMM deve apresentar todas ou a maior parte das seguintes características: ser econômico e bem planejado; combinar manuseio e processamento, sempre que possível; utilizar mecanização, quando possível; ter o mínimo de manipulação; ser seguro; prover a adequada proteção do material; ter pouca variação nas utilizações e nos tipos de equipamentos; minimizar retornos, manuseios, transferências, congestionamento e atrasos (Sule, 2009).

4.1.1 Princípios de movimentação de materiais

A decisão sobre a opção entre alternativas e a identificação das características desejáveis do SMM pode ser auxiliada por um conjunto de princípios da manipulação de materiais. A compatibilidade e a sinergia entre esses princípios são evidenciadas pelo fato de o atendimento de um princípio auxiliar no alcance dos demais (Biles; Usher; Zohdi, 2006):

1. **Planejamento** – Planejar todo o manuseio de materiais deve ser resultado de um plano deliberado que estabeleça as necessidades, os objetivos de desempenho e as especificações funcionais dos métodos propostos que são completamente definidos inicialmente.

2. **Padronização** – Métodos de manuseio, equipamentos, controles e *softwares* deveriam ser padronizados nos limites da obtenção dos objetivos de *performance*, sem sacrificar a flexibilidade, a modularidade e o rendimento.

3. **Trabalho** – O trabalho de manuseio de materiais deveria ser minimizado sem detrimento do nível de produtividade da operação requerida.

4. **Ergonomia** – As capacidades e limitações humanas devem ser reconhecidas e respeitadas no projeto das tarefas e dos equipamentos do sistema de manuseio, assegurando operações efetivas e seguras.

5. **Unidade de carga** – As unidades de carga deveriam ser adequadamente dimensionadas e configuradas de modo a alcançar os objetivos de fluxo e inventário a cada estágio da cadeia de suprimentos.

6. **Utilização do espaço** – Deve ser obtido o uso efetivo e eficiente de todas as variáveis de espaço.

7. **Sistema** – As atividades de movimentação e estocagem deveriam ser completamente integradas para formar um sistema operacional coordenado que envolvesse o recebimento, a inspeção, a estocagem, a produção, a montagem, a embalagem, a unitização de cargas, a separação de pedidos, o embarque, o transporte e o manuseio de retornos.

8. **Automação** – Operações de manuseio de materiais deveriam ser mecanizadas e/ou automatizadas para que fosse possível melhorar a eficiência operacional, incrementar a capacidade de resposta, melhorar a consistência e a previsibilidade, reduzir custos operacionais e eliminar o trabalho repetitivo e potencialmente não útil.

9. **Ambiente** – O impacto ambiental e o consumo de energia deveriam ser considerados como critérios ao projetar ou optar por equipamentos alternativos e selecionar sistemas de manuseio de materiais.

10. **Custo do ciclo de vida** – Uma análise econômica deveria considerar o ciclo de vida completo de todos os equipamentos de manuseio de materiais e dos sistemas adotados.

Um dos princípios com maior influência sobre os demais é o de **unidade de carga**, que é uma das decisões iniciais ao planejarmos a movimentação de materiais. Esse conceito se refere ao acondicionamento de itens em recipientes, à utilização de materiais adicionais para embalar (cintas e filmes) e à paletização, situação na qual itens são colocados em uma base que facilita sua movimentação em equipamentos de transporte.

A unidade de carga define como os itens devem ser arranjados de forma que possam ser manuseados como um objeto único, tornando sua movimentação mais econômica pela unificação de itens (Sule, 2009). Segundo o autor, as principais vantagens da utilização desse conceito são a movimentação de um número maior de itens, a redução do tempo de manuseio, a melhora no aproveitamento volumétrico na armazenagem, a proteção contra avarias e a redução da frequência de movimentação e de seu custo; já as desvantagens podem ser o aumento do peso da tara, o manuseio e a armazenagem dos recipientes reutilizáveis, o custo dos recipientes não retornáveis e a necessidade de equipamentos e espaços adicionais.

Outro conceito importante na movimentação de materiais é o de unidade de carga mantida em estoque (*stock keeping unit* – SKU), que se refere a cada um dos tipos de itens armazenados na instalação, que contam com uma identificação única de modo a permitir sua rápida localização, por meio de uma base de dados, e sua recuperação.

Observe que adotar um planejamento sistemático do SMM pode trazer como vantagens a redução de custos, de avarias e do tempo de atravessamento, o incremento do espaço, da utilização de equipamentos e da produtividade e a melhoria nas condições de trabalho; porém, pode demandar o aumento do capital necessário, a redução da confiabilidade, da operacionalidade (caso não ocorram manutenções preventivas) e da flexibilidade, dependendo da solução adotada.

4.1.2 *Performance* dos sistemas de movimentação de materiais

A *performance* dos SMMs deve justificar sua operação e o investimento realizado, de modo a atender às necessidades do cliente e aos parâmetros definidos pela organização. Várias medidas de *performance* podem ser utilizadas para o monitoramento do desempenho dos SMMs, usualmente relacionadas à efetividade da movimentação de materiais, tanto em situação de projeto quanto ao longo do tempo.

Como os custos logísticos associados às quantidades, aos volumes e à massa dos objetos transportados são muito maiores do que aqueles relacionados à transferência deles, a seu processamento e ao fornecimento de informação sobre eles, o princípio da dominância do fluxo de materiais sobre o de informação se estabelece na avaliação dos SMM (Schenk; Wirth; Müller, 2010). São medidas usuais de *performance* dos SMMs (Tompkins et al., 1996; Groover, 2000; Sule, 2009):

- a **capacidade de estocagem**, expressa em volume ou em número de compartimentos disponíveis para as unidades de carga (medida em m³ ou em unidades);
- a **ocupação**, que indica a razão entre o volume disponível para estocagem e o volume utilizado, sendo comum utilizar a unidade de área de depósito com altura uniforme (valor entre 0 e 1);
- a **acessibilidade**, que se refere à capacidade de acessar com rapidez itens ou unidades de cargas estocadas e é uma medida inversamente proporcional à ocupação devida do espaço dedicado aos corredores;

- o **tempo de busca**, que mede o tempo necessário para que o sistema de estocagem armazene e/ou recupere cargas (medida em minutos);
- o **uso do espaço**, que avalia a proporção (em porcentagem) de espaço utilizado para as diferentes funções (armazenagem, separação, embarque, administração, circulação);
- a **utilização**, que indica a proporção (em porcentagem) entre as quantidades de unidades de carga movimentadas em relação à capacidade nominal dos equipamentos ou entre o volume ou número de compartimentos disponíveis e aquele realmente utilizado;
- a **dedicação dos trabalhadores**, que indica a proporção (em porcentagem) de funcionários utilizados nos SMM em relação ao total de funcionários;
- as **avarias**, que indicam a proporção (em porcentagem) de itens avariados em relação ao total de itens movimentados;
- a **disponibilidade**, que indica a proporção (em porcentagem) de tempo que o equipamento ou sistema está em operação em relação ao tempo disponível.

4.1.3 Operações de estocagem e de armazenagem

Além da manutenção e da guarda dos itens, os armazéns e os centros de distribuição realizam um conjunto de atividades típicas em áreas funcionalmente dedicadas ao recebimento, à transferência e à separação, à seleção/busca de pedidos (*picking*), à acumulação, à classificação e à embalagem, ao *cross-docking* e ao embarque (Tompkins et al., 2010), conforme mostra a Figura 4.2, na qual as setas indicam os fluxos entre as atividades. Essa sistematização permite visualizar o conjunto de atividades relacionadas ao processo de estocagem e armazenagem, bem como sua relação direta com o projeto e leiaute das instalações.

Figura 4.2 – Atividades e fluxos típicos de armazenagem

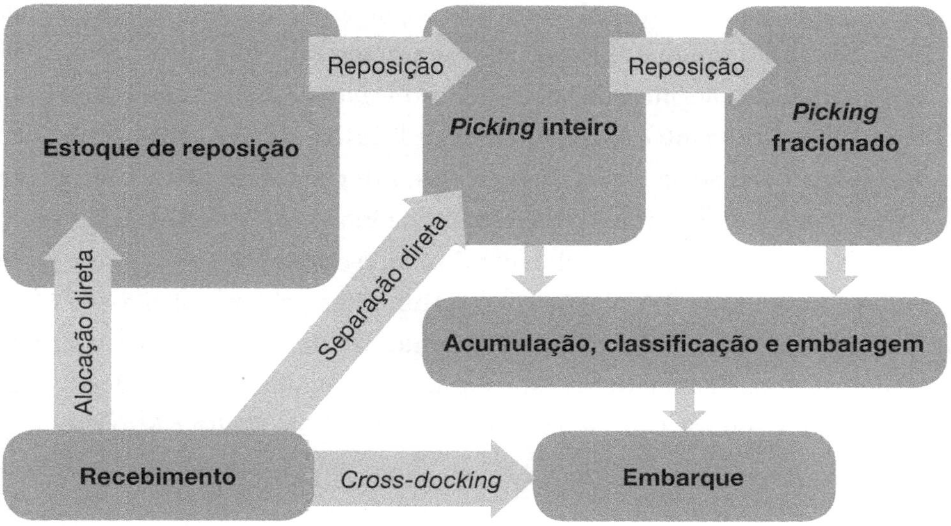

```
                    Reposição              Reposição
  ┌─────────────────┐ ──→ ┌──────────────┐ ──→ ┌──────────────┐
  │    Estoque      │     │   Picking    │     │   Picking    │
  │  de reposição   │     │   inteiro    │     │  fracionado  │
  └─────────────────┘     └──────────────┘     └──────────────┘
         ↑         ↖ Separação direta  │              │
    Alocação direta    ↖               ↓              ↓
         │                ┌──────────────────────────────────┐
         │                │ Acumulação, classificação e      │
         │                │          embalagem                │
         │                └──────────────────────────────────┘
         │                                    │
         │                                    ↓
  ┌─────────────────┐    Cross-docking   ┌──────────────┐
  │   Recebimento   │ ─────────────────→ │   Embarque   │
  └─────────────────┘                    └──────────────┘
```

Fonte: Adaptado de Tompkins et al., 2010, p. 389.

A atividade de **recebimento** inclui a descarga, a atualização do controle de inventário, a inspeção de quantidade e qualidade; a **transferência** e a **separação** envolvem a transferência direta dos itens recebidos aos locais de armazenagem, podendo incluir sua reembalagem e movimentação; e a **seleção de pedidos** (*picking*), em unidades de carga inteiras ou fracionadas, envolve a obtenção da quantidade certa dos produtos corretos para determinado pedido do consumidor (De Koster; Le-Duc; Roodbergen, 2007). Similarmente, Schenk, Wirth e Müller (2010) definem *picking* como a compilação de certas quantidades de itens com base em um conjunto de bens demandados em pedidos, resultando na transformação de suas condições de estocagem para as de consumo.

Na fase de **acumulação, classificação** e **embalagem**, as diferentes unidades de carga necessárias para completar o pedido são acumuladas ou retirados itens de diferentes unidades de carga para compor o pedido, que, quando completo, é embalado para ser entregue ao cliente; o **cross-docking** é realizado quando itens são transferidos diretamente do recebimento às docas de embarque, de modo a otimizar tempo de deslocamento; e o **embarque** envolve a busca dos pedidos separados e os seus acondicionamentos no veículo de transporte (De Koster; Le-Duc; Roodbergen, 2007).

Assim como no projeto de sistemas de manufatura, os espaços de armazenagem devem ser quantitativamente dimensionados, sendo comum a utilização de pesquisa operacional tanto na definição do leiaute de espaços de estocagem e armazenagem quanto no apoio ao desenvolvimento das atividades de rotina *picking*, a exemplo de algoritmos e heurísticas de programação linear voltados à otimização de modelos de rede para a redução do esforço e do tempo de busca.

De Koster, Le-Duc e Roodbergen (2007) caracterizam dois tipos de problemas no contexto da seleção/busca de pedidos (*order picking*) relacionados ao leiaute da instalação, que envolve a decisão sobre a localização dos espaços dedicados às atividades de armazenagem, e ao leiaute interno, referente à configuração de corredores e à determinação do número de blocos de prateleiras na área de *picking* e da largura e do comprimento dos corredores.

O aprofundamento de soluções determinísticas para problemas de SMM é apresentado em Sule (2009) e Tompkins et al. (2010), enquanto para decisões de leiaute com base em métodos estocásticos com apoio de simuladores podem ser consultados Harrel, Gosh e Bowden (2012) e Kelton, Smith e Sturrock (2014).

4.2 Sistemas de movimentação

O SMM interfere no projeto de leiaute e este afeta o SMM. O objetivo comum, a similaridade de dados necessários e seus efeitos sobre o espaço e sobre os padrões de fluxo são alguns dos motivos para ambos serem imbricados e se afetarem mutuamente.

Essa reciprocidade pode ser observada por meio de alguns exemplos: o arranjo de leiaute estabelece uma proximidade entre os setores, o que reduz o custo do projeto do SMM; as características físicas da edificação interferem na escolha dos equipamentos de movimentação e manuseio; os volumes movimentados e os roteamentos necessários entre distintos sistemas de manufatura limitam a escolha de equipamentos; veículos industriais compactos ou com capacidade de carga e descarga lateral demandam menor largura de corredores; guinchos e pontes rolantes não requerem espaço no leiaute para realizar deslocamento de materiais; o uso de prateleiras verticais reduz a necessidade de área no projeto de leiaute.

É necessário o planejamento dos SMM por eles afetarem a operação e o projeto das instalações onde são implantados e por representarem uma grande parcela dos custos de produção (Sule, 2009). Segundo Sule (2009), o projeto de um SMM deve ter como objetivos: facilitar o processo de manufatura; aumentar a eficiência do fluxo de materiais; assegurar sua disponibilidade; reduzir o custo do manuseio de materiais; incrementar a produtividade e a utilização dos equipamentos; melhorar as condições de trabalho e a segurança das instalações.

A escolha dos métodos e dos equipamentos para estocar os diversos tipos de itens depende muito do material a ser estocado, da filosofia de operação utilizada no gerenciamento e de limitações orçamentárias (Groover, 2011). Para Groover (2011), ao definir um sistema de movimentação, deve ser estudada a programação das movimentações ao longo do tempo, os roteamentos que relacionam os locais e as distâncias a serem percorridas, incluindo tipo de superfície, tráfego e desníveis, e as quantidades e taxas de fluxo a serem movimentadas, uma vez que grandes quantidades de materiais exigem equipamentos dedicados, enquanto as pequenas admitem o compartilhamento.

É interessante observar que diferentes autores, ao apresentarem os componentes de um SMM e os equipamentos utilizados na movimentação de materiais, utilizam categorias distintas.

Tompkins et al. (1996) caracterizam os componentes de um SMM em termos de: contentores e equipamentos de unificação (paletes, *tote pans* etc.); equipamentos de transporte de materiais (correias transportadoras, veículos industriais e monovias, guinchos e guindastes); equipamentos de estocagem e recuperação (de unidades de carga e de pequenas cargas); e equipamentos de identificação e comunicação automáticos (código de barras, radiofrequência, cartões inteligentes etc.).

Sule (2009) classifica os componentes de um SMM em função do uso ao qual se destinam: entre pontos fixos e sobre um percurso fixo (correias transportadoras variadas); para áreas limitadas (guinchos, monovias, pontes rolantes e elevadores hidráulicos pantográficos); e para grandes áreas (veículos industriais variados e guindastes). O MHIA organiza os equipamentos e as tecnologias de posicionamento, de formação de unidade de carga, de estocagem e de identificação e controle (MHIA, 2015a).

Na seção a seguir, são apresentados os equipamentos, os métodos e os sistemas mais importantes ao projeto de sistemas de movimentação de materiais, com o objetivo de ilustrar aqueles mais utilizados, mas sem a pretensão de revisá-los exaustivamente.

4.2.1 Recipientes e equipamentos de acondicionamento e de unificação de materiais

Existe um conjunto muito grande de tipos de recipientes e equipamentos para o acondicionamento, a unificação, a movimentação, a estocagem e a armazenagem de materiais. Os equipamentos de unificação de cargas se referem aos contentores utilizados para manter juntos itens individuais durante o manuseio, além dos equipamentos utilizados para agrupar e embalar contentores individuais, podendo ser:

- **Contentores ou unificadores de carga** (ver Figura 4.3), que têm grande importância na movimentação eficiente de unidades de cargas de materiais, apesar de serem de conhecimento geral, a exemplo de paletes, caixas, cestos, latas, barris, tambores, *skidboxes*, caixas empilháveis (*tote pans*, de metal, de madeira, de papel) e outros recipientes;

Figura 4.3 – Caixas empilháveis, tonel, palete com caixa

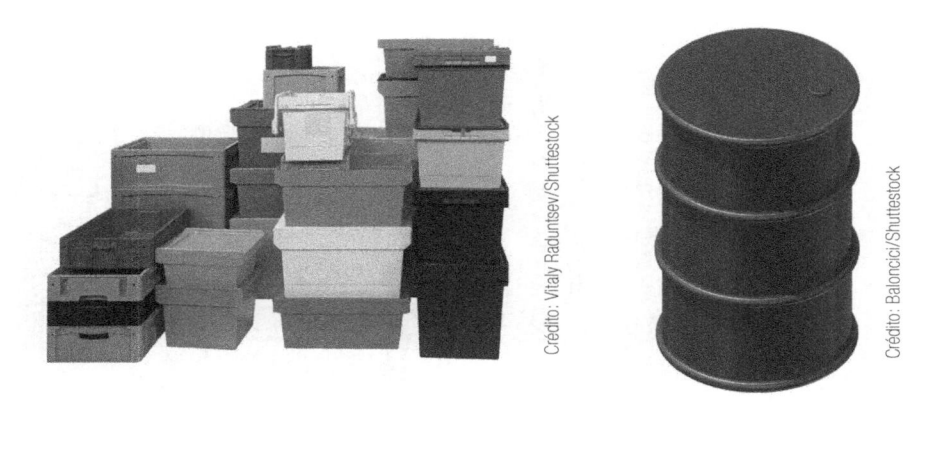

Fonte: MHIA, 2015.

- **Equipamentos unificadores**, a exemplo de paletizadores, despaletizadores, cintas metálicas ou plásticas (*straping* e *banding*), equipamentos para o envolvimento das unidades de carga com filmes plásticos por esticamento (*stretch-wrapping*) e túnel de encolhimento (*srink-wrapping*) (ver Figura 4.4).

Figura 4.4 – Equipamentos unificadores (paletizador e cintas)

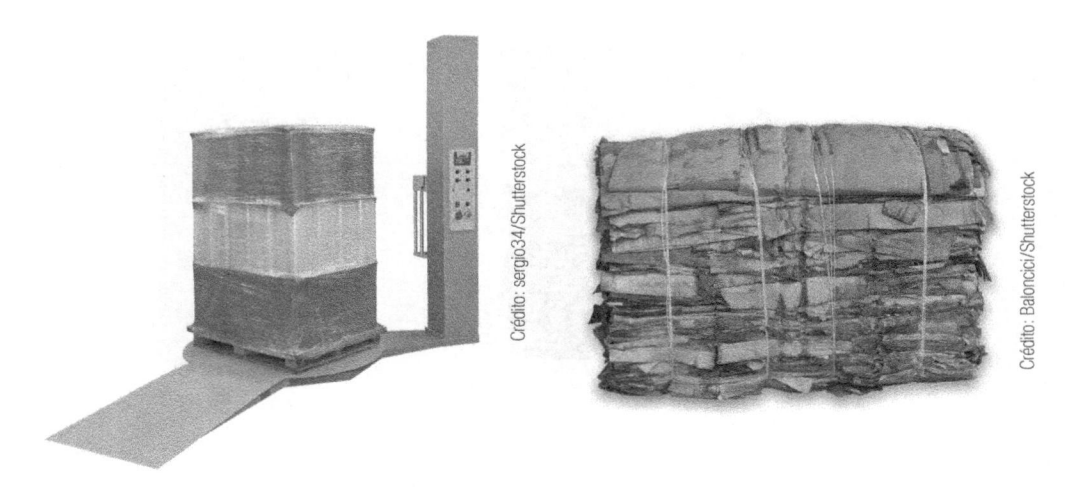

Observe que a definição e a utilização de contentores e de equipamentos unificadores determinam as unidades de carga a serem transportadas, que são simultaneamente consistentes com os princípios do tamanho da unidade e da utilização do espaço por permitirem o aumento das quantidades a serem movimentadas e otimizarem a utilização do espaço volumétrico.

4.2.2 Equipamentos para a movimentação de materiais

Os equipamentos para a movimentação de materiais são utilizados para movimentar itens e unidades de carga, podendo realizar o transporte no interior das instalações industriais ou em áreas abertas. Entre os principais tipos de equipamentos utilizados para a movimentação de materiais (Sule, 2009; Groover, 2011; Schenk; Wirth; Müller, 2010; Stephens; Meyers, 2010; Tompkins et al., 2010) estão:

- **Veículos industriais**, que podem ser manuais ou autopropelidos (ver Figura 4.5). Os manuais são preferíveis em movimentações leves, quando é necessária baixa taxa de entrega, pois se deslocam com a força empregada pelo trabalhador. Os autopropelidos têm maior custo, demandam um condutor e têm a capacidade de movimentar cargas unificadas em paletes ou contêineres com maior peso e taxa de entrega.

Figura 4.5 – Veículos industriais manuais e autopropelidos

- **Veículos automaticamente guiados** (*automatically guided vehicles –* AGVs) (ver Figura 4.6), que são utilizados para movimentar contentores e unidades de carga em taxas baixas ou médias de cargas, em distâncias médias ou grandes. Esses veículos, autopropelidos por motores elétricos abastecidos por baterias, têm alto custo, seguindo sem condutores em caminhos sem obstruções definidos no piso ou autorreferenciados pela aquisição de informação via radiofrequência ou sistema.

Figura 4.6 – Veículos automaticamente guiados

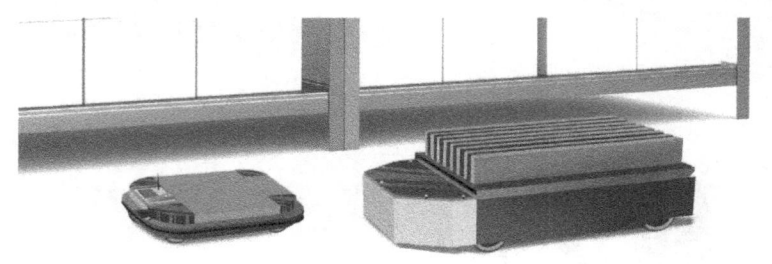

- **Transportadores** (*conveyors*), que são utilizados na movimentação de produtos e na classificação de itens em centros de distribuição, podendo ser ativados por energia, por trabalhadores ou pela gravidade, como os apresentados na Figura 4.7. Constituem uma grande família de equipamentos de transporte projetados para movimentar quantidades ou volumes de materiais em rotas fixas, aéreas ou no nível do piso, podendo ser de cinta, de rolos, de rodas, de calha, de rosca, de corrente etc.

Figura 4.7 – Transportadores de rolos, de cinta, de rodas, de calha e sistema de distribuição misto

- **Monovias, pontes rolantes, outros veículos e equipamentos guiados por trilho**, como os apresentados na Figura 4.8, que são utilizados para movimentar cargas unitárias pesadas com taxas de entregas variadas em rotas variadas, definidas por sistemas de trilhos fixos no chão ou suspensos no teto da edificação, sendo propelidos por motores elétricos.

Figura 4.8 – Pontes rolantes interna e externa

- **Robôs e outros manipuladores**, como os apresentados na Figura 4.9. Um robô é um manipulador multifuncional reprogramável de uso geral que conta com algumas características antropomórficas similares às dos seres humanos, projetado para movimentar e manipular objetos com movimentos variáveis e executar uma variedade de tarefas especializadas em materiais, peças, ferramentas, entre outros. Também é comum o uso de manipuladores mecanizados ou motorizados para aliviar o trabalhado em tarefas que exijam grande esforço para erguer e movimentar objetos.

Figura 4.9 – Robô e manipulador articulado

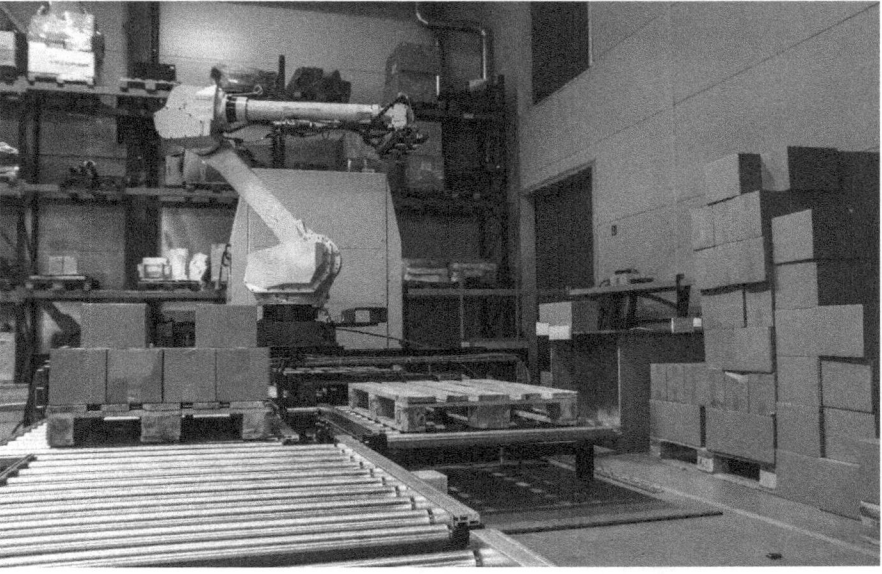

- **Guindastes e guinchos**, que são dispositivos movidos por energia com grande capacidade para elevar, deslocar e transportar produtos e materiais pesados sobre uma área determinada de alcance horizontal (ver Figura 4.10). Os guindastes são normalmente utilizados em áreas externas e as pontes rolantes em áreas internas, sendo ambos providos de guinchos utilizados para elevar e descer as cargas.

Figura 4.10 – Guindastes e guinchos

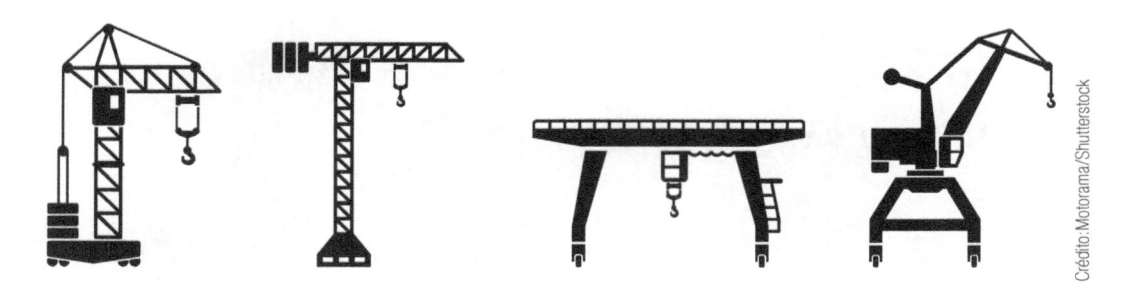

A escolha dos equipamentos de transporte a serem utilizados nos SMMs representa uma relação de compromisso entre as distâncias de movimentação e as taxas de fluxo a serem atendidas, decisão que pode ter como referência inicial de decisão a Figura 4.11.

Figura 4.11 – Escolha dos equipamentos de movimentação

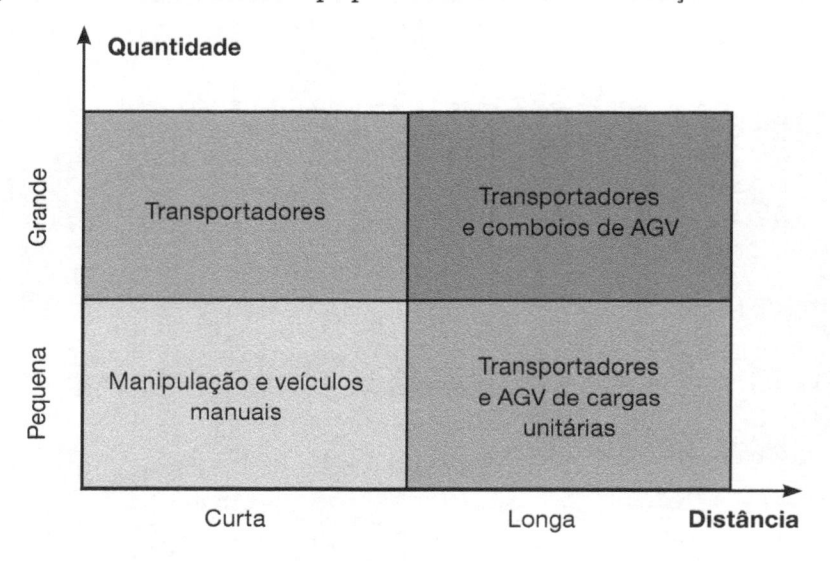

	Curta	Longa
Grande	Transportadores	Transportadores e comboios de AGV
Pequena	Manipulação e veículos manuais	Transportadores e AGV de cargas unitárias

Fonte: Adaptado de Groover, 2000, p. 286.

Com o mesmo propósito, Schenk, With e Müller (2010) sistematizaram a relação entre um conjunto de cinco fatores, que caracterizam as movimentações a serem realizadas, e os tipos de equipamentos de transporte (ver Quadro 4.1), que, uma vez escolhidos, devem ser atendidos com infraestrutura e edificações adequadas.

Quadro 4.1 – Relação entre equipamentos e características das movimentações

		Transportadores				Veículos				Guinchos		
		De correias	De correntes	De rolos	De rota única	Empilhadeira	Trator e carreta elétrica	Manual	Caminhão elevador	Guincho aéreo	Guincho móvel	Elevador
Área servida	Espaço ilimitado					X	X				X	
	Espaço limitado							X		X		
	Distância limitada	X	X	X	X							
	Pontual								X			X
Instalação	Sob o piso		X							X		
	Nível do piso		X	X		X	X	X				
	Altura do trabalho	X	X	X								
	Elevado	X		X	X				X	X		
Rota	Não especificada					X	X	X			X	
	Fixa mutável	X	X	X					X			
	Fixa	X	X	X	X					X		X
Frequência	Ocasional							X	X			X
	Ininterrupta		X			X	X	X	X	X	X	X
	Contínua	X	X	X	X							
Direção	Horizontal	X	X	X	X	X	X	X		X	X	
	Abaixo	X	X	X	X							
	Acima	X	X		X							
	Vertical acima e abaixo					X			X	X	X	X

Observe que todos os critérios limitam as escolhas possíveis em alguma medida. Espaços ilimitados direcionam a escolha para veículos e guinchos; transportes na altura de trabalho, frequentes e em rotas fixas se remetem à opção por transportadores; movimentações verticais acima e abaixo indicam a necessidade de guinchos. Veja que, para a adequada escolha dos equipamentos, é preciso conduzir uma análise mais aprofundada e as alternativas vislumbradas também devem ser testadas em relação aos princípios de movimentação de materiais.

Os equipamentos utilizados no transporte de materiais podem ser associados ao tipo de leiaute e às estratégias de produção adotadas pela empresa. O leiaute fixo normalmente demanda a utilização de guindastes, guinchos e veículos industriais motorizados para movimentar itens grandes produzidos com uma pequena taxa de produção. Já o leiaute de processo pode utilizar veículos industriais manuais e motorizados e AGVs para movimentar grande número de itens por rotas variadas. O leiaute celular pode demandar veículos industriais e AGVs para abastecimento e remoção de cargas unitizadas, sendo comum que internamente à célula seja utilizada a movimentação manual entre as estações de trabalho. Similarmente, no leiaute de processo, são utilizados veículos industriais e AGVs para abastecimento e remoção de cargas unitizadas; porém, internamente é usual que a movimentação de itens entre as estações de trabalho se dê com o uso de transportadores.

4.2.2.1 Análise quantitativa de veículos industriais

A quantidade de veículos industriais necessários à movimentação de materiais pode ser estimada de forma determinística, como a seguir apresentado, ou estocástica, com o auxílio de modelos de simulação, alguns descritos na Seção 3.4.

O número de veículos para atender à carga de trabalho imposta ao sistema de movimentação de materiais pode ser determinado pela Equação 4.2. Observe que deve existir consistência entre as unidades utilizadas.

$$N = Crg/t_{período} = Tx_{fluxo} / Tx_{entrega} \quad \text{Equação 4.2}$$

O tempo disponível ($t_{período}$, em minutos por hora) para entregas depende da disponibilidade (D), do fator de tráfego ($F_{tráfego}$) e da eficiência do trabalhador (E_t) e é dado na Equação 4.3.

$$t_{período} = 60 \text{ min/hora} \cdot D \cdot F_{tráfego} \cdot E_t \quad \text{Equação 4.3}$$

A carga de trabalho (Crg, em minutos por hora) é a quantidade de trabalho realizada em uma hora, que pode ser estimada a partir da taxa de fluxo total especificada para o sistema (Tx_{fluxo}, em ciclos por hora) e do tempo do ciclo (t_c, em minutos por ciclo), como indica a Equação 4.4.

$$Crg = Tx_{fluxo} \cdot t_c \quad \text{Equação 4.4}$$

Modelos determinísticos assumem que os veículos operam em velocidade constante e desprezam efeitos de aceleração e de desaceleração, situação na qual o tempo de ciclo (t_c) de entrega (Equação 4.5) apresenta uma etapa em que o veículo viaja carregado e outra em que viaja descarregado, podendo ser estimado com base no tempo utilizado para carga e descarga, na velocidade desenvolvida e na distância percorrida.

$$t_c = (t_{carga} + t_{descarga}) + (d_{carregado}/v_{carregado} + d_{descarregado}/v_{descarregado}) \quad \text{Equação 4.5}$$

A taxa de entrega ($Tx_{entrega}$, em ciclos por hora) por veículo é dada na equação a seguir:

$$Tx_{entrega} = td_{periodo}/t_c \quad \text{Equação 4.6}$$

4.2.3 Dispositivos, equipamentos e métodos de estocagem e de armazenagem de materiais

Os dispositivos, equipamentos e métodos utilizados na estocagem e na armazenagem de materiais permitem a manutenção e a guarda otimizadas durante o período de tempo necessário, o que pode ser relevante mesmo para empresas que busquem a redução das quantidades mantidas. Alguns conjuntos de métodos e equipamentos podem ser utilizados para a guarda de materiais, sejam eles de estocagem, sejam eles de armazenamento (Sule, 2009; Groover, 2011; Schenk; Wirth; Müller, 2010; Stephens; Meyers, 2010; Tompkins et al., 2010):

- **Pilhas**, nas quais os materiais são estocados em grandes áreas, geralmente em paletes empilhados de forma a aumentar a densidade de estocagem (ver Figura 4.12). Esse método não demanda equipamentos de estocagem e apresenta baixo custo por área e baixa acessibilidade, sendo utilizado no armazenamento de grandes quantidades de unidades de carga grandes com pouca rotatividade.

Figura 4.12 – Método de guarda em pilhas

- **Prateleiras** (*racks*), nas quais as unidades de carga previamente definidas, usualmente paletizadas, são guardadas em estruturas verticais com baixo custo (ver Figura 4.13). Esse sistema apresenta boa densidade e acessibilidade, podendo ser do tipo convencional, de dupla profundidade, *drive in* e *drive through*, *flow rack* ou *flow-through*, *cantilever* (em balanço) ou autoportantes.

Figura 4.13 – Sistemas de prateleiras

Convencional

Drive in

Flow rack

Cantilever

- **Estantes ou nichos**, que são o tipo mais comum, pois permitem a estocagem de itens individuais, de materiais ou de caixas em plataformas horizontais, apresentando baixa visibilidade dos itens.
- **Gavetas em prateleiras** (*tote pan*), que são utilizadas para armazenar pequenos itens e ferramentas, por apresentarem boa visibilidade e acessibilidade de seu conteúdo, como apresentado na Figura 4.14.

Figura 4.14 – Sistema de gavetas em prateleira para a separação de pedidos

- **Sistemas automáticos de estocagem** (*automatic storage and retrieval system*, AS/RS), utilizados para o depósito e para a retirada de itens em compartimentos de estocagem, ordenados com o auxílio de veículos industriais não tripulados (comandados automaticamente), sendo encontrados em grandes armazéns e em centros de distribuição (Figura 4.15). Os sistemas AS/RS têm alto custo e controle computacional e apresentam baixos tempos de busca. Existem ainda os modelos automáticos sem veículos – do tipo carrossel –, que dão acesso aos itens pela rotação vertical ou horizontal dos compartimentos até a estação de carga e descarga. Uma opção menos comum é a construção de grandes e especializados centros de distribuição, nos quais as prateleiras são utilizadas para a guarda das unidades de carga e, simultaneamente, como estrutura de sustentação da edificação, sendo usualmente dotadas de sistemas AS/AR e denominadas *autoportantes*.

Figura 4.15 – Sistemas AS/RS

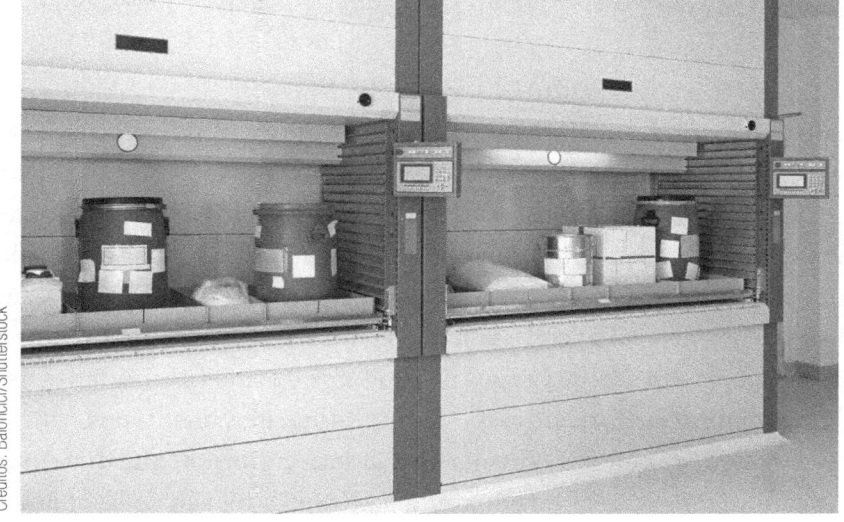

- **Sistemas de identificação e rastreamento**, que são utilizados para identificar e acompanhar a movimentação de materiais e itens com o auxílio de etiquetas que contêm códigos de barras, os quais permitem a leitura rápida e automática das informações sobre os materiais.

4.3 Estratégias de estocagem e de armazenagem

Essas estratégias se referem à forma como a empresa define a organização da estocagem ou da armazenagem dos materiais, decisão que afeta diretamente as medidas de *performance* do SMM. Apesar de na prática serem utilizados como termos intercambiáveis, *estocar* (*storage*) e *armazenar* (*warehousing*) se referem a diferentes itens de inventário mantidos pelas empresas, sendo o primeiro termo associado a matérias-primas e itens em processamento, e o segundo, a produtos ou bens prontos (Sule, 2009).

Diferentes autores consideram *estratégias* e *critérios*, com variações conceituais e de entendimento desses termos, para ocupar os espaços previstos para a guarda de itens em centros de distribuição ou estoques e almoxarifados de sistemas de manufatura.

Schenk, Wirth e Müller (2010) categorizam as principais estratégias de ocupação em: **posições fixas**, em que cada tipo de unidade mantida em estoque tem sua localização própria dimensionada em função do nível de inventário, e os materiais com maior procura são posicionados próximos aos pontos de transferência para reduzir a movimentação; **posições livres**, em que as unidades são alocadas em qualquer espaço livre disponível capaz de acomodá-las, sendo necessário um controle das posições para facilitar a busca dos itens; **zoneamento**, que utiliza seções diferentes para alocar grupos de produtos ou tipos de unidades de carga; **rápida movimentação** (*fast movers*), na qual itens movimentados com rapidez são armazenados próximos à entrada ou à saída; **uniforme**, que distribui igualmente os itens no armazém, produzindo a garantia de seu acesso; **adaptação de espaço**, que busca o maior nível de utilização do espaço pela alocação de unidades pequenas em espaços menores e unidades maiores em espaços maiores, em função dos tamanhos de lotes a serem alocados; e **redução de fracionamento**, que tem o objetivo de aumentar o nível de ocupação pela redução do número de posições com unidades de cargas fracionadas.

Uma caracterização menos ampla e mais comumente utilizada considera como estratégias de alocação apenas a aleatória, a dedicada e a dedicada baseada em classes, que podem ser concomitantemente utilizadas com alguns critérios de alocação de itens às posições: utilização do espaço, similaridade, tamanho, características próprias e popularidade (Sule, 2009; Krajewski; Ritzman; Malhotra, 2009; Tompkins et al., 2010).

O critério da **utilização** do espaço preconiza uma adequada relação de compromisso entre a quantidade de unidades de carga armazenadas e seu acesso, de modo a obter o nível de serviço desejado. As diferentes estratégias podem se beneficiar da aplicação desse critério ao considerar as limitações do espaço (a altura da cobertura, a existência de elementos estruturais e a estabilidade das unidades de carga); a conservação do espaço, evitando a criação de espaços não preenchíveis e aproveitando a volumetria da edificação; e a acessibilidade, pelo uso de circulações e áreas livres, que permitam a pronta recuperação das unidades de carga.

O critério da **similaridade** propõe que a alocação das unidades de carga seja definida pela relação entre os itens comumente enviados em conjunto, que devem ser posicionados próximos, mesmo quando recebidos separadamente, de modo a minimizar os tempos de busca de pedidos, sendo usualmente adotado na estratégia dedicada.

Pelo critério do **tamanho**, as unidades de carga são alocadas em função da forma e do espaço que ocupam, evitando que itens grandes não caibam nos espaços disponíveis ou que haja desperdício pela alocação de itens pequenos em posições que poderiam ser ocupadas por unidades de carga maiores, sendo razoável pensar em posições ajustáveis quando não há certeza em relação ao tamanho das unidades de carga.

O critério das **características próprias** propõe que as alocações sejam realizadas em função de suas características, a exemplo da temperatura e da umidade do ambiente de estocagem para materiais perecíveis ou a granel, de uma área aberta para materiais com forma irregular, do isolamento de perímetro para materiais inflamáveis e explosivos e da segregação entre materiais incompatíveis, como alimentos e inseticidas.

Pelo critério da **popularidade**, os itens mais demandados devem ser guardados em locais mais próximos aos pontos de busca, de modo a reduzir o tempo de busca e as distâncias totais percorridas.

O conceito de unidade mantida em estoque (SKU) é muito utilizado no planejamento do número de posições necessárias, do espaço a ser dedicado à guarda de produtos e da conceituação das estratégias de alocação.

Em geral, a estratégia dedicada demanda a previsão de um maior número de posições em comparação com a estratégia aleatória, existindo uma relação de compromisso entre o número de posições disponíveis e o tempo de busca pelos produtos.

Na estratégia aleatória, as SKUs são mantidas em qualquer locação disponível, dimensionada para acomodar o total de unidades de carga a serem armazenadas; normalmente, na recuperação dos materiais utiliza-se o critério do **primeiro que entra, primeiro que sai** (*first in, first out* – Fifo). Na estratégia dedicada, as SKUs são mantidas em locais específicos e reservados, dimensionados para acomodar as quantidades máximas de diferentes tipos de material localizados próximos ao local de busca/entrega das SKUs com maior nível de atividade. Quando comparada a essas estratégias, a adoção da estratégia dedicada baseada em classes possibilita a obtenção de resultados intermediários em termos de número de posições e tempos de busca.

Exemplo 4.1

Qual o número de posições necessárias para o caso do CDE, considerando as estratégias dedicada e aleatória?

O número máximo de posições é igual a 80 (75 + 5), o número mínimo é de 5 e a média é igual a 42,5 [(80 + 5)/2]. Como o recebimento das SKUs é distribuído ao longo do período de 30 dias, para a adoção de uma estratégia aleatória, o número de posições necessárias é de 1 275 (30 · 42,5), enquanto para a estratégia dedicada é de 2 400 (30 · 80). Observe que o espaço necessário para as posições terá acréscimo de 1 125 posições (88,23%), proporcional ao número de posições, demonstrando que a estratégia adotada de uso interfere diretamente no espaço a ser projetado.

Exemplo 4.2

Para o caso da MIA, identifique o número de posições necessárias considerando que as unidades de carga a serem mantidas em estoque (SKUs), as demandas (SKU/dia), as quantidades de reposição (SKU), as frequências (dias) e o dia da reposição inicial são aqueles apresentados na Tabela 4.1.

Tabela 4.1 – Programação de reposição de matérias-primas para o caso da MIA

Produto	Estoque mínimo	Demanda	Reposição	Frequência	Dia reposição
MP1	2	2	20	10	1º
MP2	2	5	20	4	3º
MP3	2	2	12	6	3º
MP4	3	1	8	8	2º
MP5	3	2	14	7	2º

(continua)

(Tabela 4.1 – conclusão)

Produto	Estoque mínimo	Demanda	Reposição	Frequência	Dia reposição
MP6	3	4	32	8	6º
MP7	1	7	14	2	1º
MP8	1	10	50	5	2º
MP9	1	5	5	1	3º
MP10	5	15	45	3	2º

Caso a empresa utilize uma estratégia de alocação dedicada para estocar as SKUs, deve dedicar 256 posições a elas, sendo 233 para acomodar as reposições e 23 para manter o estoque mínimo previsto, enquanto na adoção de uma estratégia aleatória são necessárias 139,5 posições [(256 + 23)/2].

Essa análise desconsidera a programação de reposição e as demandas para os dez tipos de SKU propostos pelo enunciado, sendo necessário totalizar as quantidades diárias de posições ocupadas (Ocp) e vazias (Vz), como sistematizado na Tabela 4.2.

Tabela 4.2 – Programação de entregas por tipo de produto

Dia	MP1	MP2	MP3	MP4	MP5	MP6	MP7	MP8	MP9	MP10	Ocp	Vz
1	20	12	6	4	14	23	15	11	11	20	136	120
2	18	7	4	11	17	19	8	51	6	50	191	65
3	16	22	14	10	14	15	15	41	21	35	203	53
4	14	17	12	9	11	11	8	31	16	20	149	107
5	12	12	10	8	8	7	15	21	11	50	154	102
6	10	7	8	7	5	35	8	11	6	35	132	124
7	8	22	6	6	17	31	15	51	21	20	197	59
8	6	17	4	5	14	27	8	41	16	50	188	68
9	4	12	14	4	11	23	15	31	11	35	160	96
10	20	7	12	11	8	19	8	21	6	20	132	124
...												
115	8	22	6	10	8	15	15	21	21	20	146	110
116	6	17	4	9	5	11	8	11	16	50	137	119
117	4	12	14	8	17	7	15	51	11	35	174	82
118	20	7	12	7	14	35	8	41	6	20	170	86
119	18	22	10	6	11	31	15	31	21	50	215	41
120	16	17	8	5	8	27	8	21	16	35	161	95
Máximo	20	22	14	11	17	35	15	51	21	50		

Exemplificando: para MP7, a reposição inicial ocorre no primeiro dia do período, na quantidade de 14 SKUs, às quais deve ser adicionada uma posição que corresponda ao estoque mínimo, o que totaliza uma necessidade de 15 posições.

No segundo dia, essa quantidade é reduzida para 8 posições, pela dedução da demanda de 7 SKUs. No terceiro dia, ocorre novamente a reposição de 15 SKUs, respeitando-se a frequência de reposição a cada dois dias.

Ao analisar o período de 120 dias, verifica-se que a quantidade média de posições ocupadas é de 166,23 (89,78 vazias), que no 47º dia ocorreu a quantidade máxima de 241 posições ocupadas (15 vazias) e que no 61º dia ocorreu a quantidade mínima de 103 posições ocupadas (153 vazias), não tendo ocorrido repetição do padrão, motivo pelo qual a quantidade máxima de 256 posições não foi observada no período analisado.

As estratégias dedicada e aleatória podem ser estudadas com base em um dado nível de serviço aceitável, relacionado a uma probabilidade de existirem Q_j posições suficientes, menor ou igual à quantidade demandada, com um nível de significância estatística estabelecido *a priori*, o que exige o conhecimento prévio de sua variabilidade. Segundo Tompkins et al. (2010), a quantidade total de posições (Q_{total}) necessárias pode ser calculada para as estratégias dedicada e aleatória, admitindo-se a hipótese de as somas das demandas por posições seguirem a distribuição normal, com base no teorema do limite central, para um dado nível de serviço aceitável:

- **Estratégia dedicada** – A quantidade de posições necessárias a um tipo de item *j* é dada por $Q_j = Q_j^{médio} + z_j \cdot s_j$, sendo: $Q_j^{médio}$ a quantidade média para o período estudado; *z* o valor da variável reduzida para a confiança desejada $(1 - \alpha)$; e s_j o desvio-padrão de $Q_j^{média}$. O total de posições necessárias para um conjunto de *n* itens é dado pela equação $Q_{total} = \Sigma Q_n$, e a probabilidade de que haja falta de uma ou mais posições é dada por $P(falta) = 1 - (1 - \alpha)^n$.

- **Estratégia aleatória** – O total de posições necessárias para um conjunto de *n* itens é dado pela equação $Q_{total} = \Sigma Q_j^{médio} + z_j \cdot s_n^{total}$, e a probabilidade de que haja falta de uma ou mais posições é dada por $P(falta) = 1 - (1 - \alpha)$, sendo: s_n^{total} calculado pela raiz do somatório das variâncias* [raiz[Σs_j^2]].

* A **variância** é dada pelo desvio-padrão elevado ao quadrado.

A aplicação da noção de nível de serviço aceitável para as estratégias dedicada e aleatória é mais bem compreendida quando exemplificada.

Exemplo 4.3

Calcule o número de posições necessárias para a estratégia dedicada com base no nível de serviço, considerando os valores de estoque mínimo (E_{min}), quantidade média para o período estudado ($Q_j^{médio}$) e desvio-padrão (s_j) apresentados na Tabela 4.3, obtidos com base nos dados do Exemplo 4.2. Adote para todos os produtos uma confiança de 99% (z = 2,33) e considere aceitável um nível de serviço com uma probabilidade de até 10% de que falte uma ou mais posições.

Tabela 4.3 – Dados de estoque por produto

Produto	E_{min}	$Q_j^{médio}$	S_j
MP1	2	10,15	5,2
MP2	2	12,5	5,6
MP3	2	7	3,4
MP4	3	4,5	2,3
MP5	3	8,08	4,2
MP6	3	18	9,3
MP7	1	10,5	3,5
MP8	1	30	14,1
MP9	1	12,5	5,6
MP10	5	30	12,2
	Soma	143,23	

Para a MP1, utilizando um nível de significância de 1% (z = 2,33), a quantidade de posições (Q1) necessárias é de 22,2 (Q1 = 10,15 + 2,33 · 5,2), às quais devem ser adicionadas duas posições para o estoque mínimo, resultando em uma quantidade total de 24,2 posições (ver Tabela 4.4, que também apresenta as quantidades necessárias para as demais MPs).

Tabela 4.4 – Quantidade de posições para a estratégia dedicada com base no nível de serviço

Produto	MP1	MP2	MP3	MP4	MP5	MP6	MP7	MP8	MP9	MP10	Soma
Q_j	22,2	25,6	15	9,8	18	39,6	18,7	62,9	25,6	58,5	295,9
$Q_j + E_{min}$	24,2	27,6	17	12,8	21	42,6	19,7	63,9	26,6	63,5	318,9

Observe que o conhecimento da variabilidade na demanda diária ampliou para 318,9 as posições necessárias, já considerados as 23 para estoque mínimo, em relação às 256 posições previstas no Exemplo 4.2, indicando que a variabilidade aumenta o número de posições a serem previstas. A probabilidade de que haja falta de uma ou mais posições é dada por P(falta) = 1 − (0,99)10 = 1 − 0,904 = 0,0956.

Assim, adotando-se 319 posições, existe uma probabilidade menor do que 9,56% de que faltem uma ou mais posições, o que atende ao nível de serviço especificado.

Exemplo 4.4

Calcule o número de posições necessárias para a estratégia aleatória com base no nível de serviço para os dados apresentados no exemplo anterior. Adote para todos os produtos uma confiança de 99% (z = 2,33) e considere aceitável um nível de serviço com uma probabilidade de até 10% de que falte uma ou mais posições.

A sistematização da escala de entrega permite calcular a quantidade total média de locais de 166,23 posições (143,23 + 23 posições para o estoque mínimo) e as variâncias das quantidades de cada tipo de produto. Somando as variâncias de cada um dos n tipos de itens, obtemos para o conjunto de tipos de produtos a variância e o desvio-padrão:

Variância = $(10,15^2 + 12,5^2 + 7^2 + 4,5^2 + 8,08^2 + 18^2 + 10,5^2 + 30^2 + 12,5^2 + 30^2)$ = 572,92 posições

Desvio-padrão = Raiz (572,92) = 23,94 posições

A quantidade total de posições, utilizando um nível de significância de 1% (z = 2,33), é dada por Q_{total} = 166,23 + 2,33 · 23,94 = 199 posições, às quais devem ser adicionadas 23 posições para o estoque mínimo, resultando em uma quantidade total de 222 posições. Veja que essa quantidade é 13,3% inferior às 256 posições obtidas no Exemplo 4.2 e 30,4% inferior às 319 obtidas no Exemplo 4.3. A probabilidade de que haja falta de uma ou mais posições é dada por P(falta) = 1 − (0,99) = 0,01.

Dessa forma, ao adotar 222 posições e uma estratégia aleatória com base no nível de serviço, existe uma probabilidade igual a 1% de que falte uma ou mais posições, atendendo com folga ao nível de serviço especificado.

A estratégia dedicada baseada em classes combina as vantagens da estratégia dedicada às da randômica, ao dedicar posições às classes de acordo com o nível de atividade, em vez de produtos específicos, sendo estes alocados aleatoriamente dentro das classes.

Uma vez identificadas, as classes com maior movimentação são posicionadas próximas ao local de busca/entrega, como indicado na Figura 4.16.

Figura 4.16 – Arranjo de posições na estratégia dedicada baseada em classes

D	D	D	D	C	C	C	D	D	D	D
D	D	D	C	C	C	C	C	D	D	D
D	D	C	C	B	B	B	C	C	D	D
D	C	C	B	B	B	B	B	C	C	D
C	C	B	B	A	A	A	B	B	C	C
C	B	B	A	A	A	A	A	B	B	C
B	B	A	A		Recepção		A	A	B	B
B	A	A	A		e expedição		A	A	A	B

Para a determinação dos itens mais demandados, ou seja, com maior rotatividade, é comum a utilização da chamada *Lei de Pareto*. De acordo com Groover (2000), o economista e sociólogo italiano Vilfredo Pareto (1848-1923), ao estudar a distribuição da riqueza em seu país, observou que 80% da renda é detida por 20% da população e enunciou seu princípio "o pouco vital e o muito trivial", que também poderia ser aplicado a outras distribuições de dados. Em sua essência, a Lei de Pareto recomenda focar no mais importante, o que, usualmente, corresponde à menor proporção do todo. No caso das estratégias de armazenamento baseadas em classes, o essencial pode ser o total de vezes em que ocorre o deslocamento para a busca de determinada SKU, por semana ou por mês.

Observe que a Lei de Pareto também pode ser utilizada em outras situações relacionadas à movimentação de materiais, por exemplo, 80% do custo de inventário é devido a 20% dos itens; 80% do lucro com as vendas é gerado por 20% dos clientes; 80% dos custos com defeituosos podem ser obtidos pela redução de 20% dos problemas de qualidade; ou 80% da produção de uma fábrica é devida a 20% dos modelos de produtos. Vale destacar que diferentes autores afirmam estar aplicando a Lei de Pareto, mesmo utilizando diferentes proporções (85% e 15%; 70% e 30%).

Veja que a estratégia dedicada baseada em classes pode ser implementada com base no nível de serviço, sendo o dimensionamento do número de posições feito da mesma forma que a do dedicado, porém consideradas as classes em vez dos produtos.

Exemplo 4.5

Calcule o número de posições necessárias para a estratégia dedicada baseada em classes, considerando o nível de serviço para os dados apresentados no Exemplo 4.2.

A identificação das classes pode ser feita com base no número de viagens, para busca ou estocagem, a serem realizadas no período de 120 dias, como apresentado na Tabela 4.5. Observe que a classe de produtos A é composta das matérias-primas MP10, MP8 e MP7, coletivamente responsáveis por 60,4% do número total de viagens, enquanto a classe B responde por 26,4% do total de viagens e a classe C, por 13,2%.

Tabela 4.5 – Número de viagens por classe de produto

Produto	N. viagens	%	Classe
MP10	3600	28,3	A
MP8	2400	18,9	A
MP7	1680	13,2	A
MP2	1200	9,4	B
MP9	1200	9,4	B
MP6	960	7,5	B
MP1	480	3,8	C
MP3	480	3,8	C
MP5	480	3,8	C
MP4	240	1,9	C

A matéria-prima MP10 demanda 3.600 viagens, calculadas com base em 15 SKUs diárias (15 · 120 = 1 800 viagens) necessárias para atender à demanda; a essas viagens devem ser somadas as viagens de reposição de estoque (45 · 120/3 = 1 800 viagens), considerando que a cada viagem para busca é demandada uma para reposição.

Por meio da definição das classes, é possível identificar o número de posições a serem previstas para cada uma delas, como indicado na Tabela 4.6. Observe que são necessárias 179,7 posições, já considerando o estoque mínimo; para a classe A são necessárias 81,2 posições, das quais 7 são para estoque mínimo (5 + 1 + 1) e 74,2 (29,9 + 2,33 · 19) para serem utilizadas aleatoriamente na alocação dos produtos MP10, MP8 e MP7, considerando uma confiança de 99% (z = 2,33).

Tabela 4.6 – Número de posições por classe de produto

Produto	Estoque mínimo	$Q_j^{médio}$ MP	Sj MP	Classe	$Q_j^{médio}$	Sj	Total
MP10	5	30	12,2	A	29,9	19,0	81,2
MP8	1	30	14,1				
MP7	1	10,5	3,5				
MP2	2	12,5	5,6	B	20,5	12,2	54,9
MP9	1	12,5	5,6				
MP6	3	18	9,3				
MP1	2	10,15	5,2	C	15,2	7,9	43,5
MP3	2	7	3,4				
MP5	3	8,08	4,2				
MP4	3	4,5	2,3				

O valor da quantidade média para o período estudado ($Q_j^{médio}$) de 29,9 para a classe A é obtido pela soma das quantidades médias do conjunto de matérias-primas (12,2 + 14,1 + 10,5), e o desvio-padrão da classe, pela raiz da soma das variâncias das quantidades médias dos produtos [Raiz (12,2² + 14,1² + 3,5²)]. Assim, deverão ser previstas 180 posições, sendo 81 posições para itens da classe A, 55 para itens da classe B e 44 para itens da classe C, quantidade 29,7% inferior às 256 posições obtidas no Exemplo 4.2 e 43,6% inferior às 319 obtidas no Exemplo 4.3. A probabilidade de que haja falta de uma ou mais posições é dada por P(falta) = 1 – (0,99)3 = 0,0297.

Observe que, ao adotar 180 posições identificadas com base no nível e na estratégia dedicada baseada em classes de serviço, existe uma probabilidade igual a 2,97% de que falte uma ou mais posições, o que também atende ao nível de serviço especificado.

Exemplo 4.6

Qual estratégia de armazenamento deve ser utilizada no projeto de leiaute do estoque de matérias-primas da MIA? Quantas posições para a guarda das SKUs devem ser previstas?

Os resultados obtidos nos exemplos 4.3 e 4.4 permitem analisar o impacto no número de posições da adoção de diferentes estratégias de estocagem (dedicada e aleatória) e abordagem (determinística e probabilística), bem como as probabilidades de faltar uma ou mais posições [P(falta)]. Observe na Tabela 4.7 que a estratégia dedicada demanda um número de posições maior que a aleatória, seja na abordagem determinística (+83,51%, aumento de 139,5 para 256 posições), seja na probabilística, baseada no nível de serviço (NS) (+43,64%, aumento de

222 para 318,9 posições). Observe também que, ao admitir variabilidade nas quantidades a serem repostas (probabilística), o número de posições é aumentado tanto na estratégia dedicada (+24,57%, de 256 para 318,9 posições) quanto na aleatória (+59,13%, de 139,5 para 222 posições). A estratégia baseada em classes e NS demanda a menor quantidade de posições entre as estratégias cujo cálculo foi realizado pelo método probabilístico, como era de se esperar.

Tabela 4.7 – Comparação do número de posições por estratégia

Estratégia	Método	N° posições	P(falta)
Dedicada	Determinístico	256	–
Aleatória	Determinístico	139,5	–
Dedicada no NS	Probabilístico	318,9	9,56%
Aleatória no NS	Probabilístico	222	1%
Dedicada baseada e NS	Probabilístico	179,7	2,97%

Na prática, a abordagem determinística subestima a quantidade necessária de posições, sendo sempre recomendável realizar o dimensionamento do espaço com base em uma abordagem probabilística, mais próxima da situação real.

Para as situações analisadas, recomenda-se que no projeto de leiaute sejam previstas 180 posições gerenciadas por uma estratégia de alocação dedicada baseada no nível de serviço, com a utilização de três classes, sendo 81 posições para itens da classe A, 55 para itens da classe B e 44 para itens da classe C.

Como observado, a estratégia a ser adotada e o período em que os itens serão mantidos em estoque interferem diretamente no espaço a ser reservado para a estocagem e a armazenagem. Na ausência de informações sobre ambas, você pode adotar uma abordagem conservadora, planejando um número de posições com base na estratégia dedicada para o período médio por que cada item deve ser mantido em inventário. Essa postura evitará um subdimensionamento do número de posições e do espaço necessário a elas.

4.4 Projeto e leiaute dos espaços de estocagem e de armazenamento

Uma vez determinado o número de posições, é necessário estudar o espaço a ser utilizado para a estocagem ou o armazenamento dos materiais. O melhor arranjo de locais, de posições de alocação e de classes depende do número de pontos de recebimento e de expedição e suas posições relativas. Quando existe apenas um ponto de recebimento e expedição, os itens ou as classes de itens com maior rotatividade são posicionados próximos a ele, sendo as posições mais distantes reservadas aos itens com menor procura. Alternativamente, a alocação das posições pode ser realizada com base na distância média ou média ponderada pelas frequências de busca e reposição.

No caso de o ponto de recebimento ser em local distinto do ponto de expedição, deve ser avaliada a relação entre o número de viagens (ou por seus tempos) necessárias para a busca e para a reposição. Segundo Tompkins et al. (2010), se existem diferentes pontos de recebimento e envio, a alocação dos itens mais populares pode ser dada em função da razão vb/va, sendo *vb* o número de viagens para a busca e *va* o número de viagens para abastecimento do tipo de item. E mais:

- produtos com alta razão vb/va devem ser posicionados mais próximos ao ponto de busca ao longo da rota mais direta entre a entrada e a saída;
- produtos com baixa razão vb/va devem ser posicionados mais próximos ao ponto de abastecimento ao longo da rota mais direta entre a entrada e a saída.

Exemplo 4.7

Desenvolva uma proposta de leiaute para o estoque da MIA com base na solução identificada no Exemplo 4.6, considerando que os pontos de recebimento e envio sejam na mesma posição, que a empresa adote a estratégia dedicada baseada em classes e que a altura disponível para armazenagem seja de 5 m.

Veja que a movimentação de cargas unitárias paletizadas, realizada em nível do piso na direção horizontal, em rotas não especificadas e com frequências ininterruptas, constitui um fator propício à utilização de empilhadeiras.

O planejamento do leiaute de um estoque que utiliza sistemas de prateleiras (*racks*) inicia pela definição da largura dos corredores, do tamanho de cada posição de alocação das SKUs e do critério da utilização do espaço. O conhecimento prévio das características da empilhadeira indica uma largura mínima de corredores igual a 2 m.

O estudo das unidades de cargas a serem estocadas indica a utilização de paletes com 1,2 m × 1,2 m × 0,15 m vazios, que ocupam uma altura total de 1,35 m quando carregados. Assim, cada posição de alocação para as SKUs demanda a previsão de um volume de 1,35 m × 1,35 m × 1,5 m, considerando o espaço ocupado pela estrutura metálica de suporte. Dessa forma, cada posição de estocagem demanda 3,17 m² (1,35 m × 2,35 m).

A circulação de 2 m entre prateleiras foi considerada suficiente para a manobra de empilhadeiras com carga e descarga frontal, porém essa largura deveria ser ampliada para 2,5 m, caso seja necessário que duas empilhadeiras circulem simultaneamente em um mesmo corredor. Observe que essa decisão interfere no fator de tráfego a ser adotado.

Como o pé-direito é de 5 m, as prateleiras terão 4,5 m, sendo possível verticalizar apenas três níveis de altura. São necessárias 180 posições dispostas em três classes, gerenciadas com uma estratégia de alocação dedicada baseada no nível de serviço, para as quais é possível estimar uma área mínima de 190,2 m² para as prateleiras [3,17 m² × (180/3)]. É ainda necessário acrescer uma área para recebimento e expedição com 30 m², estimada com base na experiência prévia.

A Figura 4.17 apresenta uma solução de leiaute para as condições propostas, na qual se observa que foram respeitadas as quantidades de posições pela classe A, que as posições da classe A estão mais próximas à recepção/expedição e que foram utilizados 237,5 m² (9,5 m × 25 m), 7,9% superior à área inicialmente estimada.

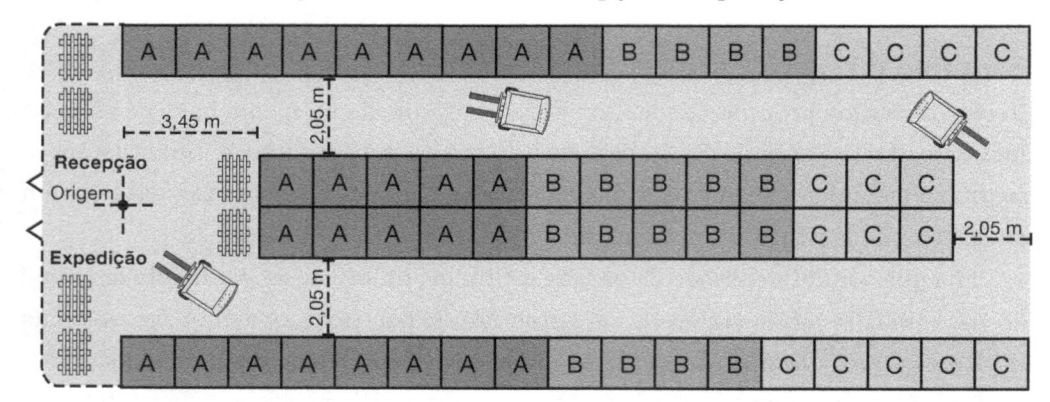

Figura 4.17 – Solução de leiaute com recepção e expedição no mesmo local

Com base na alternativa de leiaute apresentada, podem ser calculadas algumas medidas de *performance*: a capacidade de estocagem é de 180 posições ou 311,04 m³ (180 · 1,2³); a acessibilidade às empilhadeiras com elevação frontal ou lateral é adequada; e os percentuais de uso do espaço foram de aproximadamente 46% para posições de armazenagem, 41,4% para circulações e 12,6% para recepção e expedição.

Exemplo 4.8

Desenvolva uma proposta de leiaute para o estoque da MIA com base na solução identificada no Exemplo 4.6, considerando que os pontos de recebimento e envio sejam em posições diferentes.

A Figura 4.18 apresenta uma solução de leiaute para as condições propostas, tendo sido mantidos os 237,5 m² (9,5 m × 25 m) da solução apresentada no Exemplo 4.7. Observe que a relação entre o número de viagens para busca e abastecimento é igual para todas as matérias-primas e classes, motivo pelo qual as classes mais populares devem ser alocadas próximas às rotas mais diretamente ligadas ao recebimento e ao envio.

Figura 4.18 – Solução de leiaute com recepção e expedição em locais distintos

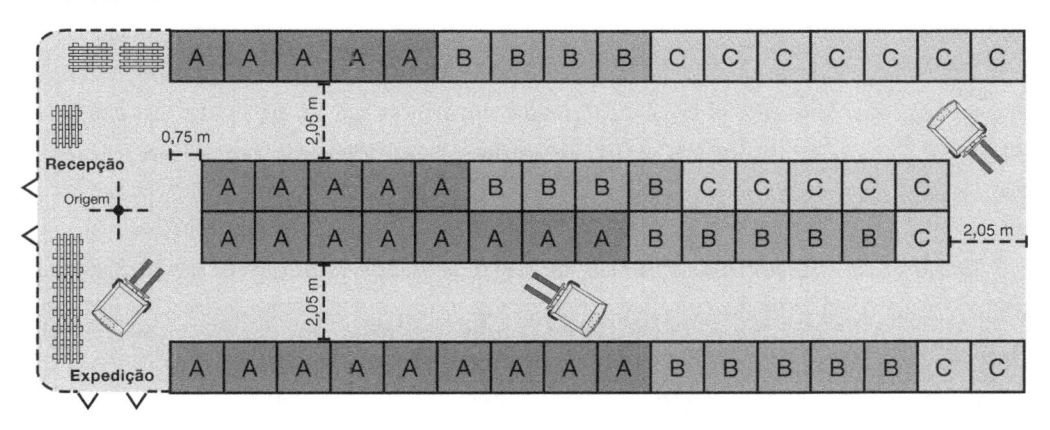

Se a razão entre o número de viagens para busca e abastecimento dos diferentes itens não fosse igual, seria necessário rever a composição de classes de itens e posicionar as com maior razão mais próximas ao ponto de recebimento, e as com menor razão mais próximas ao ponto de envio.

Exemplo 4.9

Estime o número de empilhadeiras necessárias para a solução obtida no Exemplo 4.5. Considere que um dia típico de trabalho tem 8 horas; que a disponibilidade de veículos é igual a 0,95; que o fator de tráfego é igual a 1; que a eficiência do trabalhador é igual a 0,95; que, para atender à demanda, os tempos para carga são de 30 segundos e para descarga são de 12 segundos; que, para as viagens de reposição, os tempos de carga são de 15 segundos e de descarga são de 35 segundos (utilize os mesmos tempos para os três níveis das posições de estocagem); e que as empilhadeiras trafegam a uma velocidade de 17,5 m/min vazias e de 10 m/min carregadas.

Inicialmente, é preciso estimar as taxas de fluxo de SKU com base no número de viagens diárias necessárias para atender à demanda (busca) e à reposição do estoque (chegada), dadas as movimentações para reposição de itens não ocorrer no mesmo dia.

O número de empilhadeiras será dimensionado com base no total de movimentações diárias, com máximo de 202 SKUs no 47º dia para a programação proposta no Exemplo 4.2, cujos valores são apresentados na Tabela 4.8. Observe que o maior número de SKUs a serem movimentados nesse dia é devido às matérias-primas com maior quantidade a serem repostas e que para algumas matérias-primas ocorre apenas movimentação de SKUs para atender à demanda dos processos da empresa.

Na Tabela 4.8, também é apresentada a distância média ($d_{média}$) entre a origem e as posições de cada classe, calculada com base na solução de leiaute apresentada para o Exemplo 4.8, considerando que a busca e a reposição iniciem e terminem na origem.

Tabela 4.8 – Sistematização do número de viagens necessárias por classe

Produto	Demanda	Reposição	Total SKUs	Classe	$d_{média}$
MP10	15	45	60	A	8,8 m
MP8	10	50	60		
MP7	7	14	21		
MP2	20	5	25	B	16,11 m
MP9	5	20	25		
MP6	4	–	4		
MP1	2	–	2	C	21,02 m
MP3	2	–	2		
MP5	2	–	2		
MP4	1	–	1		
Soma	68	134	202		

Com base nos dados do enunciado e nos valores de distância média apresentados na Tabela 4.8, é possível calcular os tempos de ciclo.

$tc = (t_{carga} + t_{descarga}) + (d_{carregado}/v_{carregado} + d_{descarregado}/v_{descarregado})$

Para atender à demanda de cada classe (ida/vazio e volta/cheio):

tcClasse A = (35 s/60 + 12 s/60) + (8,8 m/17,5 + 8,8/10) = 2,17 min/ciclo
tcClasse B = (35 s/60 + 12 s/60) + (16,11 m/17,5 + 16,11/10) = 3,31 min/ciclo
tcClasse C = (35 s/60 + 12 s/60) + (21,02 m/17,5 + 21,02/10) = 4,09 min/ciclo

O templo de ciclo médio ponderado pelo número de viagens para atender à demanda é:

$tc_{médio}$ = [2,17 (15 + 10 + 7) + 3,31 (20 + 5 + 4) + 4,09 (2 + 2 + 2 + 1)]/[68] = 2,85 min/ciclo

Para atender à reposição de cada classe (ida/cheio e volta/vazio):

tcClasse A = (30 s/60 + 15 s/60) + (8,8 m/17,5 + 8,8/10) = 2,13 min/ciclo
tcClasse B = (30 s/60 + 15 s/60) + (16,11 m/17,5 + 16,11/10) = 3,28 min/ciclo
tcClasse C = (30 s/60 + 15 s/60) + (21,02 m/17,5 + 21,02/10) = 4,05 min/ciclo

O templo de ciclo médio ponderado pelo número de viagens para atender à reposição é:

$Tc_{médio}$ = [2,13 (45 + 50 − 14) + 3,28 (5 + 20) + 4,05 (0)]/[134] = 2,34 min/ciclo

O tempo disponível por hora para a realização das movimentações de SKUs é:

$td_{período}$ = 60 min/hora · D · Ftráfego · Et = 60 · 0,95 · 1 · 0,95 = 54,15 min/h

A taxa de entrega por veículo é dada por:

$Tx_{Entrega} = td_{período}$ / tc = 54,15 min/h/(2,85 min/ciclo + 2,34 min/ciclo) = 10,43 ciclos/h

A taxa de fluxo por hora demandada do sistema pode ser estimada, supondo uma distribuição uniforme das viagens ao longo do dia, como segue:

Tx_{fluxo} = 202 ciclos/dia/8 h = 25,25 ciclos/h

O número de veículos para atender à carga de trabalho imposta ao sistema de movimentação de materiais é dado por:

N = Tx_{fluxo} / $Tx_{Entrega}$ = 25,25 ciclos/h/10,43 ciclos/h = 2,42 empilhadeiras

Observe que um número maior do que uma empilhadeira implica a necessidade de prever circulações que permitam a passagem de dois veículos simultaneamente, devendo ser verificado se a largura de 2,05 m, inicialmente prevista, é suficiente.

Após dimensionar de várias formas o número de posições e os espaços para a guarda de unidades a serem mantidas em estoque (SKUs), enfatizando o uso de sistema de prateleiras, é importante destacar que é possível utilizar similar raciocínio para estimar o espaço necessário ao estoque ou ao armazenamento de itens individuais ou a granel, desde que algumas adaptações sejam introduzidas.

■ Síntese

Neste capítulo, você pôde acompanhar os principais aspectos do processo de planejamento de um sistema de movimentação de materiais e as típicas medidas de *performance* que permitem avaliar seu desempenho. Você pôde perceber que a possibilidade de propor alternativas é aumentada com a ampliação de seu conhecimento sobre os produtos e os itens a serem movimentados e sobre os tipos e as características dos recipientes, dos dispositivos e dos equipamentos utilizados para o acondicionamento, a movimentação e a guarda de materiais. Também pôde compreender a influência da estratégia utilizada no dimensionamento dos espaços para a guarda de itens, que constitui um importante subsídio ao projeto e leiaute de espaços para a circulação de equipamentos e de armazenagem e estocagem de materiais. Como você pôde observar, o planejamento de sistemas de movimentação determina como se dará a logística interna de unidades produtivas, assim como sua relação com a logística externa, constituindo atividade imbricada às demais realizadas no projeto e leiaute.

■ Questões para revisão

1. Cite três princípios da manipulação de materiais.

2. São medidas de *performance* de sistemas de movimentação de materiais:
    a. número de itens em processo e dedicação dos trabalhadores.
    b. tempo de atravessamento e taxa produção.
    c. capacidade de estocagem e tempo de busca.
    d. velocidade e avaria.
    e. ocupação e utilização.

3. São recipientes e equipamentos que podem ser utilizados para a unificação de materiais:
    a. tambores e empilhadeiras.
    b. caixas e paletes.
    c. *skidbox* e AS/AR.
    d. *tote pans* e paletizadores.
    e. cestos, cintas plásticas e AGV.

4. Indique equipamentos utilizados na movimentação, na estocagem e no armazenamento de materiais.

5. É correto afirmar, em relação às estratégias de armazenagem, que:
   a. A estratégia aleatória tende a demandar um maior número de posições que a estratégia dedicada, porém tende a ter um maior tempo de busca em relação a esta.
   b. A estratégia aleatória tende a demandar um menor número de posições que a estratégia dedicada baseada em classes, mas tende a ter um menor tempo de busca em relação a esta.
   c. A estratégia dedicada baseada em classes tende a demandar maior número de posições que a estratégia aleatória, porém tende a ter um menor tempo de busca em relação a esta.

■ Questões para reflexão

1. Qual a influência do porte da empresa no planejamento do SMM?
2. Como a logística interna influencia a logística de recebimento de materiais e de distribuição dos produtos e é influenciada por ela?
3. Como o planejamento do SMM se relaciona com o leiaute de sistemas de manufatura? Qual a melhor sequência para os conduzir?

■ Para saber mais

FEM – European Federation of Materials Handling. Disponível em: <http://www.fem-eur.com>. Acesso em: 27 set. 2015.

Esse site permite que você explore os diferentes tipos de equipamento de movimentação de materiais e fornece documentação técnica sobre eles usando a perspectiva europeia fornecida pela Federação Europeia de Movimentação de Materiais.

GEORGIA TECH – Supply Chain & Logistics Institute. Disponível em: <http://www.tli.gatech.edu>. Acesso em: 27 set. 2015.

Nesse link, você encontra um glossário, áreas de pesquisa e outras páginas interessantes sobre a área de logística, fornecidos pelo Instituto de Logística e Cadeias de Suprimentos da Georgia Tech.

GRUPO IMAM. Disponível em: <http://www.imam.com.br>. Acesso em: 27 set. 2015.

No site do Grupo Iman, você encontra uma visão brasileira da área de logística, bem como novidades, livros, cursos e uma revista sobre esse assunto.

MHIA – Material Handling Institute of America. Disponível em: <http://www.mhi.org>. Acesso em: 27 set. 2015.

No site do Instituto de Movimentação de Materiais da América (uma associação de empresas de logística e de cadeia de suprimentos) você pode encontrar definições, publicações, casos e fornecedores de equipamentos. Em inglês.

5 Ergonomia, segurança, higiene e edificações

Conteúdos do capítulo:
- *Conceitos de ergonomia.*
- *Análise ergonômica do trabalho.*
- *Projeto do posto de trabalho.*
- *Aspectos de segurança e higiene em instalações produtivas.*
- *Serviços de suporte, edificações e serviços auxiliares.*

Após o estudo deste capítulo, você será capaz de:
1. *compreender os principais aspectos relacionados ao trabalho;*
2. *utilizar conceitos ergonômicos para análise do trabalho;*
3. *desenvolver o projeto e leiaute de postos de trabalho;*
4. *perceber a relação entre os sistemas de produção e os serviços de suporte;*
5. *dimensionar instalações de diferentes unidades produtivas;*
6. *compreender como as edificações influenciam o projeto e leiaute de instalações de unidades produtivas.*

Estudos de caso

Bagueteria do Jotalhão (BJ)

A empresa Bagueteria do Jotalhão estima vender 250 sanduíches por turno e precisa projetar o posto de trabalho para a montagem de sanduíches, que podem ser feitos com base na combinação de diversos tipos de pães e ingredientes, ao gosto do cliente.

Indústria de Alimentos Ibirapuitã (IAI)

A Indústria de Alimentos Ibirapuitã pretende instalar uma nova unidade produtiva, que contará com 120 funcionários no setor de produção (80 homens e 40 mulheres) e 35 no setor administrativo (10 homens e 25 mulheres) em cada turno.

Muitos dos problemas relacionados à saúde no trabalho derivam do insuficiente estudo desses assuntos na fase de concepção das edificações. Além do aumento do esforço humano relacionado à inadequação de projetos, a perda da oportunidade de utilizar esses conhecimentos ao planejar as instalações de unidades produtivas pode gerar alto custo financeiro e a necessidade de adequações posteriores.

Alternativamente, é possível que o uso desses conceitos leve a soluções que aumentem a qualidade de vida dos trabalhadores, com consequências diretas na produtividade e nos resultados da empresa.

5.1 Ergonomia

A palavra *ergonomia* tem origem nas palavras gregas *ergon*, "trabalho", e *nomos*, "regras", "leis", e diz respeito à "otimização das condições de trabalho humano, por meio de métodos da tecnologia e do desenho industrial" (Houaiss; Villar, 2015).

O uso da ergonomia pode se refletir na produtividade, na qualidade, na segurança, na confiabilidade e na satisfação com o trabalho e no desenvolvimento pessoal (OIT, 1998a). O objetivo da ergonomia é garantir que o entorno do trabalho esteja em harmonia com as atividades realizadas pelo trabalhador (OIT, 1998a) e dar suporte para que a forma como as pessoas trabalham seja segura, confortável e produtiva (Teicholz, 2001).

A ergonomia é definida de forma similar por diferentes autores: o estudo do trabalho e sua relação com o corpo humano e seus limites (Lee et al., 1997); o estudo da medida do trabalho humano (OIT, 1998a); a ciência da prevenção de danos musculoesqueléticos no local de trabalho (Stephens; Meyers, 2010); o estudo da adaptação do trabalho ao ser humano (Soares; Diniz, 2011). Uma ergonomia efetiva foca o nível individual, denominado *microergonomia*, que envolve a análise dos detalhes do equipamento e do projeto da estação de trabalho (dimensões da superfície de trabalho e assento), e o nível organizacional, chamado de *macroergonomia*, que foca em assuntos globais, a exemplo de treinamento, organização do trabalho, controle, estresse e interações entre elementos físicos, psicossociais e organizacionais (Teicholz, 2001).

A normatização no campo da ergonomia começou no início da década de 1970, com a fundação dos primeiros comitês de nível nacional e, posteriormente, em 1975, a criação do Comitê Técnico de Ergonomia da Organização Internacional de Normalização (OIT, 1998a). No Brasil, com o objetivo de proporcionar conforto, segurança e desempenho eficiente, a Norma Regulamentadora (NR) n. 17, de 8 de junho de 1978 (Brasil, 1978d), estabeleceu, na mesma década, os parâmetros para adaptar as condições de trabalho às características dos trabalhadores, estando incluídos o mobiliário, os equipamentos, o posto de trabalho, a organização do trabalho e os aspectos relacionados ao levantamento, ao transporte e à descarga de materiais (Brasil, 1978d).

5.1.1 Aspectos físicos, cognitivos e organizacionais

A fisiologia trata do processo metabólico de músculos, ossos e articulações na produção de movimento, sendo importante estudar as demandas fisiológicas do trabalho estático e dinâmico, uma vez que o sistema musculoesquelético do homem não é adequado ao trabalho estático prologado, pelo fato de o corpo humano não conseguir fornecer nutrientes novos aos tecidos estressados (Lee et al., 1997). Os autores sustentam que as tarefas não deveriam exigir que os trabalhadores exercessem de uma forma prolongada ou repetitiva mais do que 30% de sua força muscular máxima, devendo ser evitados esforços superiores a 50% da carga máxima, sob pena de fadiga e inflamação dos tendões e músculos.

A contração muscular é o fenômeno fundamental da atividade física no trabalho e é produzido pela contração de certos músculos e relaxamento de outros (Brasil, 2002b). O tempo de manutenção em posturas de trabalho estático deve ser pequeno, de modo a evitar consequências prejudiciais à saúde (Soares; Diniz, 2011).

Em função da manutenção de uma postura ou um membro contra a gravidade, o trabalho estático demanda a contração muscular prolongada, não permitindo o alongamento do músculo, que permanece por longo período tensionado (Brasil, 2002b), podendo provocar dor e fadiga musculares por falta de fluxo sanguíneo, que retira os resíduos metabólicos e fornece oxigênio e nutrientes aos músculos.

A fadiga musculoesquelética produzida pelo esforço estático prolongado pode ser reduzida quando é oferecida aos operadores a possibilidade de optar entre as posições sentada, de pé ou ambas (Lee et al., 1997), cujas preferências pelos trabalhadores, dado o conjunto de fatores presentes nos locais de trabalho, é sistematizada na Figura 5.1.

Figura 5.1 – Fatores e posições recomendáveis no posto de trabalho

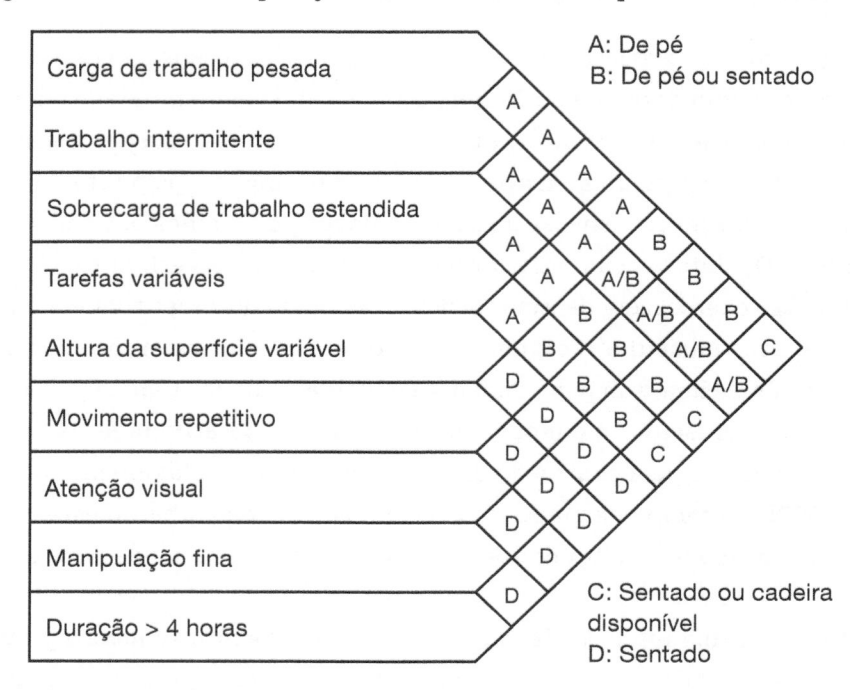

Fator	Posição
Carga de trabalho pesada	A
Trabalho intermitente	A
Sobrecarga de trabalho estendida	A / A
Tarefas variáveis	A / A / B
Altura da superfície variável	A / A/B / B
Movimento repetitivo	A / B / A/B / B
Atenção visual	B / B / A/B / C
Manipulação fina	D / B / B / A/B
Duração > 4 horas	D / D / B / C

A: De pé
B: De pé ou sentado
C: Sentado ou cadeira disponível
D: Sentado

Fonte: Adaptado de Lee et al., 1997, p. 173.

Sempre que o trabalho permitir, a NR n. 17/1978 determina que o mobiliário do posto de trabalho seja adaptado à posição sentada, caso em que deve ser previsto suporte para os pés quando a análise ergonômica constatar essa necessidade. As superfícies de trabalho (bancadas, mesas, escrivaninhas) devem minimamente proporcionar ao trabalhador condições de visualização, operação e adoção de uma boa postura (Brasil, 1978d), independentemente de serem operados na posição em pé ou sentado.

A **biomecânica** estuda as forças mecânicas que atuam no movimento humano e em sua interação com o ambiente, visando minimizar o dano em músculos, articulações e tecidos (Lee et al., 1997). A biomecânica é uma disciplina que analisa o corpo humano como se ele fosse comparável a um sistema de estruturas mecânicas, com o objetivo de estudar a forma como o organismo exerce força e gera movimento (OIT, 1998a).

Existem três tipos básicos de movimentos (Stephens; Meyers, 2010):

1. Os **movimentos balísticos**, que devem ser estimulados na realização do trabalho, por colocarem um conjunto de músculos em ação sem demandar a parada do momento pelo uso de outros músculos, por exemplo, arremessar uma peça em um recipiente ou pressionar um botão de parada de emergência de uma máquina.

2. Os **movimentos controlados** ou **restritos**, que são utilizados por razões de segurança ou qualidade e requerem o controle no início e no final, como colocar cuidadosamente uma peça em seu contentor, devendo ser substituídos por movimentos balísticos sempre que possível.

3. Os **movimentos contínuos**, que são curvos e mais naturais que os retilíneos, os quais tendem a ser controlados.

O dano que se pretende evitar com a compreensão de conceitos de biomecânica pode derivar de um esforço excessivo único ou do acúmulo de pequenos e repetidos esforços. Segundo Lee et al. (1997), três tipos de ações realizadas no local de trabalho podem causar dano: movimentos articulares extremos (joelho, pulso, cotovelo etc.); força excessiva (levantar, espremer, empurrar etc.); e repetição pelo acúmulo de pequenos esforços, que também pode estar associada às ações anteriores.

A **antropometria** é um ramo da antropologia física que, nos campos da saúde, da segurança do trabalho e da ergonomia, relaciona-se principalmente à estrutura da composição e da constituição corporal e às dimensões do corpo humano em comparação com as dimensões do local de trabalho, das máquinas, das roupas e do entorno industrial (OIT, 1998a), a exemplo das medidas apresentadas na Figura 5.2. Segundo Lee et al. (1997), a antropometria estuda as dimensões, o peso e as forças de segmentos do corpo humano, que auxiliam no projeto da estação de trabalho.

Figura 5.2 – Exemplos de medidas antropométricas

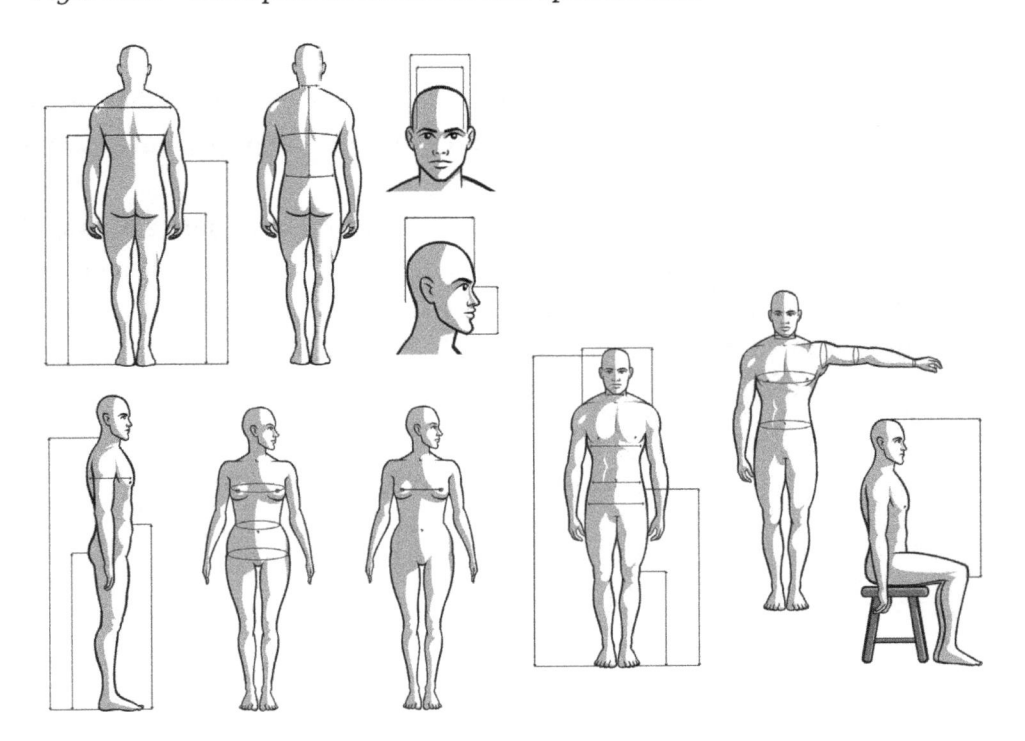

Fonte: OIT, 1998a, p. 27-29.

Uma **variável antropométrica** é uma característica do organismo possível de ser quantificada, definida, tipificada e expressa em uma unidade de medida, que tem componentes genéticos e ambientais (OIT, 1998a). Já foram descritas mais de 2.200 variáveis antropométricas para o corpo humano, as quais podem ser divididas em: medidas lineares (altura e distância com relação a um ponto de referência); medidas de larguras (distância entre pontos de referência bilaterais); medidas longitudinais (distância entre pontos de referência distintos); medidas curvas ou arcos (como a distância sobre a superfície do corpo entre pontos de referência); medidas de perímetros (medidas curvas fechadas ao redor de superfícies corporais) (OIT, 1998a). A variedade de biótipos humanos faz com que em projetos de postos de trabalho sejam utilizados dados de tabelas antropométricas, considerando, para cada variável, os valores mínimo e máximo do intervalo que contém entre 95% dos indivíduos, e não o indivíduo médio, que não existe, pois ninguém tem 10 dimensões consideradas médias (Soares; Diniz, 2011).

A sistematização de um conjunto de medidas antropométricas, adaptadas ao biótipo brasileiro, e a compulsoriedade de sua aplicação fazem da Norma Brasileira (NBR) 9050, da Associação Brasileira de Normas Técnicas (ABNT), uma importante fonte de informação ao projeto e leiaute de instalações produtivas (ABNT, 2015b).

A NBR 9050 oferece parâmetros técnicos a serem observados no projeto, na construção, na instalação e na adaptação de edificações às condições de acessibilidade, seja no meio urbano, seja no meio rural. Ela estabelece parâmetros antropométricos de referência, considerando as medidas de 5% a 95% da população brasileira, correspondendo aos extremos de mulheres de baixa estatura e de homens de estatura elevada, e levando em conta padrões de referência relacionados aos seguintes itens: informação, sinalização, circulação, acessos, sanitários, banheiros, vestiários, mobiliário urbano e equipamentos urbanos (ABNT, 2015b).

Entre os parâmetros antropométricos úteis ao projeto do posto de trabalho apresentados na NBR 9050 estão o alcance manual frontal (pessoa em pé e sentada) e os ângulos de alcance visual (planos vertical e horizontal). A Figura 5.3 apresenta as medidas antropométricas de alcance manual frontal para a pessoa em pé e sentada (com superfície de trabalho em cadeira de rodas), existindo para não portadores de deficiência algumas variações das medidas na posição sentada.

Figura 5.3 – Medidas antropométricas de alcance manual frontal em pé e sentado

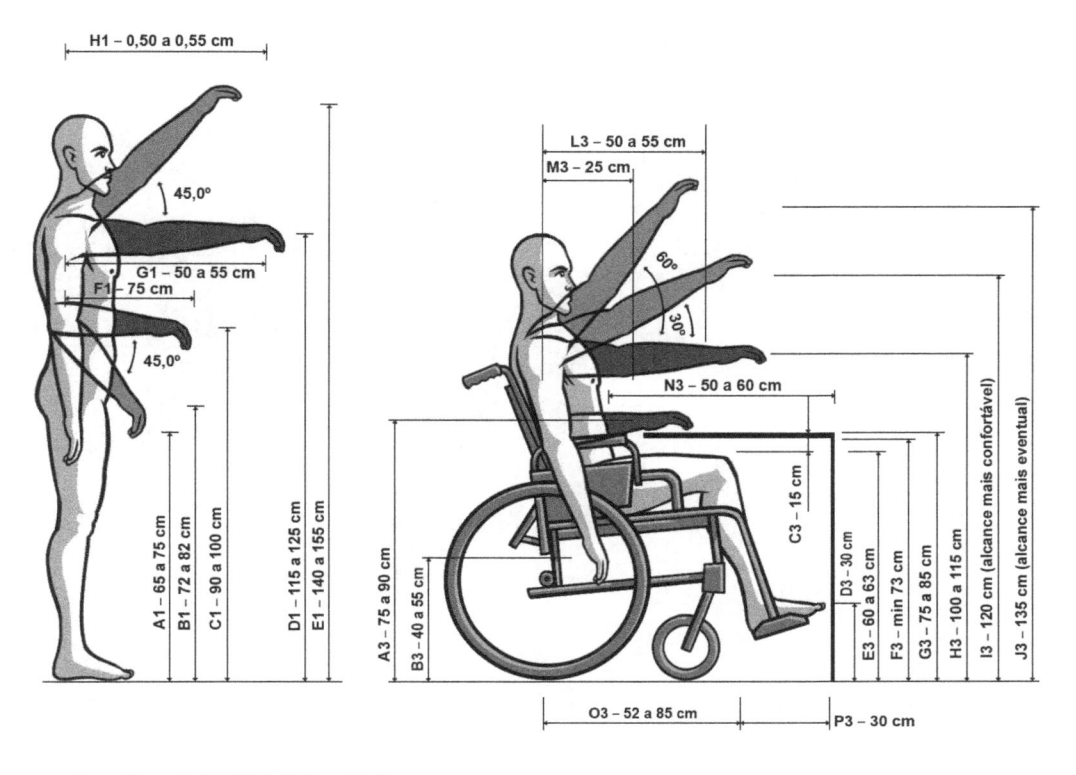

Fonte: Adaptado de ABNT, 2015b, p. 15-17.

A NBR 9050 também apresenta os ângulos de alcance visual para os planos vertical e horizontal: para o plano vertical existem as opções em pé e sentado, enquanto para o plano horizontal não é feita distinção. A Figura 5.4 reproduz os parâmetros indicados na NBR 9050 para os ângulos de alcance visual nos planos vertical em pé e horizontal. Para o caso do plano vertical com a pessoa sentada, o ângulo limite acima da linha do horizonte é alterado para 45° e, abaixo da linha do horizonte, para 74,5°, e o cone visual acima da linha do horizonte tem ângulo de 20° e abaixo, de 38° ± 6,3°.

Figura 5.4 – Ângulos de alcance visual nos planos vertical (em pé) e horizontal

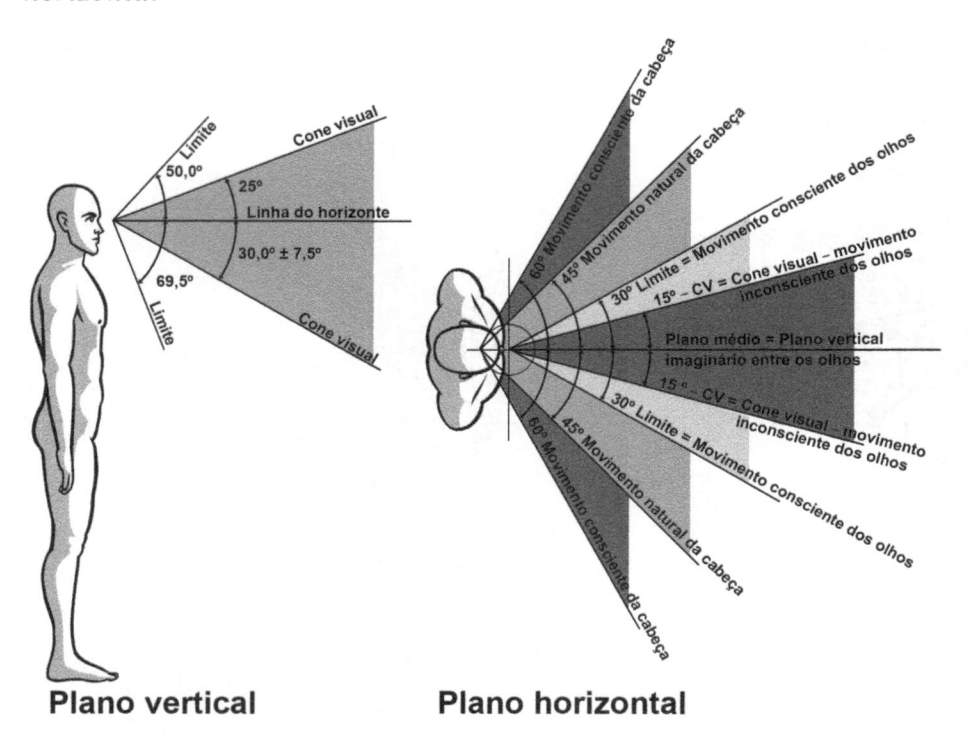

Plano vertical   **Plano horizontal**

Fonte: Adaptado de ABNT, 2015b, p. 25-26.

Também são importantes ao projeto do posto de trabalho os parâmetros de superfície de trabalho, que, de acordo com a NBR 9050, deve ter de altura livre mínima 73 cm entre o piso e sua parte inferior, e altura de 75 cm a 85 cm entre o piso e sua superfície superior. O espaço para operação de controles manuais para trabalhadores na posição sentada está à frente do corpo em um contorno esférico centrado em relação às articulações dos ombros, como indicado a Figura 5.5 (OIT, 1998a).

Figura 5.5 – Áreas de alcance frontal para trabalhadores sentados (medidas em centímetros)

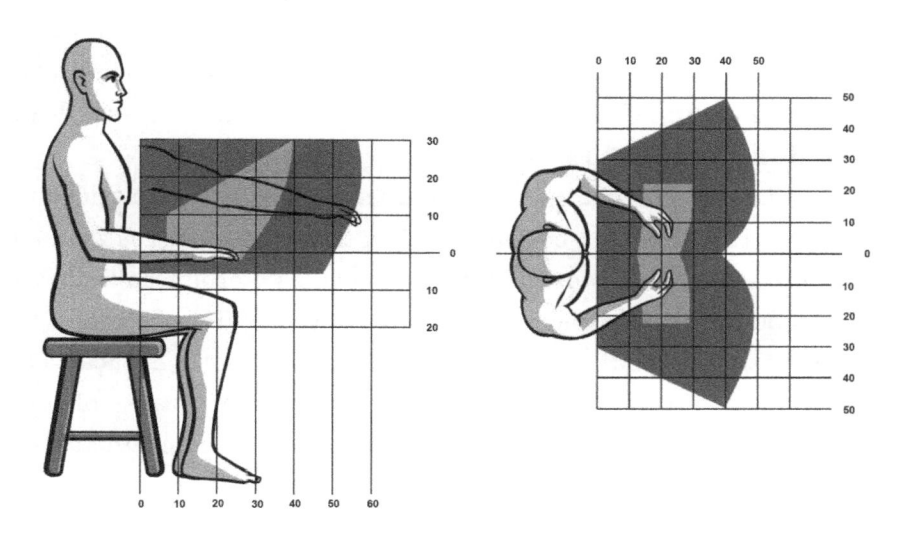

Fonte: Adaptado de OIT, 1998a, p. 29-71.

Similarmente, a NBR 9050 apresenta áreas de alcance em superfícies de trabalho, no plano horizontal, para atividades por tempo prolongado, de 35 cm × 25 cm; para atividades sem necessidade de precisão, de 40 cm × 100 cm; e, para atividades eventuais, de 50 cm × 150 cm (ABNT, 2015b). Essa norma apresenta ainda vários outros parâmetros antropométricos úteis, como a largura para deslocamento em linha reta, a área para manobra de cadeiras de rodas, as dimensões referenciais para alcance lateral, os ângulos para execução de forças de tração e a compressão e a altura para comandos e controles.

A capacidade de adaptação dos locais de trabalho aos indivíduos pode ser complicada em virtude de as posturas incômodas provocarem fadiga, devendo-se recorrer à antropometria para minimizar os problemas, e não apenas à engenharia (OIT, 1998a).

Além de aspectos físicos, o trabalho é influenciado por aspectos cognitivos e psico-organizacionais, podendo ocorrer sobrecarga de trabalho devido a um deles ou pelo somatório de suas parcelas (Guimarães, 2006). Os aspectos cognitivos do trabalho estão relacionados à percepção, à compreensão e ao processamento mental, à atenção, à memória e à tomada de decisão (Soares; Diniz, 2011). A **ergonomia cognitiva** realiza a observação direta pelos movimentos oculares do conjunto de sinais que o operador percebe no campo de informações que o rodeia, incluindo os painéis de controles, os indicadores e o desenho do tratamento da informação (OIT, 1998a).

Os aspectos organizacionais do trabalho têm sido objeto de estudo da macroergonomia (Teicholz, 2001), a qual analisa um conjunto de fatores que podem potencializar o erro humano e causar acidentes, entre eles o trabalho em turnos, a monotonia, a fadiga e o estresse (Soares; Diniz, 2011), bem como a privação de sono, a carga mental de trabalho, as diferenças culturais, o envelhecimento e os casos de necessidades especiais.

A organização do trabalho deve ser adequada às características psicofisiológicas dos trabalhadores e à natureza do trabalho a ser realizado, devendo levar minimamente em consideração: as normas de produção (escritas ou não, explícitas ou implícitas) que o trabalhador deve seguir para realizar a tarefa, como o horário de trabalho, o turno (diurno ou noturno), a duração e a frequência das pausas, a qualidade desejada do produto, a utilização obrigatória do mobiliário e dos equipamentos; o modo operatório, que designa as atividades ou as operações que devem ser executadas para se atingir o objetivo da tarefa; a exigência de tempo, que determina quanto deve ser produzido em determinado tempo; a determinação do conteúdo de tempo, que evidencia o tempo para realizar subtarefas; o ritmo de trabalho, que define a maneira como a cadência quantitativamente determinada é arranjada, podendo ser livre ou imposta; e o conteúdo das tarefas, que diz respeito ao modo como o trabalhador percebe seu trabalho, podendo ser estimulante, socialmente importante, monótono ou aquém de suas capacidades (Brasil, 2002b). Entre as exigências estabelecidas pela NR 17 estão a previsão de pausas para descanço, o retorno gradativo ao trabalho em afastamentos superiores a quinze dias, a limitação do número máximo de toques e do tempo máximo (5 horas) em atividades de processamento de dados (Brasil, 1978d).

Como você pôde observar nessa breve sistematização, antes de desenvolver o projeto e leiaute do posto de trabalho, é preciso considerar os aspectos físicos, cognitivos e organizacionais tanto da empresa quanto dos funcionários, bem como os princípios de economia de movimento.

5.1.2 Análise ergonômica

A extensão de aspectos relacionados à ergonomia suscitou a sistematização de medologias para a realização de análises ergonômicas dos locais de trabalho.

A **análise ergonômica do trabalho** (AET) foi criada com base no conceito de "estresse/tensão" e nela os elementos de trabalho são classificados em uma escala que indica o grau de estresse com base nos estressores identificados e têm sua duração e sua frequência ao longo do turno de trabalho descritas, sendo compostos por três partes: **sistema homem-trabalho**, que inclui ferramentas e equipamentos que compõem as condições físicas, organizativas, sociais e econômicas do trabalho; **análise da tarefa**, que observa materiais e objetos abstratos das tarefas; e **análise das exigências do trabalho**, que compreende os elementos de percepção, decisão e atividade-resposta (OIT, 1998a).

Uma abordagem ergonômica compreensiva do local de trabalho deveria seguir o conjunto de estratégias proposto por Teicholz (2001):

- Adaptar o local de trabalho ao trabalhador, provendo mobiliário e equipamentos adaptáveis à variedade de dimensões e de formas dos trabalhadores.
- Otimizar o suporte da tarefa primária, propondo superfícies sólidas e com tamanho suficiente para a realização da tarefa.
- Atribuir o controle ao operador, que deve poder ajustar o local de trabalho, o que aumenta sua sensação de satisfação e sua *performance*.
- Permitir a personalização do espaço de trabalho, pela utilização de acessórios que complementem as funções desenvolvidas e atendam a preferências individuais.
- Enfatizar a facilidade de uso (de ferramentas, do posto de trabalho, de máquinas e de equipamentos), provendo ajustes, controles de velocidade e conexões adequadamente localizadas.
- Apoiar o trabalho da forma como ele é realizado, fornecendo suporte a diferentes estilos e práticas de trabalho.
- Treinar as pessoas ao adequado uso dos equipamentos, demonstrando a técnica adequada e os benefícios de realizar os ajustes necessários neles.

Tomando-se o cuidado com a ilusão de simplicidade e eficiência, assim como com os enfoques técnicos e de quantificação, é possível conduzir uma investigação das condições ergonômicas no trabalho com base em listas de verificação, usualmente organizadas em dimensões de análise, a exemplo dos fatores mecânico, biológico, de percepção/motor, técnico e psicossocial (OIT, 1998a).

Melhorias ergonômicas simples, rápidas e com baixo custo podem ser obtidas com o auxílio de uma lista de verificação de pontos ergonômicos (*ergonomic checkpoints*), proposta pelo International Labour Office em colaboração com o *International Ergonomics Association* (ILO; IEA, 2010; Brasil, 1996). A lista pode ser aplicada por grupos de trabalho em locais selecionados, na concepção de listas de verificação localmente adaptadas, na disponibilização de informações e na organização de treinamentos de planejamento e implementação de mudanças nos locais de trabalho.

A lista de verificação de pontos ergonômicos auxilia na identificação de prioridades ergonômicas pela sistematização da observação do ambiente de trabalho, apresentando nove tópicos: estocagem e manuseio de materiais, ferramentas manuais, segurança de máquinas, projeto da estação de trabalho, iluminação, premissas, agentes e substâncias perigosas, instalações de convivência e bem-estar e organização do trabalho. O texto está estruturado em forma de um manual ilustrado que caracteriza cada um dos 132 itens, justifica o motivo de sua inclusão, indica os riscos, os sintomas e como resolver as inadequações dos itens e apresenta dicas e pontos a serem lembrados. Os itens cobrem pontos como: movimentação e manuseio de materiais (17 pontos); ferramentas manuais (14 pontos); segurança de máquinas (19 pontos); projeto da estação de trabalho (13 pontos); iluminação (9 pontos); instalações (12 pontos); perigo de substâncias e agentes (10 pontos); bem-estar de instalações (11 pontos); e organização do trabalho (27 pontos).

Essas referências podem servir de ponto de partida para uma análise ergonômica do trabalho e do posto de trabalho, que envolve um conjunto sofisticado de análises que excedem a proposta deste livro. No projeto e leiaute de instalações novas ou na avaliação das já existentes é importante ter em mente os aspectos ergonômicos e utilizar listas de verificação de pontos ergonômicos para ampliar a compreensão dos fatores envolvidos e melhorar as propostas de soluções alternativas para os postos de trabalho.

5.2 Projeto e leiaute do posto de trabalho

O trabalho e o posto de trabalho devem ser ajustados às pessoas a eles designadas, o que implica uma reflexão prévia sobre as tarefas a serem executadas e a determinação da melhor forma de realizá-las. O projeto do posto de trabalho pode ser iniciado pela identificação da forma mais simples e menos custosa de produzir (Stephens; Meyers, 2010), sendo considerado um nível específico de planejamento de espaço (Lee et al., 1997), que demanda a alocação das tarefas aos operadores e o exame destes, daquelas e das ferramentas envolvidas, de modo a encontrar o arranjo físico ótimo.

Uma vez definida a necessidade da tarefa, o projeto do posto de trabalho não pode iniciar sem que haja clareza em relação ao número necessário de trabalhadores e seja determinada a sequência de movimentos para realizá-la. A alocação das tarefas aos trabalhadores busca estabelecer uma carga de trabalho razoável pela definição de um conjunto coerente e flexível de tarefas que atendam à demanda de produtividade e enriqueçam a tarefa realizada pelo trabalhador, condições para as quais o projetista desenvolverá soluções alternativas de leiaute do posto de trabalho.

Por exemplo: em um posto de trabalho no final de uma linha de produção onde produtos são embalados, devem ser analisadas as características do produto (quantidade, peso, tamanho etc.), a quantidade de tarefas alocadas a cada trabalhador (retirar o produto da esteira, montar caixa de papelão, acondicionar os produtos, selar a caixa), a tecnologia disponibilizada (manual, mecanizada, automatizada), o ambiente onde ele se encontra (ruído, poeira, temperatura, umidade etc.), o contexto (estação única com apenas um indivíduo, posicionada ao final de uma linha de produção, de uma pequena empresa, com jornada noturna) e os parâmetros dos trabalhadores (alcance visual e manual na posição em pé), entre outros.

Antes de iniciar o projeto e leiaute desse nível de planejamento do espaço, Lee et al. (1997) sugerem utilizar princípios de ergonomia ao alocar as funções do operador, de modo a viabilizar o alcance das metas do sistema e a estabelecer um conjunto coerente de funções e uma carga de trabalho razoável ao trabalhador.

Segurança e eficiência deveriam ser as metas de projetistas de postos de trabalho (Stephens; Meyers, 2010). O projeto de uma estação de trabalho deve considerar a produtividade (processamento eficiente), a integração (técnica, psicológica e social), o conforto do operador (satisfação e qualidade de vida no trabalho), a variedade de operadores (flexibilidade de adaptação do posto ao trabalhador) e a segurança (avaliação de riscos e atendimento de demandas legais), sem que o atendimento simultâneo desses fatores implique maior custo (Lee et al., 1997).

Um posto de trabalho adequadamente projetado deve permitir que os trabalhadores executem as tarefas sem prejuízo para sua saúde, devendo existir um equilíbrio entre a carga de trabalho e as capacidades física e cognitiva de realizá-las, em razão da forma como o trabalho é organizado e dos recursos tecnológicos disponibilizados para isso.

O projeto de uma estação de trabalho deve caracterizar o(s) operador(es), a bancada, as peças, as ferramentas e as máquinas (unidades) a serem utilizadas, a forma como se relacionam, o espaço que ocupam e as limitações existentes, que correspondem aos elementos básicos do planejamento do espaço. Similarmente, segundo Tompkins et al. (1996), uma estação de trabalho deve ter espaço para equipamentos (processamento, movimentação, manutenção e instalações), materiais (recebimento e estocagem, material em processo, separação e envio de produtos e resíduos, fixações, ferramentas etc.) e pessoal.

Um posto de trabalho normalmente é representado por um desenho em vista superior que inclui o equipamento, os materiais e o espaço do operador, sendo atividade muito desenvolvida por engenheiros industriais e de manufatura (Stephens; Meyers, 2010). A representação gráfica deve indicar, em escala (Lee et al., 1997; Stephens; Meyers, 2010), a bancada de trabalho, as máquinas e instalações; os locais para o recebimento de materiais e a saída de produtos acabados; o espaço para o operador e os acessos a equipamentos; a posição de resíduos e rejeitos; e as fixações e ferramentas.

Considerações ergonômias do projeto do posto de trabalho incluem as seguintes características dos funcionários: tamanho, força, alcance, visão, capacidade cardiovascular, cognição, sobrevivência e lesões muscoesqueléticas (Stephens; Meyers, 2010).

Em atividades nas quais o trabalhador precisa se deslocar constantemente e ficar na posição em pé, os parâmetros antropométricos e os conceitos de ergonomia oferecem um conjunto de elementos para análise e projeto do posto de trabalho. Quando é possível utilizar a posição sentada e são realizados movimentos repetitivos, o espaço envolvido é menor, sendo necessário definir dimensões compatíveis com os movimentos a serem realizados.

Podem ser priorizados, entre outros, os movimentos que mais ocorrem, envolvem maior esforço ou exigem maior precisão. A identificação da posição relativa entre as unidades de planejamento de espaço em um posto de trabalho pode ser simplificada pelo uso de uma escala para hierarquizar as prioridades de proximidade, como proposto por Lee et al. (1997):

- Absolutamente necessário (A, com valor numérico igual a 4).
- Essencialmente importante (E, com valor numérico igual a 3).
- Importante (I, com valor numérico igual a 2).
- Ordinária (O, com valor numérico igual a 1).
- Desnecessária (U, com valor numérico igual a 0).

Essa forma estruturada de identificar as posições relativas das unidades de planejamento de espaço do posto de trabalho e associá-las aos parâmetros antropométricos pode ser mais bem compreendida por meio do exemplo a seguir:

Exemplo 5.1

Apresente uma opção de projeto e leiaute de uma estação de trabalho para o caso da BJ, considerando os elementos antropométricos e de economia do movimento.

Os sanduíches de galinha e presunto são os que mais vendem. São utilizados 14 ingredientes: pão, atum, presunto, galinha, salame, queijo fatiado, tomate fatiado, alface picada, pepino cortado, ervilha, milho, maionese, mostarda e queijo ralado. Todos acondicionados em contentores com 30 cm × 15 cm e altura de 10 cm. A estação de trabalho contará com um único trabalhador, sentado em uma cadeira giratória e ergonomicamente adequada, que recebe as ordens de produção em uma tela de computador com dimensões de 35 cm × 25 cm × 5 cm. Não existe limitação na largura da bancada de trabalho, porém, ela deve ter profundidade máxima de 60 cm.

Inicialmente, as 16 unidades de planejamento de espaço são relacionadas em linhas de um quadro, como indicado nas colunas A e B da Tabela 5.1, correspondendo aos recipientes de cada ingrediente, ao local de montagem dos sanduíches e ao monitor que informa os pedidos. Na coluna C, é indicada a quantidade (Qtd) de vezes que são acessadas as unidades de planejamento a cada sanduíche preparado.

A identificação da posição relativa entre as unidades de planejamento de espaço será realizada com base nos fatores alcance (analisado com base na frequência de realização dos movimentos), peso e manuseio (facilidade de utilização pelo operador).

A coluna D mostra a frequência (Freq) de vezes que o contentor é acessado, identificada com base na estimativa da demanda diária por sanduíches, enquanto a coluna E informa a afinidade (Afin) de cada elemento de planejamento de espaço em relação ao fator alcance. Veja que os valores da coluna E são atribuídos com base na coluna D e que a montagem tem valor igual ao total de todas as frequências, pois deve ser a unidade de planejamento mais próxima e acessível ao funcionário. Similarmente, na coluna F é indicado o peso médio de cada ingrediente que comporá o sanduíche, que é a referência para a atribuição das afinidades indicadas na coluna G. A coluna H indica a facilidade do manuseio (FM) de cada ingrediente.

Tabela 5.1 – Análise das unidades de planejamento de espaço de um posto de trabalho

A	B	C	D	E	F	G	H	I	J	K
	Unidade de planejamento	Qtd	ALCANCE		PESO		FM	Soma	Afin (Final)	Zona
			Freq	Afin	Peso	Afin				
1	Montagem	1	1.650	4⁺	–	–	–	–	4⁺	H1V1
2	Pão	1	250	4	200g	4	1	9	4 (A)	H2V1
3	Atum	1	5	0	50g	3	2	5	3 (E)	H2V1–
4	Presunto	1	100	2	30g	3	2	7	4 (A)	H2V1
5	Galinha	1	100	2	50g	3	2	7	4 (A)	H2V1
6	Salame	1	50	1	10g	0	3	4	2 (I)	H2V2
7	Queijo fatiado	1	100	2	10g	0	4	6	3 (E)	H2V1–
8	Tomate fatiado	1	90	2	15g	1	4	7	4 (A)	H2V1
9	Alface picada	1	45	1	10g	0	3	4	2 (I)	H2V2
10	Pepino cortado	1	110	2	15g	1	3	7	4 (A)	H2V1
11	Ervilha	1	105	2	15g	1	4	7	4 (A)	H2V1
12	Milho	1	115	2	15g	1	4	7	4 (A)	H2V1
13	Maionese	1	230	3	10g	0	0	3	1 (O)	H2V2
14	Mostarda	1	55	1	5g	0	0	1	1 (O)	H2V2
15	Queijo ralado	1	45	1	5g	0	4	5	3 (E)	H2V1–
16	Monitor	1	250	4	–	–	–	4	2 (I)	H2V1

A coluna I consolida para cada linha a soma das afinidades atribuídas aos fatores **alcance, peso** e **facilidade de manuseio**, enquanto a coluna J converte essas somas em uma afinidade final. Observe que a montagem recebeu valor 4⁺, indicando que é a unidade de planejamento com maior afinidade. Com base nas afinidades da coluna J, cada unidade de planejamento de espaço ocupará uma das zonas de alcance antropométricas.

Essa forma de sistematização permite analisar de forma ponderada um conjunto de fatores que interfere na alocação das unidades de planejamento às zonas de alcance, direcionando a escolha das posições e a relação entre elas.

A Figura 5.6 indica uma solução para a bancada de trabalho da bagueteria, com medidas que consideram as dimensões antropométricas indicadas na NBR 9050 (ABNT, 2015b). Observe que a montagem tem superfície que corresponde ao alcance para atividades por tempo prolongado, com dimensões $C1 = 35$ cm e $C2 = 25$ cm, e que os contentores estão dispostos sobre uma mesa de trabalho com dimensões ligeiramente inferiores àquelas de alcance para atividades eventuais ($A1 = 150$ cm e $A2 = 50$ cm). Foram previstos dois contentores para pães que caracterizam o início e o final da tarefa do funcionário, que não é responsável pela entrega dos sanduíches ao cliente.

Figura 5.6 – Bancada de trabalho para montagem de sanduíches

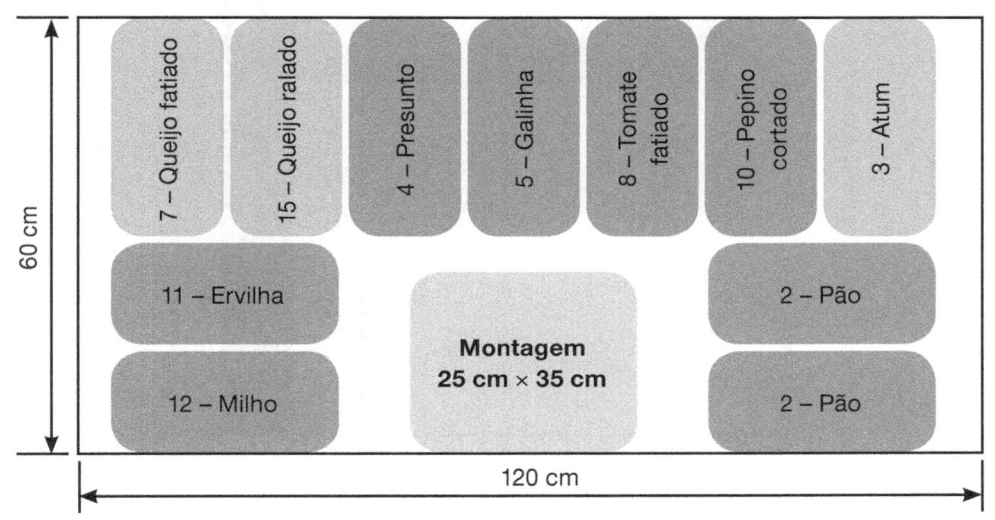

Para posicionar o monitor e os demais contentores, foi utilizada a posição vertical, como indicado na Figura 5.7, na qual você pode observar que os contentores estão embutidos na bancada de trabalho, que tem uma altura que permite acomodar uma cadeira de rodas ou uma cadeira ergonomicamente adequada.

Figura 5.7 – Corte esquemático da bancada de trabalho

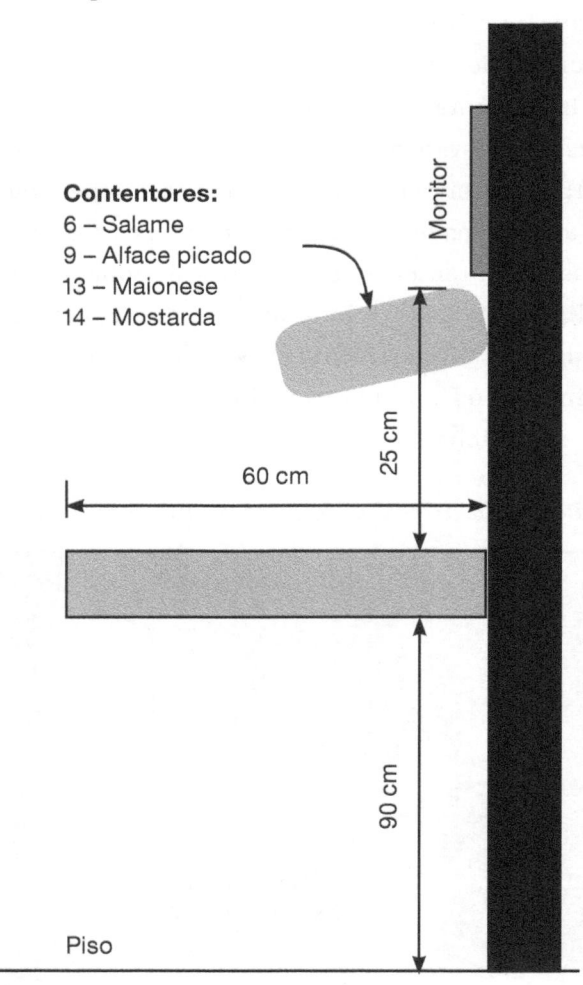

Contentores:
6 – Salame
9 – Alface picado
13 – Maionese
14 – Mostarda

Monitor

25 cm

60 cm

90 cm

Piso

5.3 Segurança e higiene

O projeto e leiaute de unidades produtivas devem ser concebidos de modo a disponibilizar o adequado suporte aos processos produtivos da empresa e, simultaneamente, utilizar tecnologias construtivas adequadas e atender a um extenso conjunto de requisitos, normas e legislações passíveis de aprovação por diferentes órgãos oficiais.

A solução final deve atender aos requisitos de produção e de lucratividade estabelecidos para o sistema de manufatura e, também, contemplar o conjunto de requisitos regulatórios compulsoriamente impostos pela legislação, que podem ser entendidos como restrições impostas ao projeto de instalações. Soluções de projeto e leiaute que desconsiderem as restrições regulatórias são sempre subótimas, mesmo que na solução identificada para um problema de leiaute tenha sido utilizada uma sofisticada técnica matemática multicritério, podendo ainda ser necessário realizar ajustes importantes caso as demandas regulatórias não tenham sido consideradas.

Normalmente, o projetista do processo produtivo não é o responsável pelo projeto de sistemas de instalações prediais, porém, ele deve consultado para especificar quais sistemas (e onde) são demandados (Tompkins et al., 2010).

Toda edificação ou gleba urbana deve atender às determinações do **código de obras** (posturas) e do **plano diretor**, que variam para cada município e estabelecem parâmetros de ocupação e de aproveitamento dos lotes e dos recuos e de dimensionamento de ambientes, aberturas e circulações, entre outros.

As edificações, os equipamentos, as máquinas e os ambientes de qualquer unidade produtiva devem atender às exigências de um conjunto de **normas regulamentadoras** (NR) do trabalho, que compõem um conjunto de trinta e cinco regulamentos, determinadas pelo Ministério do Trabalho e Emprego (MTE), como é atualmente denominado no Brasil.

Instalações que trabalham com produtos de saúde ou de interesse à saúde precisam também atender às determinações das Boas Práticas de Produção e Manipulação, estabelecidas pelo Sistema Nacional de Vigilância Sanitária, especialmente por seu órgão regulador em nível federal, a Agência Nacional de Vigilância Sanitária (Anvisa). Uma sistematização dessas exigências é apresentada por Battesini (2014).

Além dessas, devem ser atendidas vastas legislações ambientais e de prevenção de incêndio, que podem ser emitidas pelos níveis municipal, estadual e federal.

As instalações de unidades produtivas são ambientes de trabalho e devem seguir as regulamentações e as recomendações dos órgãos que realizam seu licenciamento. No Brasil, o MTE é o órgão responsável por estabelecer as políticas do Estado para o trabalho, regular as relações trabalhistas e fiscalizar seu cumprimento.

Historicamente, as relações de trabalho têm sido campo de tensão e disputa social, no qual interessa ao empregado preservar sua saúde física e mental ao trabalhar e cabe ao empregador oferecer condições de trabalho justas e saudáveis. A complexidade das legislações e de suas interpretações para os casos concretos são fatores que estimulam a atuação conjunta de profissionais especializados, a exemplo de técnicos e engenheiros de segurança e de técnicos de enfermagem, enfermeiros e médicos do trabalho.

A **segurança do trabalho** é a área do conhecimento que busca proteger a integridade física do trabalhador contra as consequências agudas de suas atividades (lesões imediatas, cortes, fraturas, queimaduras), enquanto a **higiene do trabalho** é a área dedicada à prevenção e ao controle das causas das doenças do trabalho, especialmente daquelas com consequências crônicas (lesão de médio e longo prazo), à busca de um ambiente de trabalho saudável ao trabalhador e à identificação das condições ambientais que representam riscos à saúde.

No Brasil, a Engenharia de Segurança do Trabalho é a área de atuação da engenharia dedicada à prevenção de riscos relacionados ao trabalho e à organização dos processos referentes à segurança e à higiene do trabalho, de forma técnica e eficiente, visando à qualidade de vida dos trabalhadores e à redução do número de acidentes e da incidência de doenças ocupacionais.

A importância de os projetistas compreenderem aspectos de segurança e higiene está relacionada ao fato de muitos dos riscos ocupacionais poderem ser prevenidos ou eliminados já no projeto e leiaute das instalações. A concepção de uma edificação que propicie um ambiente saudável minimiza os esforços de intervenção e a necessidade de uso de métodos de controle sobre riscos ambientais (OIT, 1998b), especialmente de controles técnicos (ventilação, exaustão, troca de materiais, mudanças no processo etc.).

São muitas as definições de risco, palavra que precisa ser adjetivada para sua melhor compreensão, como apresentado no Quadro 5.1. A Norma Regulamentadora n. 9, de 8 de junho de 1978 (Brasil, 1978a), considera *riscos ambientais* os agentes físicos, químicos e biológicos existentes nos ambientes de trabalho que são capazes de causar danos à saúde do trabalhador, em virtude de sua natureza, concentração, intensidade e tempo de exposição. Mattos e Másculo (2011) estruturam a apresentação dos conteúdos de higiene e de segurança no trabalho em termos da proteção em relação a riscos gerados por máquinas, choque elétricos, incêndios e explosões, calor, ruído e radiações e riscos químicos, biológicos e ergonômicos.

Quadro 5.1 – Riscos em ambientes de trabalho

Tipos de risco	Agentes potenciais
Físicos	Ruído, vibrações, pressões anormais, temperaturas extremas, radiações ionizantes ou não, infra e ultrassom.
De acidentes	Arranjo físico, falta de proteção em máquinas e equipamentos, iluminação, eletricidade, incêndio, explosão.
Químicos	Substâncias, compostos ou produtos que possam penetrar no organismo pela pele, por ingestão ou pelas vias respiratórias (poeiras, fumos, névoas, neblinas, gases ou vapores).
Biológicos	Bactérias, fungos, bacilos, parasitas, protozoários e vírus, animais peçonhentos, entre outros.
Ergonômicos	Adaptação das condições de trabalho aos trabalhadores (transporte e descarga de materiais, equipamentos, mobiliário do posto de trabalho, condições ambientais e organização do trabalho), esforço físico, trabalho noturno, estresse físico e psíquico, monotonia e repetitividade.
Psicossociais	Qualidade de vida (relações pessoais, alimentação, salário), tempo transporte, ausência de creche.

Fonte: Elaborado com base em Brasil, 1978a, p. 1; Brasil, 1978d, p. 1; Costa; Costa, 2009, p. 233.

O conhecimento do conjunto de normas nacionais que regulam as condições de trabalho é essencial ao projetista de instalações de unidades produtivas. Atualmente estão em vigência no país 36 Normas Regulamentadoras relativas à segurança e à medicina do trabalho, inicialmente (em 1978) eram 28.

A abrangência desse campo de atuação pode ser verificada pela quantidade de áreas e setores presentes nos títulos das diferentes Normas Regulamentadoras* (NRs) (Brasil, 2016):

1. NR-1: Disposições gerais
2. NR-2: Inspeção prévia
3. NR-3: Embargo ou interdição
4. NR-4: Sesmt – Serviços especializados em engenharia de segurança e medicina do trabalho
5. NR-5: Comissão interna de prevenção de acidentes

* Foram listadas as Normas Regulamentadoras publicadas até o momento, sendo importante destacarmos que já existem outras em estudo.

6. NR-6: Equipamentos de proteção individual (EPI)
7. NR-7: Programas de controle médico de saúde ocupacional (PCMSO)
8. NR-8: Edificações
9. NR-9: Programas de prevenção de riscos ambientais
10. NR-10: Segurança em instalações e serviços em eletricidade
11. NR-11: Transporte, movimentação, armazenagem e manuseio de materiais
12. NR-12: Segurança no trabalho em máquinas e equipamentos
13. NR-13: Caldeiras, vasos de pressão e tubulações
14. NR-14: Fornos
15. NR-15: Atividades e operações insalubres
16. NR-16: Atividades e operações perigosas
17. NR-17: Ergonomia
18. NR-18: Condições e meio ambiente de trabalho na indústria da construção
19. NR-19: Explosivos
20. NR-20: Segurança e saúde no trabalho com inflamáveis e combustíveis
21. NR-21: Trabalho a céu aberto
22. NR-22: Segurança e saúde ocupacional na mineração
23. NR-23: Proteção contra incêndios
24. NR-24: Condições sanitárias e de conforto nos locais de trabalho
25. NR-25: Resíduos industriais
26. NR-26: Sinalização de segurança
27. NR-27: Registro profissional do técnico de segurança do trabalho no MTB**
28. NR-28: Fiscalização e penalidades
29. NR-29: Segurança e saúde no trabalho portuário
30. NR-30: Segurança e saúde no trabalho aquaviário
31. NR-31: Segurança e saúde no trabalho na agricultura, pecuária, silvicultura, exploração florestal e aquicultura
32. NR-32: Segurança e saúde no trabalho em estabelecimentos de saúde
33. NR-33: Segurança e saúde nos trabalhos em espaços confinados
34. NR-34: Condições e meio ambiente de trabalho na indústria da construção e reparação naval

** Revogada pela Portaria GM n. 262, de 29 de maio de 2008 (Brasil, 2008).

35. NR-35: Trabalho em altura

36. NR-36: Segurança e saúde no trabalho em empresas de abate e processamento de carnes e derivados

A influência do conhecimento desse aparato regulatório no projeto de instalações pode ser compreendida por meio de exemplos das exigências presentes nas NRs.

A NR n. 35, de 23 de março de 2012 (Brasil, 2012), considera *trabalho em altura* toda atividade executada acima de 2 m do nível inferior, onde haja risco de queda, determinando que seja realizada a análise de risco da tarefa e que sejam utilizados equipamentos de proteção individual, acessórios e sistemas de ancoragem.

A NR-17 (Brasil, 1978d) recomenda condições de conforto para os locais onde são executadas atividades que exijam solicitação intelectual e atenção constantes (salas de controle, laboratórios, escritórios, salas de desenvolvimento ou análise de projetos): níveis de ruído máximos que atendam à NBR 10152 (ABNT, 1987b) (com limite máximo de 65 dB e curva de avaliação de ruído com valor inferior a 60 dB para as atividades não categorizadas), índice de temperatura efetiva entre 20 °C e 23 °C; velocidade do ar inferior a 0,75 m/s; umidade relativa do ar superior a 40%, níveis mínimos de iluminamento preconizados pela NBR 5413 (ABNT, 1992).

A NR n. 26, de 8 de junho de 1978 (Brasil, 1978f), determina que sejam adotadas cores para a prevenção de acidentes, identificação e advertência contra riscos, delimitação de áreas e identificação de equipamentos de segurança e tubulações empregadas para a condução de líquidos e gases, sendo elas, conforme a NBR 7195 (ABNT, 1995):

- **Vermelha** – indica equipamentos de proteção e combate a incêndio, sinais de parada obrigatória e de proibição, botões interruptores para paradas de emergência.

- **Alaranjada** – indica perigo, sendo usada em partes móveis e perigosas de máquinas e equipamentos.

- **Amarela** – indica cuidado, sendo usada em espelhos de degraus, faixas no piso, equipamentos de transporte e movimentação de materiais etc.

- **Verde** – caracteriza segurança, sendo usada para identificar caixas de equipamentos de primeiros socorros, chuveiros de emergência e lava-olhos, áreas seguras quanto a riscos mecânicos etc.

- **Azul** – indica ação obrigatória, por exemplo, no uso de equipamentos de proteção individual ou no aviso de "não movimente" ou "não energize" em um equipamento.
- **Púrpura** – indica perigos provenientes das radiações eletromagnéticas penetrantes e partículas nucleares.
- **Branca** – empregada em passadiços, passarelas e corredores pelos quais circulam exclusivamente pessoas; também indica sentido e circulação, abrigos e coletores de resíduos de serviços de saúde.
- **Preta** – identifica coletores de resíduos, exceto os de serviços de saúde.

São muitas as possibilidades de minimizar riscos durante o projeto e leiaute de instalações, a exemplo da concepção do prédio (que pode reduzir a temperatura interna), da concepção de um leiaute organizado, da adequada iluminação, da utilização de dutos de exaustão de poeiras, da proposição de barreiras físicas para prevenir contaminações biológicas e da ergonomia do projeto do posto de trabalho. O conhecimento das legislações que regulam o trabalho pode ajudar a evitar riscos ao trabalhador, já na etapa de concepção do projeto e leiaute, e a eliminar a necessidade de adequações posteriores à construção, momento em que normalmente irregularidades são identificadas.

5.4 Serviços de suporte e edificações

Os serviços para funcionários não se destinam diretamente à produção, mas são necessários para dar suporte a ela, contribuindo para a satisfação dos trabalhadores e para o aumento da produtividade. As empresas podem proporcionar áreas consistentes com uma política de recursos humanos voltadas ao bem-estar dos funcionários ou adotar o mínimo normativamente estabelecido.

Os serviços de apoio requerem uma quantidade considerável de espaço e sua qualidade afetará a qualidade de vida no trabalho e o relacionamento dos funcionários com os gerentes da empresa (Stephens; Meyers, 2010).

Os serviços para funcionários incluem o planejamento de vagas de estacionamento, vestiários, banheiros, locais para alimentação e serviços de saúde, que devem ser adaptados a pessoas portadoras de deficiência. É importante lembrar que não cabe ao projetista definir o número de funcionários administrativos e de produção, pois isso compete à empresa, além de definir a política de recursos humanos a ser adotada. Ao projetista, cabe propor instalações compatíveis com as definições da empresa.

5.4.1 Vagas de estacionamento

As vagas de estacionamento devem ser convenientemente estabelecidas e ter posições adequadas ao número de funcionários de produção e administrativos e aos visitantes. O número total de vagas deve ser cuidadosamente estudado, sendo recomendável consultar a legislação municipal em relação a tamanho e proporção mínima, usualmente expressa em termos da quantidade de funcionários ou por m² de área construída.

Sites centrais e de fácil acesso podem requerer uma vaga a cada três funcionários, enquanto aqueles remotos e não servidos por transporte público podem demandar uma proporção de 1:1,25 (Tompkins et al., 2010).

Uma vaga típica tem 2,5 m × 5 m, tamanho que pode ser insuficiente para uma camionete e que pode ser reduzido para 2,3 m × 4,6 m, no caso de carros populares. Quando atender a mais de cinquenta vagas, o estacionamento deve ter um acesso para a entrada e outro para a saída, sendo recomendável que o vão de acesso tenha largura igual ou superior a 2,7 m e que as vias de circulação que lhe servem tenham largura mínima de 3 m. A largura mínima da via de circulação de acesso à vaga pode variar em função do ângulo formado entre ambas, cujas relações são indicadas na Figura 5.8, na qual foram representados veículos grandes, médios e pequenos em vagas com 2,5 m × 5 m.

Figura 5.8 – Ângulo das vagas e largura das vias de acesso

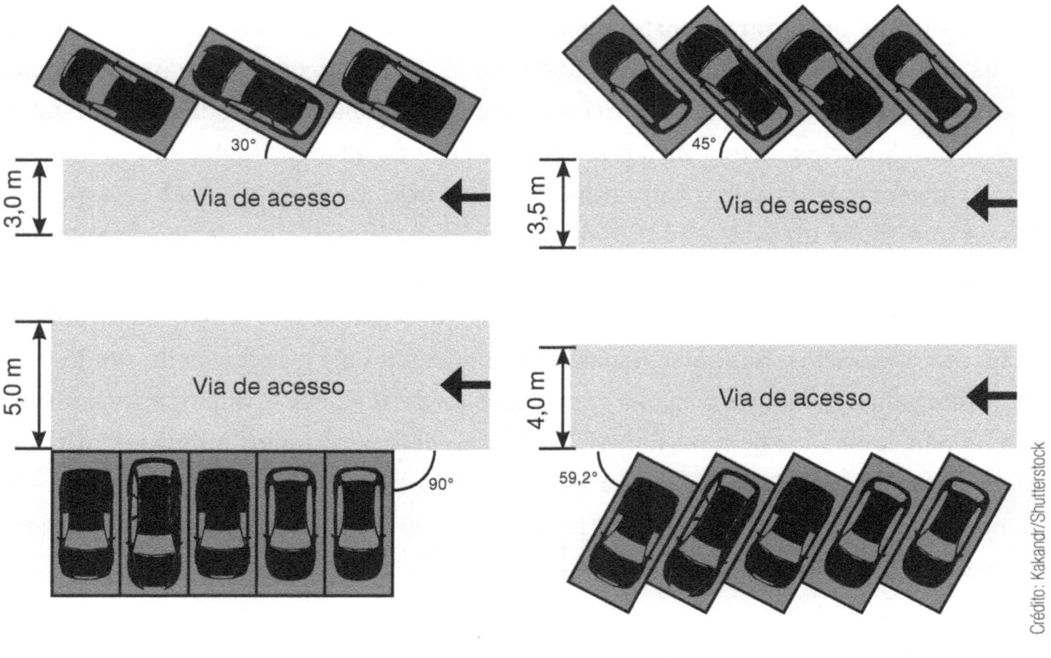

5.4.2 Vestiários, banheiros, sanitários e bebedouros

Ao chegar à empresa, os funcionários necessitam utilizar os vestiários para colocar o uniforme, guardar seus pertences e utilizar os banheiros. É usual prever para ambos os sexos vestiários e banheiros anexos, que viabilizam sua utilização conjunta sem que seja necessário retornar à circulação. Podem ser utilizados grandes e únicos vestiários (centralizados) ou vários próximos aos locais de trabalho (descentralizados), opção mais conveniente aos funcionários, desde que atendam ao zoneamento definido na legislação.

Sanitário é o ambiente dotado de bacia(s) sanitária(s) e lavatório(s), enquanto um *banheiro*, além destes, possui chuveiro(s). Usualmente, os banheiros masculinos são dotados de mictórios e os sanitários são utilizados em ambientes administrativos. O vestiário é um ambiente destinado à troca de roupa. É comum a proposição de ambientes (vestiário central) que permitam realizar as atividades referentes aos banheiros e vestiários, que são equipados com: bacia sanitária, lavatório, mictório, chuveiros, armários para guarda de pertences e bancos de apoio para a troca de roupa.

Grande atenção deve ser dada aos vestiários, banheiros e sanitários. O cuidado com os sanitários pode ilustrar a política de recursos humanos e a atitude dos gerentes, tendo em vista que a limpeza e o asseio significam uma atitude positiva e que a falta de asseio e o mau estado dessas instalações indicam uma atitude negativa (Stephens; Meyers, 2010).

O dimensionamento de vestiários, banheiros e sanitários deve ser compatível com a política da empresa, respeitando minimamente os parâmetros legais que normalmente relacionam sua área e as quantidades de equipamentos ao número de funcionários. Apresentamos a seguir as exigências trabalhistas mínimas, atualmente vigentes, que devem ser complementadas àquelas estabelecidas em outras legislações pertinentes.

A NR-24 (Brasil, 1978e) determina que a área mínima de banheiros e sanitários deve ser dimensionada em função do número de equipamentos e deve ser proporcional ao número de funcionários, considerando que cada equipamento sanitário ocupe 1 m². O número de bacias sanitárias, lavatórios e chuveiros deve respeitar a proporção de um equipamento para cada 20 funcionários, que deve ser aumentada de um equipamento para cada 10 funcionários quando as atividades forem insalubres ou houver trabalhos com exposição a substâncias tóxicas, irritantes, infectantes, alergizantes, poeiras ou substâncias que provoquem sujidade (Brasil, 1978e). No caso de sanitários individuais, é possível posicionar os equipamentos em ambientes com 1,6 m², com dimensão linear mínima de 1,2 m.

A NR-24 determina, ainda, que os vestiários devem ter área mínima de 1,5 m² por funcionário, apesar de, em alguns casos, ser possível solucionar adequadamente a área para troca de roupas com 0,5 m² de área por funcionário por turno. Os vestiários devem acomodar armários com dimensão mínima de 0,80 m × 0,30 m × 0,40 m (altura, largura e profundidade, respectivamente), devendo-se aumentar a altura para 1,2 m no caso de atividades insalubres ou que exponham os funcionários a sujidades. Vale destacar que essas exigências devem ser aplicadas ao número de funcionários por turno de trabalho.

A água para consumo e a quantidade a ser reservada também têm quantidades mínimas reguladas pela regulação trabalhista (Brasil, 1978e), que prevê 60 litros diários de água por trabalhador para o consumo nas instalações sanitárias. É importante ressaltar que essa reserva é suficiente para suprir a utilização de um dia, devendo ser aumentada dependendo das condições locais de abastecimento e da segurança adotada pelo projetista; salientamos que nessa quantidade não está inclusa a reserva de água para processo e prevenção de incêndio. Além disso, em todos os locais trabalho deve ser fornecida água potável, fresca e em boas condições higiênicas, em quantidade superior a 250 ml por hora por trabalhador (2 litros em um período de oito horas), oferecida em bebedouros, que devem existir na proporção de um para cada 50 funcionários.

Exemplo 5.2

Considerando o caso da IAI, estime a reserva diária de água mínima e o menor número de bacias sanitárias, lavatórios e chuveiros, por sexo, para os setores produtivo e administrativo. Qual é a área mínima de instalações sanitárias e de vestiários por sexo? Apresente uma solução de leiaute para os vestiários.

Como a reserva diária mínima de água é de 60 litros por trabalhador por dia, são necessários 9.300 litros (60 · 155) para garantir o abastecimento por um dia, sendo conveniente considerar a reserva para três dias (27.900 litros). Veja que essa quantidade de água é apenas para o consumo dos funcionários, devendo ainda ser estimada a reserva de água para os processos produtivos.

Serão necessários no mínimo quatro bebedouros (155/50), valor arredondado para cima por envolver a questão não só da quantidade, mas também de sua facilidade de acesso, sendo sempre recomendável ampliar o número de bebedouros e distribuí-los próximos aos locais de trabalho. Caso os bebedouros sejam atendidos pela reposição de bombonas de 20 litros de água mineral, a cada 8 horas trabalhadas são necessários 310 litros (2 · 155), o que corresponde a 16 bombonas. Observe que, para atender à demanda, são necessárias pelo menos quatro reposições diárias (16/4). No setor administrativo, a empresa pode prever para o sexo masculino uma unidade de bacia sanitária e um lavatório [10 · (1/20)] e, para o sexo feminino, duas unidade de bacias sanitárias e dois lavatórios [25 · (1/20)]. Considerando um sanitário com 1,6 m² para o sexo masculino e um com 3,2 m² para o sexo feminino, sendo necessários 4,8 m² para o setor administrativo.

No setor de produção, a empresa deve considerar a sujidade dos funcionários e prever oito unidades de bacias sanitárias, oito lavatórios [80 · (1/10)] e oito chuveiros para o sexo masculino e, para o sexo feminino, quatro unidades de bacias sanitárias, quatro lavatórios [40 · (1/10)] e quatro chuveiros. É conveniente prever quatro mictórios no banheiro masculino e ampliar um chuveiro para o sexo masculino [10 · (1/20)] e dois para o sexo feminino [25 · (1/20)], prevendo que os funcionários do setor administrativo possam demandar seu uso. Considerando 1 m² por equipamento sanitário, para o banheiro masculino são necessários 28 m² [1 m² · (8 + 8 + 8 + 4)] e 12 m² [1m² · (4 + 4 + 4)] para o banheiro feminino.

Como os vestiários acomodam os armários individuais e podem ser utilizados por todos os funcionários, para os homens devem ser previstos 135 m² (1,5 m² · 90) de vestiários e, para as mulheres, 97,5 m² (1,5 m² · 65). Assim, o vestiário geral masculino deve ter área de 163 m² (28 m² + 135 m²), e o feminino, de 107,5 m² (12 m² + 97,5 m²), para atender ao mínimo previsto na legislação. A Figura 5.9 apresenta uma solução de leiaute com a área e a quantidade de equipamentos sanitários exigidos, na qual é importante destacar que não foi acrescida área para as circulações, além daquela prevista no dimensionamento.

Figura 5.9 – Leiaute de vestiários masculino e feminino

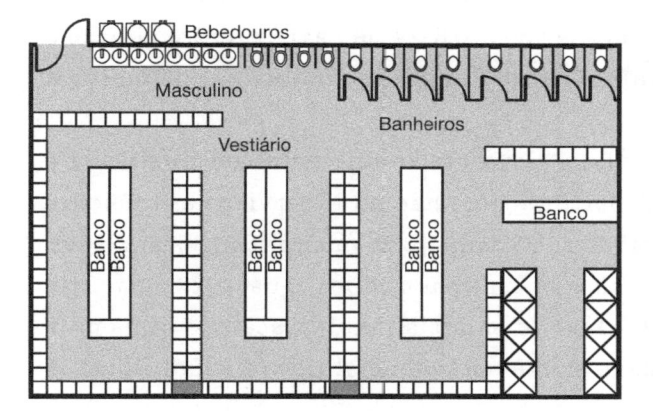

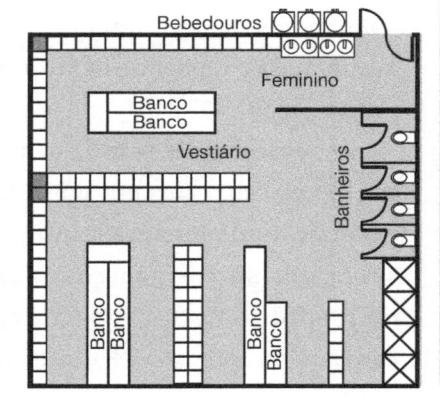

5.4.3 Refeições

As empresas devem oferecer local adequado para a refeição durante a jornada de trabalho, o qual deve ser dimensionado em função da quantidade de funcionários e do tipo de refeição, sendo objeto de regulação trabalhista e sanitária.

A previsão de ambientes para as refeições visa evitar o consumo e a armazenagem de alimentos nos locais de trabalho – condição sanitariamente insegura e, em alguns casos, desumana. O ambiente tipicamente utilizado para lanches rápidos é a copa e, para as refeições, o refeitório, que pode ou não ser atendido por uma cozinha. Nos casos em que as refeições são produzidas no local de trabalho, é preciso prever uma cozinha completa, seja ela gerenciada pela própria empresa, seja por uma empresa terceirizada.

As copas são pequenos ambientes utilizados por períodos breves de tempo, com dimensões entre 3 m² e 10 m², dotados de pia, bancada de apoio e equipamentos para a conservação e o aquecimento de pequenas quantidades de alimentos e para o preparo de bebidas quentes. Usualmente, as copas são posicionadas próximas aos locais de trabalho, de modo a reduzir as distâncias percorridas pelos funcionários.

Os refeitórios são ambientes onde são manuseadas maiores quantidades de alimentos, sendo utilizados por períodos maiores de tempo, entre 30 minutos e uma hora. A oferta de refeitório é obrigatória em empresas com 300 ou mais funcionários, devendo ser dimensionado para atender a, no mínimo, um terço dos trabalhadores por turno e ofertar 1 m² por comensal (Brasil, 1978e). A área obrigatória, a necessidade de suporte de uma cozinha, o fluxo de alimentos e de pessoas e a política de recursos humanos, normalmente, levam as empresas a propor uma edificação independente para o refeitório. No caso de empresas com menos de 300 funcionários, apesar de a NR-24 não exigir um refeitório, é recomendável prever local para refeições, dimensionado-os com os mesmos parâmetros.

As cozinhas, de acordo com a NR-24, devem ficar adjacentes aos refeitórios e ter ligação com eles por meio de aberturas por onde serão servidas as refeições, devendo ainda ter área mínima igual a 35% daquela do refeitório (0,30 m²/comensal) e depósito de gêneros alimentícios com área mínima igual a 20% daquela do refeitório (0,20 m²/comensal). Quando existe a manipulação de alimentos, independentemente da quantidade, existe um potencial risco à saúde humana e devem ser atendidas exigências adicionais estabelecidas na Resolução RDC n. 216, de 15 de setembro de 2004, que dispõe sobre regulamento técnico de boas práticas de manipulação em serviços de alimentação (Brasil, 2004).

As instalações onde ocorrem os preparos de refeições prontas para o consumo de funcionários podem demandar grande esforço de planejamento, mesmo para projetistas experientes. Serviços de alimentação de uma empresa podem não ter solução trivial e requerer o uso das ferramentas apresentadas nos capítulos 2 e 3, dado o volume de refeições, os fluxos de pessoas e de insumos, o risco de contaminação e a variedade de processamentos.

Uma cozinha que prepara um grande número de refeições tem escala industrial e demanda ambientes específicos para a recepção e a inspeção de alimentos e utensílios; para a despensa (utensílios, alimentos em temperatura ambiente, câmara para alimentos resfriados, câmara para alimentos congelados); para a distribuição (alimentos e utensílios); para o preparo de alimentos (verduras, legumes e cereais, carnes, massas e sobremesas); para a cocção; para o porcionamento; para a recepção, a lavagem e a guarda de louças, bandejas e talheres; e para a lavagem e guarda de panelas. Nesses casos, como referência, podem-se adotar os parâmetros de 0,45 m² por refeição (até 200 refeições por turno), 0,3 m² por refeição (de 200 a 400 refeições por turno) e 0,18 m² por refeição (acima de 400 refeições por turno), sem considerar a área para refeitório (Brasil, 2002a).

5.4.4 Saúde e acessibilidade

Os ambientes de trabalho não necessitam de locais para atendimento de saúde como suporte a suas atividades, desde que tenham local para a guarda de material para primeiros socorros. Caso a empresa opte por ter um serviço de saúde em seu sítio, devem ser cumpridas as determinações legais estabelecidas pela Vigilância Sanitária, cujas instalações devem atender ao disposto na Resolução RDC n. 50, de 21 de fevereiro de 2002 (Brasil, 2002a).

Esses serviços de saúde podem assumir variadas configurações (consultório, ambulatório, atendimento imediato de urgência ou de emergência e serviços de diagnóstico, entre outros), sendo comum a existência de serviços que dão suporte ao serviço de medicina e de saúde ocupacional ou que realizem exames admissionais. Usualmente, eles se limitam a um reduzido conjunto de atividades de prevenção à saúde, de vigilância epidemiológica e assistenciais (enfermagem, assistência médica e odontológica, exames diagnósticos, atendimentos e procedimentos terapêuticos de urgência e de emergência, observação do paciente por período inferior a 24 horas), conteúdos relacionados à arquitetura hospitalar cuja complexidade e extensão excedem o escopo proposto para este livro.

A acessibilidade é um direito social que deve ser incorporado ao projeto de instalações de unidades produtivas, regulamentado por extensa legislação, especialmente pela Lei n. 10.098, de 19 de dezembro de 2000, que determina:

> Art. 11. A construção, ampliação ou reforma de edifícios públicos ou privados destinados ao uso coletivo deverão ser executadas de modo que sejam ou se tornem acessíveis às pessoas portadoras de deficiência ou com mobilidade reduzida. (Brasil, 2000)

A abrangência e a universalidade do termo *acessibilidade* e de sua aplicação são expressas na NBR 9050 (ABNT, 2015b), que estabelece critérios e parâmetros técnicos a serem observados quando do projeto, da construção, da instalação e da adaptação de edificações, mobiliário, espaços e equipamentos urbanos às condições de acessibilidade. A acessibilidade se refere à possibilidade e à condição de alcance, à percepção e ao entendimento para a utilização com segurança e autonomia, sendo que **acessível** se refere àquilo que pode ser alcançado, acionado, utilizado e vivenciado por qualquer pessoa, inclusive por aquelas com mobilidade reduzida (ABNT, 2015b).

A qualidade das informações e a riqueza de detalhes tornam a NBR 9050 documento essencial ao projeto de instalações e de leiaute no Brasil, assim como o *Americans with desabilities act* é a norma americana de referência para questões de acessibilidade no território estadunidense.

Este texto não visa esgotar os conceitos e os subsídios para a inserção de pessoas portadoras de deficiência ou com necessidades especiais no projeto de instalações industriais, questões que podem ser ampliadas pela consulta à bibliografia e ao trabalho de Bitencourt (2008), que sistematiza as demandas por acessibilidade da legislação nacional e discute técnicas de projeto e modelos para inclusão, ao propor um modelo conceitual para o planejamento de instalações industriais livres de barreiras de acesso.

5.4.5 Atividades administrativas e escritórios

As atividades administrativas a serem desenvolvidas podem variar em funções de gerenciamento a serem desenvolvidas, demandando espaços distintos a cada unidade produtiva, a exemplo de vendas, compras, contabilidade, recursos humanos, qualidade, supervisão, gerência, direção, engenharia e desenvolvimento de produtos, entre outros.

O projeto e leiaute desses espaços são desenvolvidos por meio da identificação dos elementos básicos e da aplicação das ferramentas e dos métodos apresentados no Capítulo 2. No desenvolvimento do leiaute de um escritório, pode ser utilizada a análise do organograma, as cartas de fluxo dos processos, os diagramas de relacionamentos e o diagrama de blocos adimensionais (Stephens; Meyers, 2010), mantendo-se em mente a relação de compromisso entre um conjunto de fatores: privacidade, possibilidade do uso do espaço vertical, viabilidade de centralizar ou descentralizar ambientes, flexibilidade a mudanças, necessidade de ambientes de apoio (sala de reuniões, biblioteca, copiadora, local de armazenamento de suprimentos), largura da circulação entre as mesas, entre outros.

Uma opção a ser avaliada ao propor o leiaute de escritórios é o uso de espaços abertos com nichos de estações de trabalho padronizadas ou a tradicional utilização de paredes dividindo os ambientes. Alternantivamente, podem ser utilizadas ambas as opções com a setorização de atividades, na qual diretores e gerentes são alocados em salas individuais, enquanto outras funções são arranjadas em um ambiente único maior.

Segundo Sule (2009), leiautes com salas privadas são baseados na estrutura hierárquica da organização, enquanto as áreas coletivas dependem da natureza do relacionamento entre os funcionários e seus trabalhos, podendo assumir as formas de estações de trabalho modulares simetricamente organizadas, arranjadas em *clusters* com várias posições ou assumindo a forma de uma paisagem, abordagem com arranjo irregular que tem o objetivo de tornar o local de trabalho agradável e flexível a mudanças.

Pode ser interessante prever para as atividades administrativas uma edificação distinta daquela da produção, não sendo incomum que os refeitórios e os escritórios ocupem um mesmo prédio, devido aos tipos de construção, de fluxos e de independência requeridos.

Essa opção pode estar associada ao posicionamento estratégico da empresa, que, muitas vezes, utiliza a edificação para demostrar capacidade financeira e tecnológica de modo a impressionar os consumidores e a concorrência. Nesses casos, a edificação deve impactar visualmente, por sua forma ou pelos materiais utilizados, e a arquitetura do interior precisa ser cuidadosamente planejada e propor acabamento refinado.

5.4.6 Edificações

A situação mais comum é que o projeto e leiaute sejam desenvolvidos em relação a uma edificação existente, que, ao natural, estabelece um conjunto de limitações ao projetista. Quando é preciso propor uma nova edificação, existe maior liberdade para realizar opções em relação à construção, as quais influenciarão a flexibilidade para a proposição de soluções alternativas de leiaute. Entre as características a serem definidas pelo projetista estão: edificação de propósito geral ou específico, construções múltiplas ou construção única, formato do prédio, pavimentos múltiplos ou pavimento único, tipo e formato do telhado, materiais e acabamentos (janelas, pisos, paredes, forros, estrutura, escadas, elevadores, entre outros) e tecnologias construtivas (concreto, aço, pré-moldado etc.).

Os formatos mais utilizados em unidades produtivas são retangulares, pela simetria, pela facilidade construtiva e pela possibilidade de modularização e ampliação, sendo também utilizados os formatos em L, U e H, ou quadrados e, com menos frequência, circulares e ovais. Inicialmente, as construções eram estreitas para facilitar a obtenção de ventilação e de luz natural, motivo pelo qual eram ampliadas em seções retangulares adicionadas a suas extremidades (formato de favos), estratégia que se alterou para a construção em seções retangulares expandíveis lateralmente (Muther, 1955), como indicados na Figura 5.10. Observe que o formato do terreno, usualmente retangular, influencia a escolha da forma da edificação e as possibilidades de ocupação do lote e das estratégias de ampliação.

Figura 5.10 – Formato das edificações e estratégias de ampliação

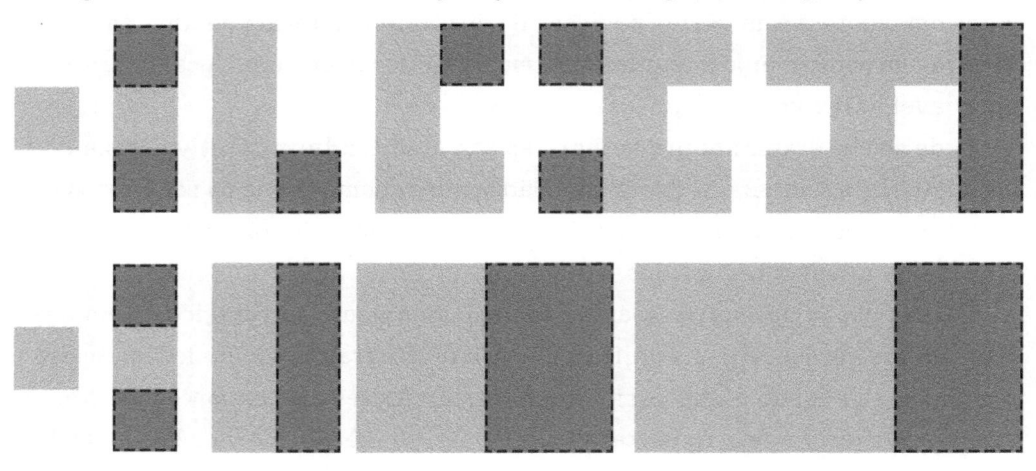

Fonte: Adaptado de Muther, 1955, p. 111.

Uma opção muito importante a ser considerada é o tamanho do pé-direito, que corresponde à distância vertical medida entre o piso acabado e a parte inferior do teto de um ambiente. O pé-direito deve ser proporcional à superfície do ambiente e atender às necessidades dos sistemas que vai abrigar, sendo usuais as alturas de 3 m a 8 m. Em edificações de menor porte, os códigos de obras geralmente estabelecem alturas mínimas de 2,6 m para ambientes com até 30 m², 3 m para ambientes com até 60 m², 3,5 m para ambientes com até 90 m² e 4 m para ambientes com área superior a 90 m². Em edificações com superfície maior, deve ser utilizada como referência a altura do maior produto ou maquinário, tendo o cuidado de adicionar altura para as instalações a serem suspensas no forro.

A escolha do tipo e da forma de tetos e telhados pode estar relacionada ao tipo de construção, à topografia do terreno, à tecnologia e aos materiais da estrutura, influenciando a área livre acima do leiaute (ver Figura 5.11). O espaço vertical livre acima do plano utilizado para realizar o trabalho depende das instalações a serem suspensas, que podem incluir iluminação, dutos de climatização, tubulações, equipamentos de movimentação de materiais (guinchos e pontes rolantes), entre outros. Vale lembrar que a opção realizada pode viabilizar a utilização vertical de espaço com a criação de mezaninos, depósitos, vestiários e escritórios, entre outros.

Figura 5.11 – Formatos e tipos de estrutura de cobertura

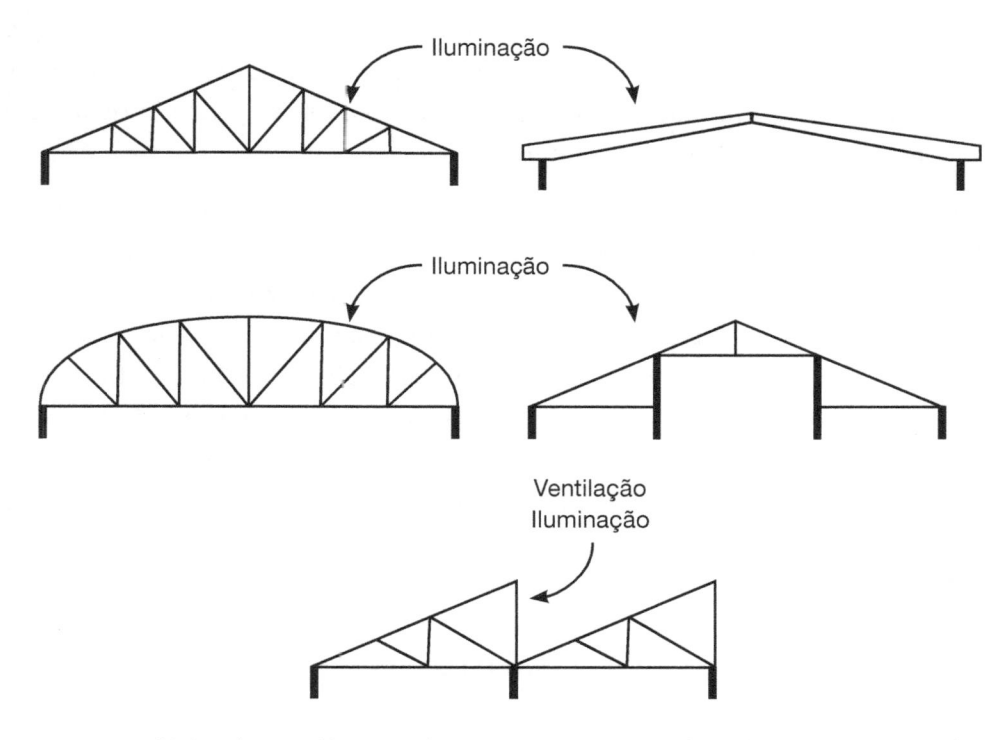

As superfícies de ventilação e de iluminação natural também devem ser objeto de cuidado, pois interferem na qualidade de vida no trabalho e podem gerar custos operacionais importantes com energia elétrica e equipamentos, quando insuficientes. Como referência mínima, em ambientes de uso prolongado, deve existir uma superfície de iluminação igual a 1/6 da área do piso; em ambientes de uso transitório, ela deve ser igual a 1/8 da área do piso; e em ambientes de uso eventual, ela deve ser igual a 1/12 da área do piso. Para essas dimensões, 50% devem ser de áreas para ventilação, sendo recomendável, a cada caso, consultar a legislação municipal.

Vários fatores influenciam a definição das características de edificações pelo projetista, sendo alguns deles sistematizados por Schenk, Wirth e Müller (2010):

- **Em relação ao piso** – Cargas estáticas e dinâmicas das máquinas e de veículos (força, oscilação, vibração etc.), alagamentos e instalações de fornecimento de suprimentos e rejeitos.

- **Em relação às paredes** – Proteção de influências ambientais externas contra fogo e explosões, iluminação, ventilação, insolação, aberturas (janelas e portões), contenção de ruído, segurança.

- **Em relação aos ambientes** – Climatização, conforto, aquecimento, cor, volume, geometria, tecnologia, ocupação e movimento.

- **Em relação à cobertura** – Internos (potenciais impactos climáticos e ambientais, risco de incêndio e de explosão, ruído gerado, incorporação de instalações e equipamentos técnicos, insolação, aberturas) e externos (ventilação, iluminação, proteção e capacidade de resistir a intempéries e impacto na temperatura interna).

As instalações de unidades produtivas podem demandar uma grande quantidade de sistemas auxiliares para a edificação e para o processamento, sendo necessária a interação do projetista do leiaute com os demais profissionais.

As instalações prediais propiciam segurança, conforto e suporte higrotérmico – da qualidade do ar (ventilação, exaustão e climatização), acústico, luminoso e de higiene –, sendo objeto de projetos específicos dos seguintes tipos de instalações: hidrossanitárias (água fria, quente, esgoto pluvial e sanitário, efluentes); elétricas e eletrônicas (tomadas, motores, sinalização, controle de sistemas); de controle atmosférico (ar condicionado, áreas limpas, exaustão); de energia (elétrica, calor, ar comprimido); de proteção contra descarga elétrica; de prevenção de incêndios; fluido-mecânicas (vapor, ar comprimido, gases e substâncias, lubrificantes, vácuo); e estruturais (fundações, vigas, lajes e telhado).

■ Síntese

O projeto e leiaute de unidades produtivas exigem do projetista a apropriação de um conjunto amplo de conhecimentos que ultrapassam a compreensão dos processos e dos sistemas de produção, como apresentado neste capítulo. Como você observou, para desenvolver um projeto completo de instalações, é preciso adotar conceitos ergonômicos relacionados ao trabalho, utilizar as regulamentações de segurança e higiene das instalações e os códigos de posturas municipais, compreender a necessidade de serviços de apoio e as tipologias das edificações e prever os sistemas auxiliares.

■ Questões para revisão

1. Assinale a alternativa que indica riscos ergonômicos a serem observados no projeto de um posto de trabalho ao final de uma linha de envase, na qual recipientes de azeite são embalados em caixas de papelão, de doze em doze unidades, e depois são paletizados para o transporte:
    a. A taxa de produção estar acima da capacidade do operador.
    b. A possibilidade de o azeite de um recipiente ser derramado sobre o chão.
    c. A alocação de um funcionário sem a devida capacitação.

    d. O ruído excessivo e as altas temperaturas.
    e. A falta de proteção na rede elétrica.
2. Quantos litros diários de água para beber e quantos vasos sanitários são necessários em uma empresa com 50 funcionários? Considere que os funcionários trabalham em ambiente sem grande sujidade e são metade homens e metade mulheres.
3. Quais das seguintes alternativas representam riscos biológicos?
    a. Substâncias que podem penetrar na pele.
    b. Bactérias e fungos.
    c. Escorpiões e cobras.
    d. Pressões anormais e vibrações.
    e. Fumos e neblinas.
4. Qual o número máximo de vagas para estacionamento de veículos de funcionários que um terreno com 25 m × 50 m comporta? Considere que a entrada e a saída ocorrerão pelo mesmo portão (no lado com 25 m), que é possível ocupar toda a área do terreno e que as vagas terão 2,5 m × 5 m.
5. Uma nova metalúrgica será instalada e prevê utilizar 20 funcionários no setor de produção (20 homens) e 7 no setor administrativo (5 homens e 2 mulheres) a cada turno. Qual é a mínima reserva diária de água para os funcionários e o número de chuveiros por sexo? Considere que os funcionários trabalham em ambiente com sujidade:
    a. 1.620 litros, 3 chuveiros para o sexo masculino e 1 para o sexo feminino.
    b. 1.000 litros, 3 chuveiros para o sexo masculino e 3 para o sexo feminino.
    c. 3.540 litros, 1 chuveiro para o sexo masculino e 3 para o sexo feminino.
    d. 3.540 litros, 3 chuveiros para o sexo masculino e 1 para o sexo feminino.
    e. 1.620 litros, 2 chuveiros para o sexo masculino e 2 para o sexo feminino.

■ Questões para reflexão

1. Como o atendimento aos aspectos ergonômicos e à legislação de segurança no trabalho pode contribuir para o ambiente organizacional? Que limite distingue o conforto no trabalho do risco ergonômico?

2. Quais os impactos da adaptação das instalações de unidades produtivas ao portador de necessidades especiais? Reflita sobre as áreas administrativas e de produção.

3. Que tipo de necessidade especial de um trabalhador mais se adequaria a uma empresa de confecções, a uma indústria moveleira e a um supermercado?

■ Para saber mais

ABERGO – Associação Brasileira de Ergonomia. Disponível em: <http://www.abergo.org.br>. Acesso em: 27 set. 2015.

No site da Abergo você pode encontrar eventos nacionais e internacionais, publicações e histórico da ergonomia no Brasil.

ABHO – Associação Brasileira de Higienistas Ocupacionais. Disponível em: <http://abho.org.br>. Acesso em: 27 set. 2015.

Nesse site são apresentados artigos, revistas, referências e eventos sobre o assunto.

ANVISA – Agência Nacional de Vigilância Sanitária. Disponível em: <http://portal.anvisa.gov.br>. Acesso em: 27 set. 2015.

Esse site fornece informações sobre a Anvisa, legislações, notícias e manuais.

BRASIL. Ministério do Trabalho e Emprego. Disponível em: <http://portal.mte.gov.br/portal-mte>. Acesso em: 27 set. 2015.

Na página do Ministério do Trabalho e Emprego (MTE) são disponibilizadas informações sobre a estrutura da fiscalização do trabalho, as normas regulamentadoras e uma bibliografia sobre a legislação trabalhista.

IEA – International Ergonomics Association. Disponível em: <http://www.iea.cc/project/index.html>. Acesso em: 27 set. 2015.

Nesse site de língua inglesa, você encontra as definições e o histórico da ergonomia no mundo, além de publicações e revistas sobre o assunto.

OIT – Organização Internacional Trabalho. Disponível em: <www.oit.org.br>. Acesso em: 27 set. 2015.

A OIT é a principal referência internacional em trabalho e disponibiliza notícias, publicações, eventos e novidades em sua página.

OSHA – Occupational Safety and Health Administration. Disponível em: <www.osha.gov>. Acesso em: 27 set. 2015.

No site do Departamento de Saúde e Segurança Ocupacional, órgão vinculado ao Ministério do Trabalho estadunidense, são encontrados dados, estatísticas, regulamentações e publicações relacionados ao trabalho, em inglês e espanhol.

6 Localização, avaliação, formalização e documentação

Conteúdos do capítulo:
- *Locação do site e estudo de sua implantação no terreno.*
- *Técnicas de avaliação e seleção entre soluções alternativas.*
- *Formalização, documentação, aprovação e implementação do projeto e leiaute.*

Após o estudo deste capítulo, você será capaz de:
1. *compreender a natureza qualitativa e quantitativa da locação de um site;*
2. *aplicar métodos quantitativos de apoio ao processo de decisão sobre a alocação de um site;*
3. *avaliar e selecionar soluções alternativas de leiaute nos níveis de planejamento de espaço;*
4. *produzir plantas do projeto e leiaute de acordo como a normatização brasileira;*
5. *entender a necessidade da aprovação do projeto e leiaute das instalações produtivas;*
6. *compreender o processo de condução da implementação do projeto.*

A escolha do local onde a empresa vai se estabelecer antecede os procedimentos utilizados no projeto e leiaute da instalação produtiva. A tomada dessa decisão estratégica pela alta administração pode ser auxiliada pelo nível técnico, com a aplicação de ferramentas adequadas – contribuição que também ocorre em relação ao estudo de implantação –, e pelo nível de planejamento do espaço, no qual é definida a ocupação do terreno pelas edificações a serem construídas.

Em qualquer nível, o projeto ou leiaute necessitam, em maior ou menor intensidade, de adequada representação e documentação. O uso de técnicas objetivas para a escolha entre as alternativas é importante para a escolha final.

6.1 Locação e estudo da implantação

O estudo da locação do terreno e da implantação das edificações nele são atividades que, idealmente, ocorrem anteriormente à modelagem e ao dimensionamento de processos produtivos, apresentados nos capítulos 2 e 3. A locação define a melhor posição do *site* da empresa no globo, no país, no estado, na região e no município, sendo influenciada por um conjunto de fatores, incluindo a estratégia de distribuição, de integração entre produtos e mercados e de racionalização das atividades operacionais. Já no estudo de implantação é definida a ocupação do terreno e a localização das edificações, considerando acessos (viário, ferroviário, hidroviário e aéreo), recuos, áreas verdes, ocupação e aproveitamento do lote, expansões, entre outros.

As decisões sobre locação e estudo de implantação correspondem, respectivamente, aos níveis global e supra de planejamento de espaço referidos por Lee et al. (1997).

O impacto de longo prazo e o montante de recursos envolvidos caracterizam a locação do *site* e o estudo de implantação como decisões estratégicas a serem tomadas pelos proprietários e pelos diretores da empresa – contexto no qual os projetistas e o corpo técnico podem auxiliar, seja na sistematização de dados de apoio à tomada de decisão, seja na utilização de ferramentas objetivas de avaliação dos locais potenciais, seja na proposição de formas alternativas de ocupação do terreno e de tecnologias da construção.

6.1.1 Locação de unidades produtivas

A locação de unidades produtivas é um assunto de interesse interdisciplinar que pode ser aplicado a fábricas, aeroportos, escolas, centros de distribuição, hospitais, postos de saúde, franquias, em uma área geográfica com maior ou menor amplitude, sendo um procedimento usualmente referido na língua inglesa como *facility location*.

A locação de unidades produtivas, além de ser uma decisão estratégica da empresa, exige grande investimento e tem forte impacto no custo de transporte de materiais e de distribuição de produtos, motivo pelo qual esse nível de planejamento de espaço também é caracterizado em livros que tratam de administração da produção e de logística de operações (Meredith; Shafer, 1999; Davis; Aquilano; Chase, 2001; Fitzsimmons; Fitzsimmons, 2005; Gaither; Frazier, 2005; De Koster; Le-Duc; Roodbergen, 2007; Krajewski; Ritzman; Malhotra, 2009; Slack et al., 2009; Dolgui; Proth, 2010).

A locação e o planejamento do *site* são tarefas intangíveis, probabilísticas ou condicionais, com grande variação de um projeto para outro, o que dificulta a aplicação de técnicas de engenharia e exige mais experiência do que nos demais níveis de planejamento de espaço, e a situação mais comum é a locação de *sites* únicos, especialmente para projetistas iniciantes no planejamento de instalações (Lee et al., 1997).

A decisão sobre a locação de uma instalação deve estar alinhada com a estratégia da empresa (*marketing*, vendas, setores operacional e financeiro), que deve produzir um conjunto de instruções para instrumentalizar a equipe envolvida, estimando minimamente o período de vida útil esperado para a instalação, além das regiões geográficas potenciais, da área do terreno e a ser construída, da quantidade e da qualificação de funcionários envolvidos e da infraestrutura necessária. A precisão na especificação dessas questões pode auxiliar na redução do número de alternativas e do esforço da equipe envolvida na identificação do *site*.

A locação geográfica de uma nova planta tem efeito importante na rentabilidade do empreendimento e deve considerar vários fatores, muitas vezes inter-relacionados, sendo recomendável realizar uma varredura inicial naqueles fatores críticos, por exemplo: instalações de transporte, adequação do fornecimento de mão de obra, disponibilidade de terra, proximidade de mercados, proximidade de insumos, características geográficas e climáticas, taxas e outras leis, atitude da comunidade, segurança nacional e proximidade a outras plantas da empresa (Sule, 2009). O autor sugere, ainda, especificar e considerar adequadamente as utilidades que representam uma significativa parcela dos custos variáveis: água (potável, de resfriamento, desionizada e de processo), eletricidade, refrigeração, vapor, ar comprimido (instrumentação, controle e energia), depósito e tratamento de resíduos, telefone, ar condicionado e aquecimento.

Similarmente, Lee et al. (1997) sugerem especificar o terreno no qual a instalação será construída em termos de fatores:

- **Externos** – Valor do terreno, facilidade de acesso ao *site*, proximidade de meios de transporte, gabarito de ruas, facilidades do entorno, recursos naturais existentes, azimute*, custo de frete, zoneamento urbano, índices construtivos, legislação ambiental, estabilidade política local, taxas e impostos, encargos trabalhistas, custos de construção e de vida,

* "Ângulo medido no plano horizontal entre o meridiano do lugar do observador e o plano vertical que contém o ponto observado" (Houaiss; Villar, 2015).

assistência médica, histórico da área (alagamento, vento predominante, segurança), atitudes da comunidade, características da força trabalho.

- **Internos** – Topografia, condições do solo, prédios, utilidades e áreas de tráfego existentes, paisagem, aparência, segurança e riscos.

A avaliação dos *sites* candidatos pode ser realizada de forma mais ou menos estruturada ao analisar os requisitos mínimos (área mínima, topografia, acesso a rodovias, possibilidade de expansão, alimentação de rede de alta tensão) e os qualificadores, podendo-se recorrer a ferramentas de tomada de decisão como a análise financeira, a análise ponderada de fatores, a simulação e a análise de fluxo de materiais. Diante desse grande conjunto de variáveis, é possível realizar a escolha de forma sistemática com o uso do método da comparação ponderada de pesos, apresentado na Seção 6.3.

Problemas de locação lidam com a definição da posição do *site* em relação aos consumidores e podem ser tratados com o apoio de métodos quantitativos, baseados nos custos de transporte, e fixos, para problemas de localização de únicas e múltiplas instalações com capacidades assumidas como ilimitadas (Sule, 2009). Quando o objetivo é a otimização na busca da melhor posição de pontos de fornecimento e consumo, podem ser utilizadas técnicas de programação matemática para a solução de problemas de transporte (Battesini; Godoy, 2013). Na busca de um ajuste que indique a melhor posição da instalação em relação aos consumidores, é possível também utilizar os métodos do centro de gravidade e da carga distância (Tompkins et al., 1996; Sule, 2009), com base nas distâncias relativas entre os pontos, expressas em um sistema de coordenadas cartesianas.

O método do **centro de gravidade** utiliza uma analogia física para encontrar uma locação que minimize os custos de transporte. A aplicação do método necessita do conhecimento das quantidades demandadas pelos pontos de consumo e suas distâncias relativas. A posição ideal para a locação do *site* corresponde àquela com as coordenadas x e y do centro de gravidade, que podem então ser calculadas por $x_g = \Sigma_i x_i \cdot l_i / \Sigma_i l_i$ e $y_g = \Sigma_i y_i \cdot l_i / \Sigma_i l_i$.

O método da **carga-distância** utiliza as quantidades (cargas) e as distâncias relativas para comparar a adequação de locais alternativos para o *site*. Podem ser utilizadas distâncias retilíneas, mais precisas em situações em que o acesso ao local é realizado em um sistema viário com ruas ortogonais ($d_{AB} = |x_A - x_B| + |y_A - y_B|$); reais, obtidas diretamente em um mapa ou sistema de referenciamento geográfico; e euclidianas, utilizadas quando não é possível precisar as distâncias relativas em um mapa ($d_{AB} = \sqrt{(x_A - x_B)^2 + (y_A - y_B)^2}$).

Exemplo 6.1

Considerando o caso da IAI, apresentado no Exemplo 5.2 do Capítulo 5, identifique a melhor posição para seu novo *site* utilizando o método do centro de gravidade. Utilize as coordenadas e as cargas a serem recebidas de fornecedores e enviadas para clientes apresentadas em coordenadas cartesianas no Gráfico 6.1, no qual as distâncias são expressas em centenas de quilômetros e as cargas, em toneladas por semana.

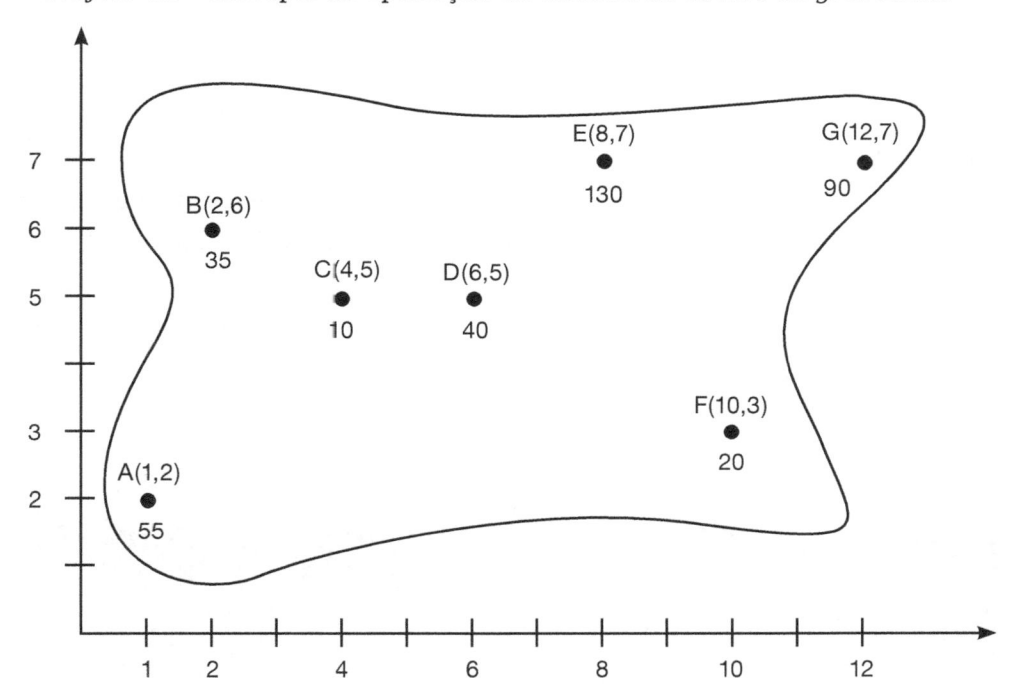

Gráfico 6.1 – Exemplo de aplicação do método do centro de gravidade

Pelo método do centro de gravidade, a melhor posição para o *site* da empresa corresponde às coordenadas x_{CG} = 717,1 km (100 · 2725/285) e y_{CG} = 571,1 km (100 · 2170/285), calculadas com base nos valores indicados na Tabela 6.1. Observe que a posição ideal para o centro de gravidade está localizada entre os pontos D e E.

Tabela 6.1 – Exemplo de aplicação do método do centro de gravidade

Local	x	y	Carga	x · Carga	y · Carga
A	1	2	55	55	110
B	2	6	35	70	210
C	4	5	10	40	50
D	6	5	40	240	200
E	8	7	130	1.040	910
F	10	3	20	200	60
G	12	7	90	1.080	630
			Soma 285	2725	2170

Exemplo 6.2

Para a situação proposta no Exemplo 6.1, verifique se a melhor posição para o *site* da empresa é próxima ao ponto D ou ao ponto E, utilizando o método da carga-distância.

A melhor posição para o *site* da empresa, considerando a distância retilínea, é o local D, que apresentou o somatório igual a 1 995, menor que aquele do local E (2 325), como indicado na Tabela 6.2.

Tabela 6.2 – Exemplo de aplicação do método da carga-distância

Local	Coordenadas		Carga	Local D (6,5)		Local E (8,7)	
	x	y		d	d · Carga	d	d · Carga
A	1	2	55	5 + 3 = 8	440	7 + 5 = 12	660
B	2	6	35	4 + 1 = 5	175	6 + 1 = 7	245
C	4	5	10	2 + 0 = 2	20	4 + 2 = 6	60
D	6	5	40	0 + 0 = 0	0	2 + 2 = 4	160
E	8	7	130	2 + 2 = 4	520	0 + 0 = 0	0
F	10	3	20	4 + 2 = 6	120	2 + 4 = 6	120
G	12	7	90	6 + 2 = 8	720	6 + 2 = 8	1.080
Soma					1.995		2.325

Alternativamente, é possível utilizar a distância euclidiana (reta como a menor distância entre dois pontos). Observe que, nesse caso, a menor carga-distância é a do local E, igual a 1.293,33, menor que aquele do local E (2325), como indicado na Tabela 6.3, que apresenta uma interpretação oposta àquela utilizando a distância retilínea.

Tabela 6.3 – Exemplo de aplicação do método da carga-distância

Local	Coordenadas		Carga	Local D (6,5)		Local E (8,7)	
	x	y		d	d · Carga	d	d · Carga
A	1	2	55	5,83	320,70	8,60	473,13
B	2	6	35	4,12	144,31	6,08	212,90
C	4	5	10	2,00	20,00	4,47	44,72
D	6	5	40	0,00	0,00	2,83	113,14
E	8	7	130	2,83	367,70	0,00	0,00
F	10	3	20	4,47	89,44	4,47	89,44
G	12	7	90	6,32	569,21	4,00	360,00
Soma					1 511,36		1 293,33

A diferença de resultados não indica inconsistência entre as soluções, que notoriamente não são otimizações, porém, ilustra a importância da escolha de forma mais adequada de cálculo da distância. Diante dos resultados, deveria ser utilizada a distância rodoviária real entre os locais, obtida no mapa, ou, pela experiência, inferir se a distância retilínea ou euclidiana é a mais adequada para a situação.

É importante destacar que a tomada de decisão não deve se resumir às análises produzidas pelas abordagens quantitativas aqui apresentadas, que fornecem subsídios úteis, porém não dão conta da multifatoriedade e da complexidade associada à escolha do local.

6.1.2 Estudo da implantação

Em projetos e leiautes de novas instalações, é essencial que o projetista conheça o terreno e suas características, de modo a produzir um adequado estudo de implantação da unidade produtiva, que inclui a locação das edificações, a ocupação do terreno, a definição dos arruamentos internos e dos acessos viários, a preservação de áreas verdes e para o tratamento de resíduos, a reserva de água, a subestação elétrica, o estacionamento de veículos e a existência de espaço para expansões futuras, entre outros fatores.

A representação gráfica do estudo de implantação das instalações é referida por Stephens e Meyers (2010) como *planta do lote* (*plot plan*) ou *planta de implantação*, sendo também denominada de *planta de localização*, quando menos completa e enfatizando apenas a posição das edificações no terreno. De acordo com Lee et al. (1997), as definições a serem tomadas podem levar engenheiros industriais e de produção a desenvolver essa etapa em conjunto com outros profissionais (arquitetos, engenheiros civis e de instalações).

As decisões tomadas nesse nível têm consequências diretas nas etapas seguintes de planejamento do espaço, descritas nos capítulos 2, 3, 4 e 5, mesmo no caso de reformas e de adequações nas quais as instalações e as facilidades já estão alocadas e não envolvem a definição pelo projetista. As ferramentas apresentadas no Capítulo 2 podem ser utilizadas no planejamento da implantação, devendo ser identificados os mesmos elementos básicos, porém em relação a objetos diferentes. Nesse nível, a solução é mais simples e as unidades de planejamento e suas atividades são desenvolvidas no interior de edificações ou de espaços abertos, os relacionamentos existentes são simples e os espaços são estimados em termos das dimensões externas dos prédios ou locais específicos, a exemplo de uma substação, e as limitações são determinadas pelas características do terreno (posição dos acessos, recuos viários, topografia etc.).

Ao desenvolver o estudo de implantação, os projetistas devem considerar fatores estéticos (paisagismo e integração ao contexto), padrões de fluxo (materiais, pessoas e produtos e seus efeitos na segurança e na integração), energia (insolação, iluminação, arborização) e expansão (considerar expansões em um período de dez anos), devendo ser indicado na planta de implantação um conjunto de características (Tompkins et al., 1996, 2010), tais como: vias de acesso, entradas de caminhões e veículos leves, acessos para pedestres; ferrovias, helipontos, cais e hidrovias; áreas e acessos para tanques, reservatórios e pátios; estacionamentos e calçadas; jardins e áreas de recreação; e utilidades (água, esgoto, estação de tratamento, hidrantes, gás, óleo, eletricidade e telefone, rede lógica).

O conjunto de informações a ser apresentado na planta de implantação varia de caso para caso, sendo mais bem ilustrado com um exemplo prático, como a solução apresentada na Figura 6.1, para o caso da Ieam. Como você pode observar, é representada a avenida de acesso, o terreno e as posições relativas entre os prédios (coberturas e contornos), o reservatório, a subestação, o ajardinamento e os acessos de pedestres e veículos, tendo sido omitidas intencionalmente as cotas para melhor visualização.

Figura 6.1 – Planta de implantação da Ieam

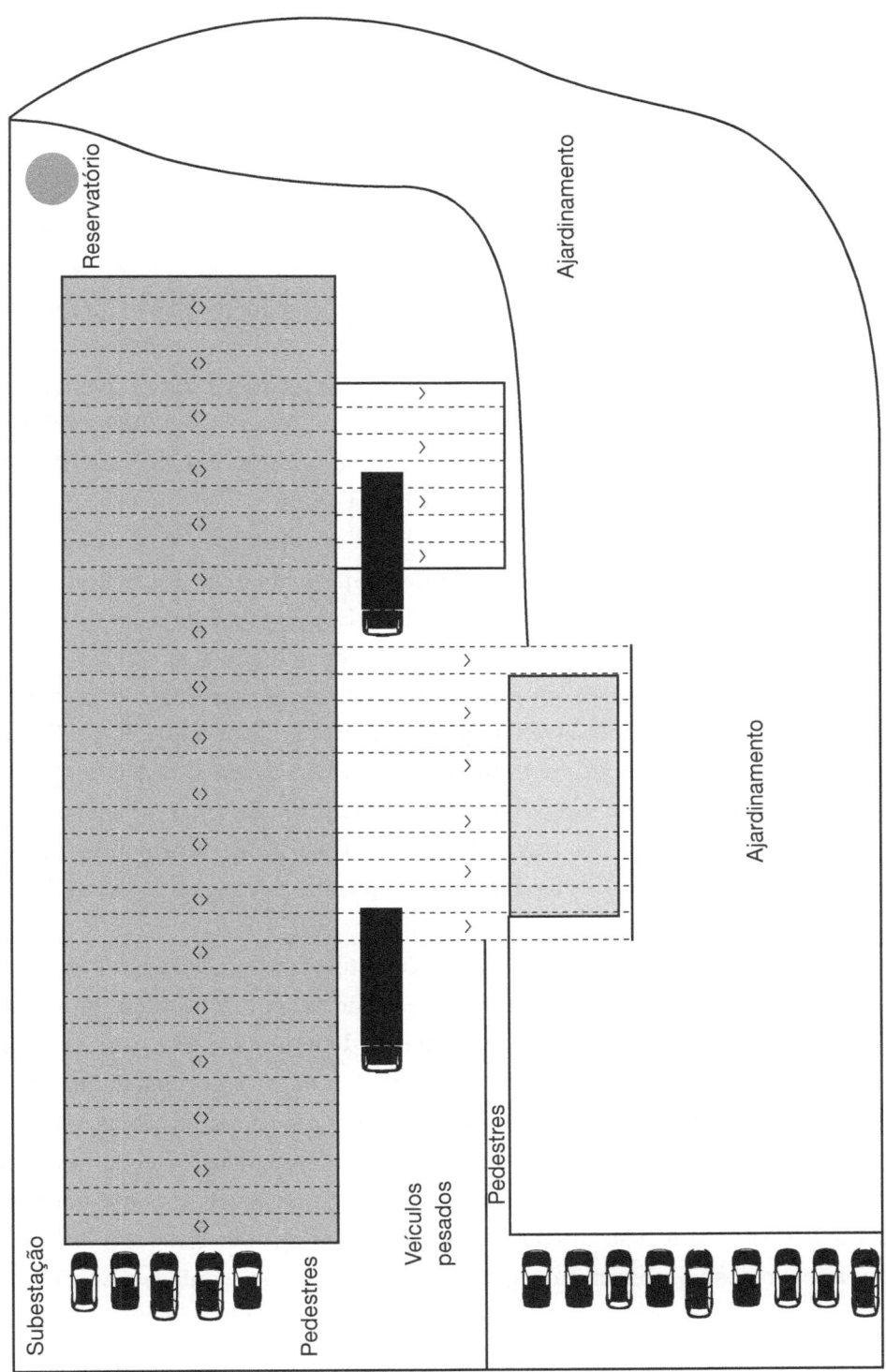

[Localização, avaliação, formalização e documentação]

6.2 Formalização e documentação do projeto e leiaute

O projeto e o leiaute de unidades produtivas devem ser representados de modo a atender às exigências legais e contratuais. Uma diretriz geral a ser seguida no Brasil, por órgãos públicos e empresas, é a utilização das normas editadas pela Associação Brasileira de Normas Técnicas (ABNT). A ABNT sistematizou uma série de normas para a representação de diferentes objetos, sendo especialmente interessante para a representação do projeto e leiaute de unidades produtivas a consulta à NBR 6492 (ABNT, 1994), à NBR 10068 (ABNT, 1987a) e à NBR 13142 (ABNT, 1999), brevemente caracterizadas nesta seção.

A NBR 6492 – Representação de projetos de arquitetura – fixa as condições exigíveis para a representação gráfica de projetos de arquitetura, visando à boa compreensão (ABNT, 1994). Além de definir o papel, o formato, o carimbo (selo), o dobramento de cópias, o sistema de reprodução e as características técnicas, essa norma propõe que a representação da organização do espaço seja realizada de acordo com as fases de projeto definidas como estudo preliminar, anteprojeto e projeto executivo. O **anteprojeto** pode ser entendido como projeto básico caracterizado pela Lei n. 8.666, de 21 de julho de 1993, pois se refere a um conjunto de documentos que será apresentado para a aprovação final do cliente e dos órgãos oficiais envolvidos para possibilitar a contratação da obra (Brasil, 1993).

É importante destacar que o projeto e o leiaute da instalação produtiva devem ser produzidos de modo a atender às exigências de um anteprojeto (projeto básico) estabelecias nas NBRs – formato usualmente demandado pelos órgãos reguladores no Brasil e pelas instituições de financiamento. A aprovação do projeto básico por essas instituições nem sempre ocorre de forma simultânea e envolve distintas dimensões de análise e *expertise*, a exemplo do setor de obras de prefeituras (plano diretor e código de obras), do corpo de bombeiros (prevenção de incêndio), da vigilância sanitária (aspectos sanitários), dos bancos (viabilidade econômica) e dos parceiros (captação de recursos e viabilidade econômica).

De acordo com a NBR 6492, o anteprojeto deve definir o partido arquitetônico e caracterizar os elementos construtivos, indicando medidas, níveis, áreas, denominação de compartimentos, topografia e orientação, eixos e coordenadas, sendo tipicamente constituído por (ABNT, 1994):

a. Documentos gráficos:

- **planta de situação**, que compreende o partido arquitetônico como um todo, em seus múltiplos aspectos;
- **planta de locação** (ou implantação), que contém as informações dos projetos de arquitetura e complementares (movimento de terra, arruamento e redes hidráulica, elétrica e de drenagem etc.);
- **planta de edificação**, que corresponde a uma vista superior do plano secante horizontal, localizado a aproximadamente 1,50 m do piso em referência;
- **corte**, que representa um plano secante vertical que divide a edificação em duas partes (longitudinal ou transversal), devendo ser disposto de forma que o desenho mostre o máximo possível de detalhes construtivos;
- **fachada**, que é uma representação gráfica de planos externos da edificação.

b. Documentos textuais:

- **memorial justificativo**, que abrange aspectos construtivos e apresenta o partido arquitetônico adotado e definido no estudo preliminar, evidenciando o atendimento às condições estabelecidas no programa de necessidades (documento que caracteriza o empreendimento ou o projeto objeto de estudo), e contém o levantamento das informações necessárias, incluindo a relação dos setores e suas ligações, necessidades de área, características gerais, requisitos especiais, posturas municipais, códigos e normas pertinentes;
- **discriminação técnica**, que descreve de forma precisa, completa e ordenada os materiais de construção a serem utilizados, indica os locais onde eles devem ser aplicados e determina as técnicas exigidas para seu emprego;
- **documentos** para aprovação em órgãos públicos, **lista preliminar** de materiais e **quadro geral** de acabamento (facultativo).

Além desses documentos, apresentados em uma escala igual ou superior a 1:100 (um para cem, ou seja, cada unidade medida no desenho – em milímetros ou centímetros – representa 100 unidades reais, usualmente consideradas em metros), eventualmente podem compor o anteprojeto maquetes, estimativas de custo e, em casos especiais, o detalhamento de elementos de interesse.

Veja que, apesar de a NBR 6492 normatizar especificamente a apresentação de projetos arquitetônicos, os usos posteriores do projeto e leiaute de instalações produtivas determinam que o conjunto de subsídios e exigências nela propostos sejam atendidos, mesmo que, como apresentado neste livro, a ênfase dada no desenvolvimento do projeto tenha sido a otimização, a segurança e a adequação à realização de produtos e serviços.

As escalas das plantas de situação, de locação e de edificação podem ser diferentes de modo a ajustar o tamanho dos desenhos aos tamanhos de pranchas padronizados. A NBR 10068 estabelece padrões de leiaute e dimensões para a folha de desenho e a NBR 13142, os padrões para dobramento de cópia dos formatos da série "A": A0 (841 × 1189), A1 (594 × 841), A2 (420 × 594), A3 (295 × 420), A4 (210 × 297), A5 (149 × 210) e A6 (105 × 149), todas com dimensões em milímetros (ABNT, 1987a; ABNT, 1999).

Os demais tamanhos da série "A" são obtidos pela bipartição ou pela duplicação sucessiva do formato A0, como indica a Figura 6.2, e o formato básico para desenhos técnicos, A0", corresponde a um retângulo de área igual a 1 m² com proporção 1:2 entre altura (y) e largura (x), guardando entre si a mesma relação que existe entre o lado de um quadrado e sua diagonal, que é igual ao lado multiplicado pela raiz de 2. Vale lembrar que, quando necessário, podem ser utilizados formatos intermediários, a critério do projetista.

Figura 6.2 – Tamanho e dobradura de pranchas e cópias de desenhos técnicos

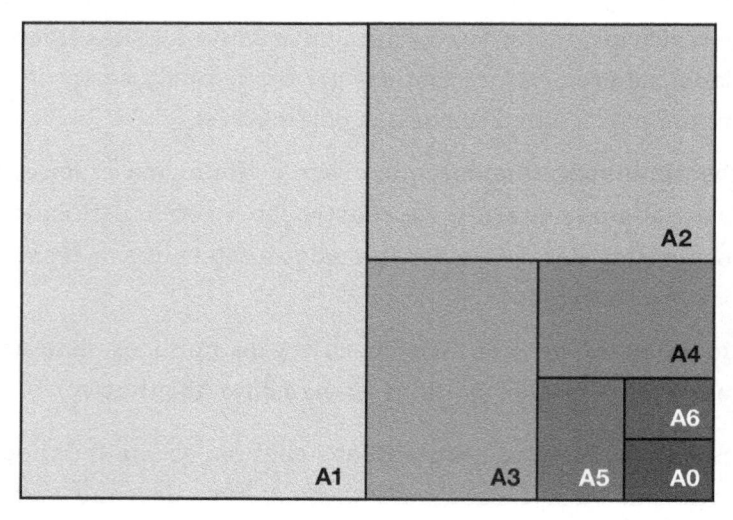

(continua)

(Figura 6.2 – conclusão)

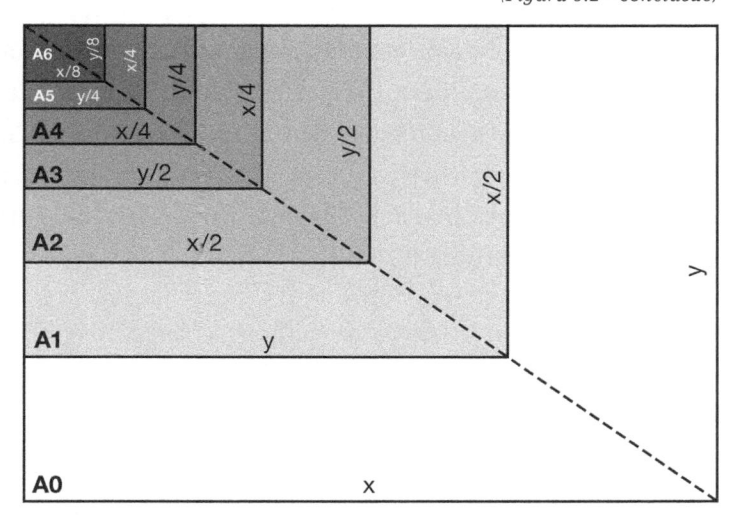

[Figura: diagrama dos formatos da série A (A0 a A6) com dimensões x e y, mostrando as subdivisões x/2, y/2, x/4, y/4, x/8, y/8]

Fonte: Adaptado de ABNT, 1987a, p. 2.

Todos os formatos da série "A" podem ser utilizados tanto na posição horizontal quanto na vertical e devem ter legenda situada no canto inferior direito, contendo a identificação do desenho (número de registro, título, origem etc.) e margem à esquerda de 25 mm; além disso, depois de adequadamente dobrados, devem ficar com dimensões iguais às do formato A4 (ABNT, 1987a; ABNT, 1999).

As medidas e as escalas a serem adotadas para o desenho do projeto e leiaute variam em função do tipo e do tamanho dos objetos a serem representados. Em desenhos que representam obras civis, é usual que as medidas sejam expressas em centímetros, enquanto naqueles que representam máquinas e equipamentos as dimensões sejam grafada em milímetros. As escalas mais utilizadas para representar desenhos de plantas baixas, cortes e fachadas de edificações são 1:50 e 1:100, enquanto para desenhos de situação, de localização e de implantação são 1:250 e 1:500. Lembre-se de que 1 m no desenho representa 50 m na edificação real, quando utilizada a escala 1:50.

Representado em escalas diferentes, o desenho de uma edificação terá tamanhos distintos, sendo tanto maior quanto menor for a proporção da escala, cabendo ao projetista identificar a qual escala e tamanho da série "A" melhor se ajusta o desenho.

A ferramenta mais comum para representar o projeto e leiaute de instalações produtivas é a utilização de *softwares* de desenho assistido por computador (CAD). Apesar de na fase de concepção muitos projetistas ainda utilizarem o papel e o lápis, são raras as situações em que o desenho, a edição e a impressão não tenham suporte de algum *software*.

As facilidades de alteração, armazenagem e envio em meio digital e de uso de camadas, construção de modelos em três dimensões e inserção de *templates* são algumas das vantagens que permitem afirmar que é impossível (ou impensável) desenvolver um projeto sem o apoio de um *software* de CAD. Uma grande quantidade de *softwares* proprietários e gratuitos está disponível no mercado, a exemplo do AutoCAD, do DataCAD e do SkechUp (Autodesk Inc, 2015; Graphics, 2015; Trimble Navigation Limited, 2015).

Exemplo 6.3

Considerando as plantas baixas da unidade produtiva do Exemplo 2.6, apresentado no Capítulo 2, identifique qual o formato da série "A" da NBR 10068 que melhor se adéqua para desenhá-las na escala 1:100. Lembre-se de que as edificações têm dimensões de 20 m × 72 m e de 8 m × 18 m e que o afastamento entre elas é de 12 m. A situação em que ocorre a melhor utilização da superfície do papel é aquela em que ambas são desenhadas em pranchas separadas ou em uma mesma prancha?

Para ambas as situações, é preciso reservar 21 cm de largura da prancha para o selo (carimbo) e a margem, o que corresponde à largura do formato A4.

Em função das dimensões das edificações, é conveniente utilizar na posição horizontal os formatos da série "A". Considerando que na direção horizontal o desenho da maior edificação (20 m × 72 m) necessita, minimamente, de uma prancha com 0,93 m (0,72 m + 0,21 m), será necessário utilizar o formato A0 (0,841 m × 1,189 m). Na direção vertical, o desenho da edificação demanda 0,2 m, sobrando aproximadamente 0,64 m (0,841 m – 0,2 m) de largura não utilizada para o desenho. Caso ambas as edificações sejam representadas na prancha, na direção vertical com A0, é necessário 0,40 m, sobrando 0,24 m (0,841 m – 0,2 m – 0,12 m – 0,08 m) de largura não utilizada.

Assim, em função da dimensão de 72 m da maior edificação, é preciso utilizar o formato A0, sendo conveniente utilizar o espaço vertical restante para o desenho da edificação menor e do espaço entre as edificações. Essa solução implica um melhor aproveitamento de impressão e é capaz de representar com mais detalhe o afastamento entre os prédios.

Observe que a utilização de pranchas separadas tende a aumentar a superfície de papel em função do maior espaço para o selo, e que não utilizando os formatos da série A talvez fosse possível obter um ajuste que utilizasse menor superfície de impressão ao evitar espaços vazios nas pranchas.

6.3 Avaliação e seleção

Diferentes soluções tendem a atender em maior ou menor intensidade ao conjunto de critérios estabelecidos; difícilmente um projeto e um leiaute produzem apenas uma alternativa de solução. Durante o desenvolvimento da planta de leiaute, os dados e as hipóteses estabelecidos serão questionados e requestionados, sendo necessárias várias interações de tentativa e erro para produzir uma solução aceitável (Tompkins et al., 1996).

A seleção de uma solução de projeto e leiaute é resultado da condução de um processo avaliativo, objetivo ou não, que pode ser realizado a cada nível de planejamento de espaço ou para a tomada de decisão quanto a soluções alternativas de projetos completos. A situação ideal ocorre quando é obtido o aval de diretores e de proprietários conforme avança o detalhamento do projeto. Além da seleção em si, o processo avaliativo pode fornecer subsídios para a equipe conduzir o projeto e leiaute dos níveis seguintes ou propiciar a produção de uma solução que contemple as características positivas dos demais passos.

É importante que você observe que os atores envolvidos tendem a defender com vaidade as soluções nas quais tiveram maior engajamento, ou aquelas que lhes proporcionarão maiores benefícios, sendo recomendável utilizar processos estruturados e objetivos para realizar uma seleção válida e legítima. Mais formalmente definida, a avaliação significa realizar um julgamento de valor sobre determinado objeto, em dado contexto e momento, utilizando uma metodologia com validade científica, objetivando obter informação útil e socialmente legítima para os atores envolvidos.

A seleção entre alternativas de leiaute implica uma relação de compromisso entre múltiplos critérios e o uso de sistemas de valores diferentes por parte de projetistas e tomadores de decisão (Tompkins et al., 2010).

O projeto e leiaute final é representado graficamente em plantas contendo desenhos da solução identificada, sendo constituído da planta do terreno (*plot plan*) e do plano mestre ou plano de leiaute (Moore, 1969; Tompkins et al., 1996; Stephens; Meyers, 2010). A produção desses documentos é um processo interativo do qual se pretende que todos os dados obtidos, todas as premissas assumidas e todos os parâmetros propostos sejam atendidos, não se tratando de um processo trivial.

O julgamento e a avaliação frequentemente conduzem a outras opções que capturem as melhores características das opções originais (Lee et al., 1997). A solução final de projeto e leiaute deve ser avaliada com base nos objetivos estabelecidos no início do projeto, sendo comum encontrar relações não exaustivas de fatores a serem considerados.

O leiaute produzido deve ser testado em relação à mínima distância percorrida, ao fluxo de trabalho, à utilização de espaço, à satisfação e à segurança dos funcionários, à flexibilidade e à integração entre seus fatores determinantes (Muther, 1955). Além destes, pode ser útil relacionar os fatores propostos por Tompkins et al. (1996) e o conjunto de aspectos sistêmicos a serem considerados no projeto e na operação de sistemas de produção propostos por Bellgran, citado por Bellgran e Säfsten (2010), que são os seguintes:

- **Financeiros** – Investimento inicial, custo anual de operação, retorno do investimento.
- **Estratégia** – De mercado (novos mercados, demandas de mercado, competidores, consumidores, níveis e previsões de preço), da companhia (planos futuros, política de investimentos, competências, atividades centrais, comprar ou fazer), de conceito de produto (preço, qualidade, *design*, *mix*, compleixidade do produto, tempo de entrega, adaptação do consumidor).
- **Operacionais** – Flexibilidade a mudanças, facilidade de expansão, nível de automação, utilização do espaço, flexibilidade, capacidade, tempo de ciclo, tempo de atravessamento, tempo de troca de *setup*, disponibilidade, confiabilidade, separação entre processos de produção, sequências de operações, sistemas de controle.
- **Movimentação de materiais** – Princípio de controle (puxado/empurrado), inventário em processo e suas áreas de armazenamento, sistemas informatizados, equipamentos, volumes movimentados, fluxos de materiais e produtos, tempos de fila e de transporte, capacidade e rotinas de armazenagem, avarias e controle de qualidade.
- **Planta e equipamentos** – Características da planta (chão, telhado, pilares, circulações, modulação etc.) e instalações de apoio e de necessidades pessoais.

- **Organização do trabalho e de pessoal** – Forma de organização, trabalho em equipe, estrutura para educação e treinamento, rotatividade de funcionários.
- **Ambiente de trabalho** – Físico, ergonomia homem-máquina, segurança, riscos à saúde, ruído, vibração, iluminação, ambiente psicossocial, estresse no trabalho.

Segundo Tompkins et al. (1996), as alternativas viáveis podem ser comparadas em relação a fatores econômicos (investimento inicial demandado, custos operacionais anuais, retorno do investimento (ROI), período de *payback*); operacionais (flexibilidade a mudanças e a rearranjos, integração entre processos, facilidade de adaptação a mudanças de volume, *mix* e tempos de entrega, segurança, satisfação dos funcionários, manutenção, qualidade do produto); gerenciais (utilização do espaço, supervisão e controle, interrupção da produção durante a implementação, programação da produção, controle de inventário, necessidade de *software*); estratégicos (possibilidade de expansão, logística, tempo para início da operação, disponibilidade do equipamento e de sua assistência técnica, efeito das condições naturais – vento, chuva, sol, temperatura –, integração com outras instalações da empresa, nível de automação).

Um procedimento simples e eficiente que propõe uma perspectiva dinâmica à avaliação da solução de leiaute antes de sua finalização é indicado por Tompkins et al. (1996). Os autores sugerem examinar a solução na perspectiva da movimentação de materiais e de pessoas, percorrendo fluxos, processos, operações e situações, a exemplo de um funcionário típico que estacione o carro, caminhe até a instalação, troque de roupa e guarde o lanche, registre o ponto, converse com o supervisor, realize o *setup*, começe a produção, vá ao banheiro, beba água, faça o intervalo, lave as mãos, lanche, receba primeiros socorros (caso se machuque), participe de uma reunião, interaja com os controles de qualidade e de processo, relate sua produção, registre sua saída e retorne a seu carro.

Um conjunto de técnicas e procedimentos tem sido proposto para a avaliação e a seleção de soluções alternativas de leiaute (Muther, 1955; Moore, 1969; Tompkins et al., 1996; Lee et al., 1997; Sule, 2009; Tompkins et al., 2010; Stephens; Meyers, 2010). A aplicação dessas técnicas pode envolver várias pessoas, usualmente aquelas que fazem parte do grupo de trabalho responsável pela produção das soluções, sendo recomendável a inclusão de outras pessoas-chave com experiência e compreensão do processo e da empresa. O compartilhamento da tomada de decisão tende a aumentar o envolvimento do grupo em relação à alternativa selecionada e ao comprometimento na implementação dela.

6.3.1 Técnicas e procedimentos para a avaliação de soluções alternativas

A necessidade de uma definição objetiva da melhor opção de planejamento de espaço pelo uso de critérios decisivos (atende/não atende ou sim/não) ou qualificadores é defendida por Lee et al. (1997). Alguns critérios e técnicas podem ser utilizados: análise de fluxo de materiais, análise financeira, classificação de alternativas, identificação de fatores positivos/negativos/importantes, análise da árvore decisória, ranqueamento das alternativas e análise de fatores ponderados (Tompkins et al.,1996; Lee et al., 1997).

As técnicas e os procedimentos descritos a seguir podem ser utilizados a cada nível de planejamento de espaço para avaliar soluções alternativas ou para um projeto que tenha como escopo vários níveis, a exemplo de macro e micro ou desde a estação de trabalho até a localização do *site* da empresa. Quando o escopo envolve vários níveis de planejamento de espaço, é recomendável que sejam formalizadas avaliações parciais ao final de cada nível, mesmo que sejam realizadas por um grupo reduzido de pessoas.

6.3.1.1 Lista de vantagens e desvantagens

Nessa técnica são listadas as **vantagens e as desvantagens**, ou pontos fortes e fracos, de cada alternativa de leiaute, constituindo-se uma variação da ferramenta da qualidade tempestade de ideias (*brainstorming*). Eventualmente, podem-se inicialmente listar os pontos positivos, a seguir os negativos e, então, apontar as características de interesse, ou únicas, que distinguem as alternativas. Apesar de não produzir uma comparação acurada e objetiva, essa técnica é simples e efetiva para selecionar a melhor solução, permitindo elencar as características não evidentes de cada alternativa e construir consenso sobre a escolhida.

6.3.1.2 Análise financeira

Um fator que merece especial atenção durante o processo de seleção entre as alternativas é aquele realizado na implantação ou melhoria nas instalações da empresa, pois geralmente corresponde a um dos maiores investimentos realizados.

O procedimento de **análise financeira** das soluções alternativas a serem comparadas inclui estimar fatores quantitativos e envolve julgamentos qualitativos, demandando a definição do período de tempo e da taxa a ser utilizada e o estudo do fluxo de caixa de cada alternativa, incluindo uma estimativa de custos. Entre os principais elementos de custos estão: a instalação, os equipamentos, a manutenção, o operacional, a folha de pagamento, a energia, os fornecedores, as vendas, os impostos e o seguro.

A análise financeira pode envolver um conjunto de estimadores, a exemplo do valor presente líquido, do valor anual uniforme equivalente, da taxa interna de retorno, da análise de benefício, do tempo de recuperação do capital (*payback*) e dos métodos de análise sob condições de incerteza e risco, cujo desenvolvimento e cálculo fogem ao objetivo deste livro. Uma vez caracterizados esses estimadores, eles podem ser utilizados como único parâmetro de apoio na tomada de decisão ou compor o conjunto de fatores a serem analisados em outras técnicas de comparação entre as alternativas.

6.3.1.3 Comparação ponderada de pesos

A técnica da **comparação ponderada de pesos** permite comparar cada solução em relação a um conjunto de fatores previamente definidos, forçando que a tomada de decisão seja influenciada por uma avaliação explícita de cada um deles. A escolha dos fatores é determinante, sendo natural que os parâmetros iniciais do projeto sejam utilizados para a comparação entre soluções alternativas de leiaute. Podem ser utilizados de forma combinada fatores qualitativos e quantitativos, estratégicos e operacionais, tomando-se o cuidado para que sejam independentes e não redundantes.

A aplicação da técnica demanda listar os fatores relevantes, eleger seus pesos, avaliar as soluções alternativas em relação a cada fator e computar o somatório ponderado dos pesos para cada alternativa. A solução com maior somatório é a escolhida. Especial atenção deve ser dada à escolha dos pesos, que, idealmente, deveria ser realizada por gerentes do nível estratégico, enquanto as avaliações deveriam ser atribuídas ao pessoal do nível operacional e aos componentes do grupo de trabalho.

Usualmente, os pesos são expressos em uma escala de 0 a 10, sendo mais fácil compreender a importância relativa de cada fator quando a soma dos pesos totaliza 10 pontos. As avaliações podem ser expressas em uma escala de 0 a 10 ou podem ser atribuídas apenas as notas 9, 6, 3, 1 e 0, de modo a forçar a discretização entre as alternativas e evitar empates ou somatórios de pesos muito similares. Alternativamente, as vogais A, E, I, O e U podem ser atribuídas, correspondendo às avaliações 9, 6, 3, 1 e 0 ao ser computados os somatórios.

A Tabela 6.4 apresenta um exemplo da aplicação da técnica da comparação ponderada de pesos na seleção entre duas soluções alternativas de projeto e leiaute.

Tabela 6.4 – Aplicação da técnica da comparação ponderada de pesos

Fator	Peso	Alternativa I		Alternativa II	
		Avaliação	Escore	Avaliação	Escore
1. Comparação econômica	2,0	E	12	I	2
2. Qualidade	1,5	E	9	E	9
3. Fluxo de material	2,5	E	15	A	22,5
4. Comunicação	0,5	I	1,5	U	0
5. Utilização do espaço	1,5	E	9	A	13,5
6. Segurança	1,0	O	1	A	9
7. Flexibilidade	1,0	E	6	E	6
Somatório	10,0	–	53,5	–	62

A alternativa II é a que apresenta maior somatório de escores, devendo ser a preferida por isso, especialmente em relação aos fatores fluxo de material e utilização do espaço. Como você pôde observar, a comparação ponderada de pesos indica a escolha da alternativa II, mesmo ela tendo maior custo, visto que os somatórios se compensam entre si, apesar de os pesos distinguirem os fatores.

6.3.2 Aprovação, apresentação e implementação do projeto e leiaute

A aprovação do projeto e do leiaute usualmente ocorre em uma reunião formal na qual o projetista apresenta e sustenta a solução proposta, de forma oral e por meio de um relatório escrito, com plantas e detalhes da unidade produtiva.

A apresentação oral e a entrega de relatório escrito são formas de relatar o trabalho realizado que subsidiam a obtenção da aprovação, sendo previsível que exista dificuldade na aprovação pela gerência de projeto e leiaute, não importando a qualidade e a adequação do projeto e leiaute de uma unidade produtiva. Depois de empreendidos meses no trabalho de coletar e analisar dados para produzir a melhor solução possível, o projetista deve ganhar a aprovação dos gerentes, sendo um grande erro assumir que estes sabem mais do que ele sobre o projeto (Stephens; Meyers, 2010). Deve ser preparada uma exposição detalhada e minunciosa sobre o processo e os resultados obtidos, mesmo que tenham sido feitas aprovações parciais nas etapas anteriores. Conhecer a audiência e a perspectiva utilizada pode ajudar a preparar uma apresentação que responda antecipadamente a questões de interesse, sendo recomendável não exceder o tempo de uma hora (Tompkins et al., 1996).

A apresentação deve começar estabelecendo **o que** será feito, descrever **por que** deveria ser feito e **como** realizar as tarefas recomendadas, enfatizando **qual** instalação deve ser implementada, **quem** será impactado, **por que** e **como** implementá-la, não entrando em detalhes de como um projeto de leiaute deve ser realizado.

De acordo com Stephens e Meyers (2010), a apresentação deve ser visual e deixar os detalhes para o relatório escrito, cobrindo o projeto e leiaute e o processo utilizado em sua produção, em um conjunto de tópicos organizados em relação ao modelo do produto (as metas e as submetas, a capacidade da planta, o produto, as decisões sobre terceirização e o projeto do processo) e ao leiaute (fluxos aprofundando o projeto do processo, a montagem e a embalagem final, as cartas de fluxo do processo, os diagramas de relacionamentos e de blocos, os serviços auxiliares e para os funcionários e escritórios e o diagrama de alocação de áreas).

A ênfase visual pode envolver o uso de maquetes, passeios virtuais ou desenhos capazes de representar o conjunto de informações necessárias à compreensão da forma como o projeto e o leiaute atendem aos objetivos iniciais. Uma forma simples é a apresentação da solução detalhada do projeto e leiaute, como ilustra a Figura 6.3, para o caso da Ieam, na qual é dado destaque à representação dos fluxos principais, dos acessos, das unidades de planejamento de espaço e das suas posições relativas. Observe que a legenda utilizada na Figura 6.2 é consistente com a adotada na Tabela 2.3.

Figura 6.3 – Exemplo de representação do projeto e leiaute

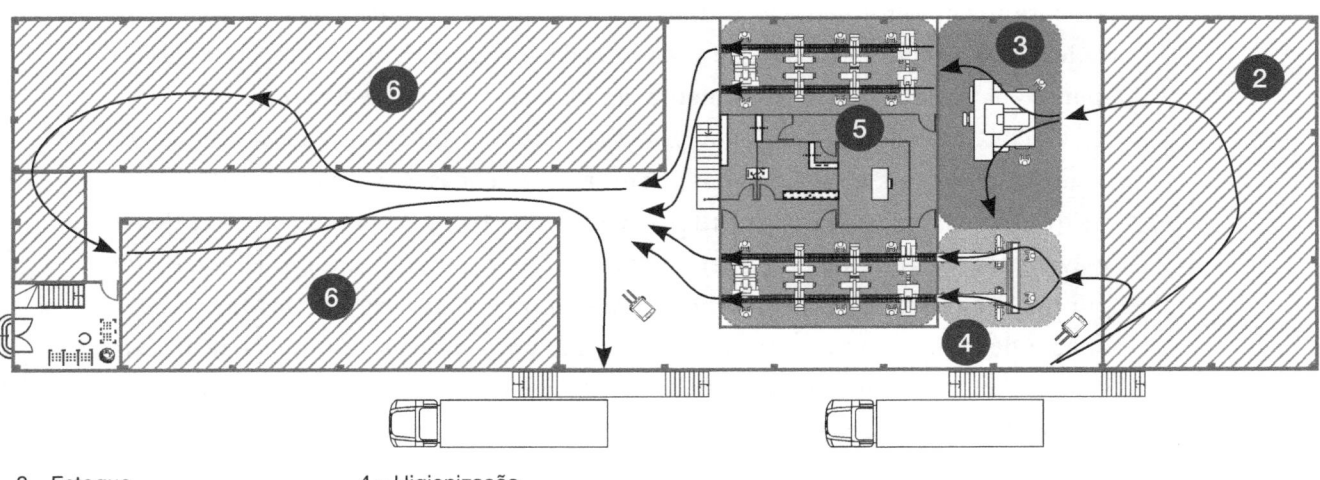

2 – Estoque
3 – Produção de vasilhames
5 – Envase
4 – Higienização
6 – Armazenagem de produtos

O nível de detalhamento pode ser aumentado indicando o fluxo interno dos setores, como indicado na Figura 6.4, para o caso da Ieam, na qual é destacada a higienização de vasilhames, seu envasamento e sua embalagem.

Figura 6.4 – Exemplo de detalhe na representação setores

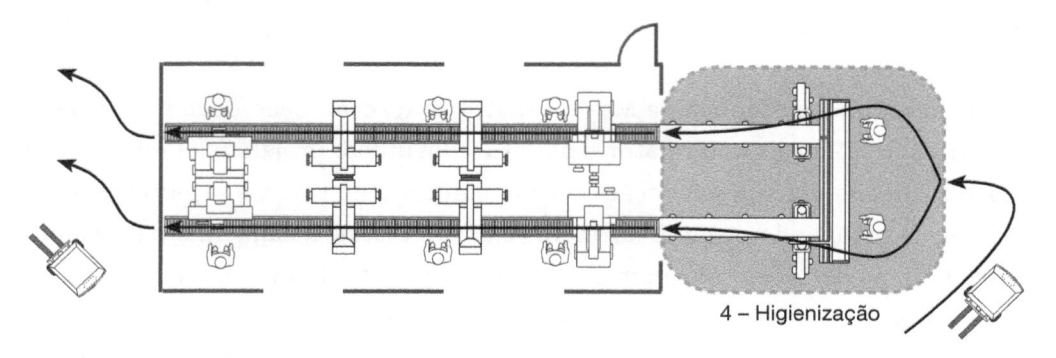

4 – Higienização

Uma questão importante é a decisão de desenvolver ou contratar o projeto de instalações. No primeiro caso, o desenvolvimento do leiaute e o gerenciamento dos demais projetos e da construção são realizados pela própria empresa; no segundo caso, é contratado um profissional liberal ou uma empresa para realizar e gerenciar todas as etapas. A opção de contratar o projeto aumenta a necessidade de integração entre as equipes da empresa contratada e da empresa contratante, de modo a evitar retrabalhos, atrasos e erros.

Empreendimentos de porte médio e grande podem envolver vários profissionais para sua realização, entre os quais, aqueles que compõem a equipe de trabalho da contratante, o arquiteto, os engenheiros de produção ou industriais, civis, mecânicos, químicos e de alimentos. Além de atuarem no projeto e leiaute da unidade produtiva e na construção, esses profissionais devem desenvolver e executar os projetos elétrico, hidráulico, sanitário, de prevenção de incêndio, de rede lógica, de climatização, de exaustão, de tratamento de resíduos, de equipamentos de produção e de movimentação de materiais, entre outros.

Os contratos de construção ou projeto por convite ou concorrência (*design bid build*) são os mais utilizados nas indústrias da construção no Ocidente, forma na qual os serviços de um arquiteto ou engenheiro são contratados para desenvolver todas as etapas de projeto e controle da construção, a qual é realizada por uma construtora, que pode subcontratar partes do serviço (De Marco, 2011). Apesar de mais caro e demorado, esse método apresenta as vantagens de utilizar serviço externo, que gera uma clara divisão de responsabilidade, e de produzir, antes do início da obra, desenhos e especificações completas e uma estimativa mais precisa do custo total do projeto, sendo especialmente utilizado quando aspectos estéticos são importantes (Tompkins, 2001).

Uma sequência de etapas pode ocorrer depois de concluída a construção das edificações e das instalações físicas, em um processo que, segundo Stephens e Meyers (2010), pode consumir meses e envolver a instalação e o teste do maquinário e dos equipamentos, seguida pelo teste piloto de engenharia e pelo início da produção. Segundo os autores, é comum que a planta tenha uma eficiência de 70% durante o período de ajustes e de eliminação de erros (*debugging*), que pode durar de três meses a um ano, para somente então o processo entrar em marcha (*follow-up*).

■ Síntese

Neste capítulo, você pôde compreender a importância da locação e do estudo de implantação de um projeto de leiaute, bem como sua relação com os demais níveis de planejamento de espaço. Caracterizamos a forma normativa como o projeto e o leiaute devem ser representados em plantas, além de sua importância na integração com os demais projetos e nas aprovações em órgãos regulamentadores. Apresentamos ainda técnicas de avaliação e seleção, bem como destacamos a importância da aprovação e da implementação do projeto e leiaute das instalações produtivas.

■ Questões para revisão

1. No estudo de locação do *site* é escolhida:
    a. a posição do prédio no terreno.
    b. a posição do terreno em relação à rua.
    c. a posição do terreno na cidade ou região.

2. Em um estudo da implantação do *site*, são decididas questões como:
    a. a posição da subestação.
    b. o local do acesso de veículos.
    c. o local das estações de trabalho.
    d. a posição dos setores da empresa.
    e. a posição relativa entre os prédios.

3. Que normas devem ser atendidas na representação gráfica de plantas de leiaute?

4. Qual é a melhor posição, em coordenadas cartesianas (x_{CG}; y_{CG}), para o *site* de uma empresa pelo método do centro de gravidade, considerando que os principais clientes e fornecedores tenham as seguintes cargas em un/mês: [A(2 000), B(3 000), C(4 500), D(1 000), E(8 000), F(7 500), G(500)] e coordenadas em km [A(20, 50), B(200, 150), C(80, 400), D(250, 350), E(750, 400), F(250, 75), G(900, 750)]. Utilize as distâncias retilíneas.

   a. (61,1 km; 755 km).
   b. (344,6 km; 38 km).
   c. (456,9 km; 122,7 km).
   d. (67,9 km; 25 km).
   e. (361,3 km; 258 km).

5. Considerando os formatos da série "A", qual tamanho de prancha deve ser utilizado para representar: um terreno com dimensões de 25 m × 150 m na escala 1:200; uma edificação com dimensões de 12 m × 30 m na escala 1:50; duas edificações em uma mesma prancha com dimensões de 50 m × 90 m e 50 m × 15 m na escala 1:100?

■ Questões para reflexão

1. Em um estudo de locação, qual a diferença entre os casos de uma empresa que tem *site* único e uma empresa que pretende implantar seu quinto *site*?

2. Qual a importância da aprovação, a cada nível de planejamento do espaço, das soluções alternativas de projeto e leiaute?

3. Em quais órgãos o projeto de uma empresa metalomecânica precisa ser aprovado? E uma indústria de medicamentos? E uma fábrica de massas?

■ Para saber mais

ABNT – Associação Brasileira de Normas Técnicas. Disponível em: <http://www.abnt.org.br>. Acesso em: 27 set. 2015.

A ABNT é uma entidade privada e sem fins lucrativos responsável pela normatização no Brasil, constituindo um foro nacional reconhecido pela sociedade desde a década de 1940. As normatizações produzidas pela ABNT assumem caráter normativo ao serem referidas em instrumentos legais emitidos pelos diversos órgãos de governo. No site da ABNT, você pode encontrar normalizações, certificações e capacitações, entre outros.

DRAFTSPERSON.NET – The art of technical drawing. Disponível em: <http://www.draftsperson.net>. Acesso em: 27 set. 2015.

Nesse site, você pode encontrar informações sobre padrões de desenho, dicionário técnico, blocos gratuitos e atividades de entretenimento e diversão.

VISUAL COMMUNICATION DESIGN RESOURCES. Disponível em: <http://members.dodo.com.au/~steegshaadsl/>. Acesso em: 17 set. 2015.

Trata-se de um repositório de informações úteis em relação ao desenho técnico no qual você encontrará apresentações interativas e visuais.

[considerações finais]

A amplitude do conjunto de conteúdos necessários ao adequado projeto e leiaute de instalações produtivas faz com que mesmo projetistas experientes não dominem completamente todas as áreas envolvidas. Nos capítulos e nas seções deste livro, procuramos abarcar grande parte da discussão sobre o tema, dar subsídios à formação consistente e produzir uma visão geral, em detrimento da possibilidade de aprofundar seções específicas. Essa escolha foi intencional, em razão da delimitação de espaço, mas abre caminho para o aprofundamento da pesquisa individual em relação a assuntos específicos, cujo ponto de partida sugerimos a cada capítulo, na seção "Para saber mais".

Como você deve ter observado, a necessária simplicidade do resultado final de um projeto e leiaute de uma instalação produtiva é uma conquista que resulta de um trabalho árduo e complexo, conduzido com o objetivo de ajustar simultaneamente múltiplas variáveis de decisão na produção do melhor arranjo otimizado (instalações, equipamentos, máquinas, pessoas, movimentação de materiais e serviços de suporte) e atender elegantemente ao conjunto de restrições normativas estabelecidas pelas legislações pertinentes. Dessa forma, o planejamento de instalações produtivas pode ser a solução para um grande conjunto de problemas da empresa. Nesse sentido, oferecemos uma opção de leitura simples e direta em relação ao tema, mediada por estudos de caso, exemplos e exercícios de revisão e para reflexão que apoiam e esclarecem a aplicação dos métodos e das ferramentas apresentados.

O fato de as decisões sobre o planejamento de instalações produtivas serem estratégicas para a empresa abre uma grande possibilidade aos interessados nessa área de atuação, o que, muitas vezes, pode auxiliar na ascensão profissional. Esperamos que este livro tenha contribuído para seu processo de construção do conhecimento e sirva de auxílio em situações concretas vividas em suas atividades profissionais.

[referências]

ABEPRO – Associação Brasileira de Engenharia de Produção. Disponível em: <http://www.abepro.org.br/interna.asp?p=399&m=887&ss=1&c=396>. Acesso em: 27 set. 2015.

ABERGO – Associação Brasileira de Ergonomia. Disponível em: <http://www.abergo.org.br>. Acesso em: 27 set. 2015.

ABHO – Associação Brasileira de Higienistas Ocupacionais. Disponível em: <http://abho.org.br>. Acesso em: 27 set. 2015.

ABNT – Associação Brasileira de Normas Técnicas. Disponível em: <http://www.abnt.org.br>. Acesso em: 27 set. 2015a.

_____. **NBR 5413**: Iluminância de interiores. Rio de Janeiro: ABNT, 1992.

_____. **NBR 6492**: Representação de projetos de arquitetura. Rio de Janeiro: ABNT, 1994.

_____. **NBR 7195**: Cores para segurança. Rio de Janeiro: ABNT, 1995.

_____. **NBR 9050**: Acessibilidade a edificações, mobiliário, espaços e equipamentos urbanos. Rio de Janeiro: ABNT, 2015b.

_____. **NBR 10068**: Folha de desenho – leiaute e dimensões. Rio de Janeiro: ABNT, 1987a.

_____. **NBR 10152**: Níveis de ruído para conforto acústico. Rio de Janeiro: ABNT, 1987b.

_____. **NBR 13142**: Desenho técnico – dobramento de cópia. Rio de Janeiro: ABNT, 1999.

ANVISA – Agência Nacional de Vigilância Sanitária. Disponível em: <http://www.anvisa.gov.br>. Acesso em: 27 set. 2015.

AUTODESK INC. **Autocad**. San Rafael, CA, [200-?]. Software de CAD. Disponível em: <http://www.autodesk.com.br/products/autocad/overview>. Acesso em: 26 set. 2015.

BATTESINI, M. Modelo conceitual para projetos de instalações produtivas sujeitas à vigilância sanitária. **Vigilância Sanitária em Debate**: Sociedade, Ciência & Tecnologia, Rio de Janeiro, v. 2, n. 3, p. 94-102, ago. 2014.

BATTESINI, M.; GODOY, L. P. **Pesquisa operacional**: noções introdutórias. Edição do autor. Santa Maria: [s.n.], 2013.

BELGE ENGENHARIA E SISTEMAS. **ProModel**. São Paulo, [200-?]. Software de simulação. Disponível em: <http://www.belge.com.br/promodel.php>. Acesso em: 26 set. 2015.

BELLGRAN, M.; SÄFSTEN, E. K. **Production Development**: Design and Operation of Production Systems. London: Springer-Verlag, 2010.

BILES, W. E.; USHER, J. S.; ZOHDI, M. D. Material Handling. **Mechanical Engineers' Handbook**: Manufacturing and Management, New York, USA, v. 3, 3. ed., p. 349-395, 2006.

BITENCOURT, R. S. **Proposta de um modelo conceitual para o planejamento de instalações industriais livre de barreiras**. 267 f. Tese (Doutorado em Engenharia de Produção) – Universidade Federal do Rio Grande do Sul, Porto Alegre, 2008.

BRASIL. Lei n. 8.666, de 21 de junho de 1993. **Diário Oficial da União**. Poder Legislativo, Brasília, DF, 22 jun. 1993. Disponível em: <http://www.planalto.gov.br/ccivil_03/Leis/L8666cons.htm>. Acesso em: 26 set. 2015.

_____. Lei n. 10.098, de 19 de dezembro de 2000. **Diário Oficial da União**. Poder Legislativo, Brasília, DF, 20 dez. 2000. Disponível em: <http://www.planalto.gov.br/ccivil_03/LEIS/L10098.htm>. Acesso em: 27 set. 2015.

_____. Ministério do Trabalho e Emprego. Disponível em: <http://portal.mte.gov.br/portal-mte>. Acesso em: 27 set. 2015.

_____. Ministério da Saúde. Resolução RDC n. 50, de 21 de fevereiro de 2002. **Diário Oficial da União, Brasília**, DF, 20 mar. 2002a. Disponível em: <http://www.anvisa.gov.br>. Acesso em: 13 mai. 2015.

_____. Ministério da Saúde. Resolução RDC n. 216, de 15 de setembro de 2004. **Diário Oficial da União**, Brasília, DF, 16 set. 2004. Disponível em: <http://www.anvisa.gov.br>. Acesso em: 13 maio. 2015.

BRASIL. **Manual de Aplicação da Norma Regulamentadora n. 17**. 2. ed. Brasília: MTE/SIT, 2002b.

BRASIL. Ministério do Trabalho e Emprego. Norma Regulamentadora n. 9: Programa de prevenção de riscos ambientais. Portaria GM n. 3.214, de 8 de junho de 1978. **Diário Oficial da União**, Brasília, DF, 6 jul. 1978a, atualizada em 2014. Disponível em: <http://www.mte.gov.br/images/Documentos/SST/NR/NR9.pdf>. Acesso em: 27 set. 2015.

_____. Norma Regulamentadora n. 11: Transporte, movimentação, armazenagem e manuseio de materiais. Portaria GM n. 3.214, de 8 de junho de 1978. **Diário Oficial da União**, Brasília, DF, 6 jul. 1978b, atualizada em 2004. Disponível em: <http://www.mte.gov.br/images/Documentos/SST/NR/NR11.pdf>. Acesso em: 27 set. 2015.

_____. Norma Regulamentadora n. 12: Segurança no trabalho em máquinas e equipamentos. Portaria GM n. 3.214, de 8 de junho de 1978. **Diário Oficial da União**, Brasília, DF, 6 jul. 1978c, atualizada em 2010. Disponível em: <http://www.mte.gov.br/images/Documentos/SST/NR/NR12/NR12.pdf>. Acesso em: 27 set. 2015.

_____. Norma Regulamentadora n. 17: Ergonomia. Portaria GM n. 3.214, de 8 de junho de 1978. **Diário Oficial da União**, Brasília, DF, 6 jul. 1978d, atualizada em 2007. Disponível em: <http://www.mte.gov.br/images/Documentos/SST/NR/NR17.pdf>. Acesso em: 27 set. 2015.

_____. Norma Regulamentadora n. 24: Condições sanitárias e de conforto nos locais de trabalho. Portaria GM n. 3.214, de 8 de junho de 1978. **Diário Oficial da União**, Brasília, DF, 6 jul. 1978e, atualizada em 1993. Disponível em: <http://www.mte.gov.br/images/Documentos/SST/NR/NR24.pdf>. Acesso em: 13 maio. 2015.

_____. Norma Regulamentadora n. 26: Sinalização de segurança. Portaria GM n. 3.214, de 8 de junho de 1978. **Diário Oficial da União**, Brasília, DF, 6 jul. 1978f, atualizada em 2011. Disponível em: <http://www.mte.gov.br/images/Documentos/SST/NR/NR26.pdf>. Acesso em: 27 set. 2015.

_____. Norma Regulamentadora n. 27: Registro profissional do técnico de segurança do trabalho. Portaria GM n. 3.214, de 8 de junho de 1978. **Diário Oficial da União**, Brasília, DF, 6 jul. 1978g, atualizada em 2011. Disponível em: <http://www.mte.gov.br/images/Documentos/SST/NR/NR27.pdf>. Acesso em: 27 set. 2015.

BRASIL. Norma Regulamentadora n. 35: Trabalho em altura. Portaria SIT n. 313, de 23 de março de 2012. **Diário Oficial da União**, Brasília, DF, 27 mar. 2012. Disponível em: <http://www.mte.gov.br/images/Documentos/SST/NR/NR35.pdf>. Acesso em 27 set. 2015.

BRASIL. Ministério do Trabalho e Emprego. Normas regulamentadoras. Disponível em: <http://www.mte.gov.br/index.php/seguranca-e-saude-no-trabalho/normatizacao/normas-regulamentadoras>. Acesso em: 19 fev. 2016.

_____. **Pontos de verificação ergonômica**: soluções práticas e de fácil aplicação para melhorar a segurança, a saúde e as condições de trabalho. Brasília: MTE, 1996.

_____. Ministério do Trabalho e Emprego. Gabinete do Ministro. Portaria n. 262, de 29 de maio de 2008. **Diário Oficial da União**, Brasília, DF, 30 maio. 2008. Disponível em: <http://acesso.mte.gov.br/data/files/FF8080812BE914E6012BF8CEDC801C38/p_20080529_262.pdf>. Acesso em: 20 nov. 2015.

BOZER, Y. A. Material Handling Systems. In: SALVENDY, G. **Handbook of Industrial Engineering**: Technology and Operations Management. 3. ed. New York: John Wiley & Sons, 2001.

CHEN, D. **Information Management for Factory Planning and Design**. 68 p. Doctoral Thesis (Department of Production Engineering) – KTH Royal Institute of Technology, Sweden, Stockholm, 2012.

CHIAVENATO, I. **Administração de materiais**: uma abordagem introdutória. Rio de Janeiro: Elsevier, 2005.

CHWIF, L.; MEDINA, A. C. **Modelagem e simulação de eventos discretos**: teoria e aplicações. Edição do autor. São Paulo: [s.n.], 2010.

COSTA, M. A. F.; COSTA, M. F. B. **Segurança e saúde no trabalho**: cidadania, competividade e produtividade. Rio de Janeiro: Qualitymark, 2009.

DAVIS, M. M.; AQUILANO, N. J.; CHASE, R. B. **Fundamentos da administração da produção**. Porto Alegre: Bookman, 2001.

DE KOSTER, R.; LE-DUC, T.; ROODBERGEN, K. J. Design and Control of Warehouse Order Picking: a Literature Review. **European Journal of Operational Research**, v. 182, n. 2, p. 481-501, 2007.

DE MARCO, A. **Project Management for Facility Constructions**: a Guide for Engineers and Architects. Berlin Heidelberg: Springer-Verlag, 2011.

DOLGUI, A.; PROTH, J.-M. **Supply Chain Engineering**: Useful Methods and Techniques. London: Springer-Verlag, 2010.

DRAFTSPERSON.NET – The Art of Technical Drawing. Disponível em: <http://www.draftsperson.net>. Acesso em: 27 set. 2015.

FEM – European Federation of Materials Handling. Disponível em: <http://www.fem-eur.com>. Acesso em: 27 set. 2015.

FITZSIMMONS, J. A.; FITZSIMMONS, M. J. **Administração de serviços**: operações, estratégia e tecnologia da informação. 4. ed. Porto Alegre: Bookman, 2005.

FLEXSIM SOFTWARE PRODUCTS, INC. **FlexSim**. Orem, UT, [200-?]. Software de simulação. Disponível em: <https://www.flexsim.com/pt>. Acesso em: 26 set. 2015.

FREE MANAGEMENT LIBRARY. Disponível em: <http://managementhelp.org/>. Acesso em: 26 set. 2015.

GAITHER, N.; FRAZIER, G. **Administração da produção e operações**. São Paulo: Pioneira Thomson Learning, 2005.

_____. _____. 8. ed. São Paulo: Cengage Learning, 2002.

GEORGIA TECH – Supply Chain & Logistics Institute. Disponível em: <http://www.tli.gatech.edu>. Acesso em: 27 set. 2015

GRAPHICS. Disponível em: <http://www.portalgraphics.com.br/site/servicos/servicos.aspx?s=3>. Acesso em: 15 nov. 2015.

GROOVER, M. P. **Automação industrial e sistemas de manufatura**. São Paulo: Pearson Education do Brasil, 2011.

_____. **Automation, Production Systems, and Computer-Integrated Manufacturing**. 2. ed. Upper Saddle River: Prentice Hall, 2000.

_____. **Fundamentals of Modern Manufacturing**: Materials, Processes, and Systems. Hoboken: John Wiley & Sons, 2007.

GRUPO IMAM. Disponível em: <http://www.imam.com.br>. Acesso em: 27 set. 2015.

GUIMARÃES, L. B. de M. **Ergonomia de processos**. 2. ed. Porto Alegre: Ed. Da UFRGS, 2006.

HARRELL, C.; GHOSH, B. K.; BOWDEN, R. O. **Simulation Using ProModel**. 3. ed. International edition. New York: McGraw-Hill, 2012.

HOPP, W. J.; SPEARMAN, M. L. **Factory Physics**: Foundations of Manufacturing Management. Boston: McGraw-Hill, 2000.

HOUAISS, A.; VILLAR, M. de S. **Dicionário Houaiss da língua portuguesa**. Disponível em: <http://houaiss.uol.com.br>. Acesso em: 21 jun. 2015.

IEA – International Ergonomics Association. Disponível em: <http://www.iea.cc/project/index.html>. Acesso em: 27 set. 2015.

IIE – Instituto dos Engenheiros Industriais. Disponível em: <http://www.iienet2.org>. Acesso em: 15 nov. 2015.

ILO – International Labour Office; IEA – International Ergonomics Association. **Ergonomic Checkpoints**: Practical and Easy-to-Implement Solutions for Improving Safety, Health and Working Conditions. 2. ed. Geneva: International Labour Office, 2010.

ILO – International Labour Organization. Disponível em: <http://www.ilo.org/global/lang--en>. Acesso em: 27 set. 2015.

JOINES, J. R.; ROBERTS, S. D. **Simulation Modeling with SIMIO**: a Workbook. 3. ed. [S.l.]: Simio LLC, 2012.

KELTON, W. D.; SMITH, J. S.; STURROCK, D. T. **Simio and Simulation**: Modeling, Analysis, Applications. 3. ed. [S.l.]: Simio LLC, 2014.

KRAJEWSKI, L.; RITZMAN, L.; MALHOTRA, M. **Administração de produção e operações**. São Paulo: Pearson Prentice Hall, 2009.

LEE, Q. **Projeto de instalações e do local de trabalho**. São Paulo: Iman, 1998.

LEE, Q. et al. **Facilities and Workplace Design**: An Illustrated Guide. Norcross: Engineering & Management Press, 1997. (Engineers in Business Series 3).

LI, J.; MEERKOV, S. M. **Production Systems Engineering**. New York: Springer, 2009.

MATTOS, U. A. de O.; MÁSCULO, F. S. (Org.). **Higiene e segurança do trabalho**. Rio de Janeiro: Elsevier/Abepro, 2011.

MEREDITH, J. R.; SHAFER, S. M. **Administração da produção para MBAs**. Porto Alegre: Bookman, 1999.

MHIA – Material Handling Institute of America. Disponível em: <http://www.mhi.org>. Acesso em: 27 set. 2015a.

_____. **Material Handling Equipment Taxonomy**. Disponível em: <http://www.mhi.org/cicmhe/resources/taxonomy>. Acesso em: 27 set. 2015b.

MONDEN, Y. **Produção sem estoque**: uma abordagem prática ao sistema de produção da Toyota. São Paulo: Imam, 1984.

MOORE, J. M. **Plant Layout and Design**. Third Printing. Galt, Ontario: Brett-Macmillan, 1969.

MOURA, E. C. **As sete ferramentas gerenciais da qualidade**: implementando a melhoria contínua com maior eficácia. São Paulo: Makron, 1994.

MUTHER, R. **Planejamento do layout**: sistema SLP. Tradução de Elizabeth de Moura Vieira, Jorge Auib Hijjar e Miguel de Simoni. São Paulo: Edgard Blücher, 1978.

_____. **Practical Plant Layout**. New York: McGraw-Hill, 1955.

MUTHER, R.; WHEELER, J. D. **Planejamento sistemático e simplificado de layout**. São Paulo: Iman, 2000.

OHNO, T. **O sistema Toyota de produção**: além da produção em larga escala. São Paulo: Bookman, 1997.

OIT – Organização Internacional Trabalho. Disponível em: <http://www.ilo.org/brasilia/lang pt/index.htm>. Acesso em: 27 set. 2015.

_____. Ergonomia: herramientas y enfoques. c. 29. In: **Enciclopedia de salud y seguridad en el trabajo**. 4. ed. Genebra: OIT, 1998a.

_____. Higiene industrial: herramientas y enfoques. c. 30. In: **Enciclopedia de salud y Seguridad en el trabajo**. 4. ed. Genebra: OIT, 1998b.

_____. Protección y promoción de la salud: asistencia sanitaria. c. 15. In: **Enciclopedia de salud y Seguridad en el trabajo**. 4. ed. Genebra: OIT, 1998c.

OSHA – Occupational Safety and Health Administration. Disponível em: <www.osha.gov>. Acesso em: 27 set. 2015.

OWENS, R. Advancing Facility Planning. **Industrial Engineer**, Norcross, GA, v. 43, n. 11, p. 45-49, nov. 2011.

PEMBERTON, A. W. **Arranjo físico industrial e movimentação de materiais**. Rio de Janeiro: Interciência, 1977.

PMI – Project Management Institute. **Um guia do conhecimento em gerenciamento de projetos (guia PMBOK)**. 3. ed. Newtown Square: Project Management Institute, 2004.

POMS – Production and Operations Management Society. Disponível em: <http://www.poms.org>. Acesso em: 26 set. 2015

PRODUCTION SYSTEMS ENGINEERING. Disponível em: <http://www.productionsystemsengineering.com>. Acesso em: 26 set. 2015.

SCHENK, M.; WIRTH, S.; MÜLLER, E. **Factory Planning Manual**: Situation-Driven Production Facility Planning. Heidelberg: Springer-Verlag, 2010.

SHINGO, S. **O sistema Toyota de produção**: do ponto de vista da engenharia de produção. Porto Alegre: Bookman, 1996.

SIEMENS PLM SOFTWARE. **FactoryCAD**. Plano, TX, [200-?]. Software de CAD. Disponível em: <http://www.plm.automation.siemens.com>. Acesso em: 26 set. 2015a.

_____. **FactoryFLOW**. Plano, TX, [200-?]. Software de CAD. Disponível em: <http://www.plm.automation.siemens.com>. Acesso em: 26 set. 2015b.

SLACK, N. et al. **Administração da produção**. São Paulo: Atlas, 2009.

SOARES, M. M.; DINIZ, R. L. Proteção contra riscos ergonômicos. In: MATTOS, U. A. de O.; MÁSCULO, F. S. (Org.). **Higiene e segurança do trabalho**. Rio de Janeiro: Elsevier/Abepro, 2011.

STEPHENS, M. P.; MEYERS, F. E. **Manufacturing Facilities Design & Material Handling**. 4. ed. Boston: Prentice Hall, 2010.

SULE, D. R. **Manufacturing Facilities**: Location, Planning, and Design. 3. ed. Boca Raton, FL: CRC Press, 2009.

TEICHOLZ, E. **Facility Design and Management Handbook**. New York: McGraw-Hill, 2001.

TOMPKINS, J. A. Facilities Size, Location, and Layout. In: SALVENDY, G. **Handbook of Industrial Engineering**: Technology and Operations Management. 3. ed. New York: John Wiley & Sons, 2001.

TOMPKINS, J. A. et al. **Facilities Planning**. 2. ed. New York: John Wiley & Sons, 1996.

TOMPKINS, J. A. et al. **Facilities Planning**. 4. ed. New York: John Wiley & Sons, 2010.

TRIMBLE NAVIGATION LIMITED. **SketchUp**. Sunnyvale, CA, [200-?]. Software de CAD. Disponível em: <http://www.sketchup.com/pt-BR>. Acesso em: 26 set. 2015.

VISUAL COMMUNICATION DESIGN RESOURCES. Disponível em: <http://members.dodo.com.au/~steegshaadsl>. Acesso em: 17 set. 2015.

[bibliografia comentada]

LEE, Q. **Projeto de instalações e do local de trabalho**. São Paulo: Iman, 1998.

Esse livro é uma tradução de um clássico da literatura de projeto de instalações. Os cinco níveis do planejamento de espaço propostos pelos autores são conceitualmente sustentados e bem ilustrados com exemplos de aplicação em capítulos específicos. A cada capítulo é apresentada uma estrutura de tarefas a serem desenvolvidas para a produção do leiaute que, embora formal, auxilia os projetistas iniciantes ao fornecer a eles um percurso preciso. Apesar de não existir uma edição atualizada, o livro constitui leitura obrigatória para a compreensão do esforço a ser empregado no projeto de instalações e em seu contexto.

MUTHER, R.; WHEELER, J. D. **Planejamento sistemático e simplificado de layout**. São Paulo: Iman, 2000.

Esse livro apresenta uma sistemática simplificada para o planejamento de leiaute para pequenas áreas, especialmente útil em situações em que é necessário adaptar um local existente ou quando não há tempo para conduzir o processo completo de planejamento de instalações produtivas industriais ou comerciais. A sistemática tem uma estrutura com seis fases a serem seguidas, um padrão de procedimentos e um conjunto de convenções aplicáveis aos diferentes tipos de projeto de leiaute. O livro se propõe a ser um manual de instruções específico e simples que ilustra questões práticas de aplicação (o que, por que e como desenvolver cada fase) usando exemplos que são caracterizados em cenários.

TOMPKINS, J. A. et al. **Facilities Planning**. 4. ed. New York: John Wiley & Sons, 2010.

Trata-se de uma obra completa sobre o projeto de instalações, uma referência clássica que tem sido utilizada como livro-texto de disciplinas de graduação e pós-graduação em diferentes universidades nacionais e internacionais. Os capítulos são organizados por assuntos, e não por etapas, o que facilita o uso e torna a leitura flexível. O livro apresenta de forma clara e completa conceitos, ferramentas, técnicas e exemplos, cobrindo conteúdos obrigatórios, como estratégia, produto, processo, fluxo, necessidades pessoais, movimentação de materiais, armazenagem, projeto assistido por computador e avaliação de soluções alternativas de leiaute.

[respostas]

Capítulo 1

■ Questões para revisão

1. A alternativa correta é a letra **d**.

    As alternativas falsas decorrem do fato de, no ciclo de vida de um produto, o projeto das instalações ocorrer após o desenvolvimento dos produtos e de o fluxo em linha não ser a opção mais utilizada em células de manufatura.

2. O ciclo de vida dos produtos se repete em intervalos maiores ou menores em função do mercado a ser atendido. O planejamento de instalações está diretamente relacionado a ele e deve atender a essas necessidades. No caso de um produto novo para o qual não exista um processo produtivo, pode ser pensada a construção de uma nova edificação ou a ampliação de uma existente, de modo a acomodar um sistema de manufatura capaz de suprir a capacidade de produção necessária. Quando já existe um processo estabelecido, é comum o planejamento com enfoque na adequação e no rearranjo das instalações.

3. As três primeiras alternativas indicam perdas apontadas entre os sete tipos de perdas da produção caracterizados na literatura. A alternativa **d** indica corretamente a perda pela produção de defeituosos, mas a utilização não é necessariamente uma perda.

4. As alternativas corretas são as letras **a**, **b**, **c** e **e**. A alternativa **d** está incorreta, pois indica a capacidade de processamento, de tamanho e de posição da fila de clientes, que são fatores típicos a serem considerados no planejamento de serviços.

5. As alternativas corretas são as letras **a**, **b** e **c**. A alternativa **d** está incorreta, pois a adoção de um padrão de fluxo em estrela é recomendado em operações de montagem e desmontagem, e o padrão de fluxo em rede é adotado quando ocorrem sequências de fluxo de trabalho flexíveis e com frequentes mudanças.

Capítulo 2

■ Questões para revisão

1. Os elementos básicos são: as atividades a serem desenvolvidas pela unidade produtiva; a explicitação de seus relacionamentos; os espaços demandados para a realização; e as restrições existentes ao desenvolvimento do projeto e leiaute ideal.

2. A sequência que atende ao enunciado é V, V, V, F, F.

    As três primeiras alternativas estão corretas. A quarta alternativa é incorreta, pois ambas as ferramentas tratam das mesmas UPEs. A quinta alternativa também é incorreta, pois a agregação de atividades para formar as UPEs é uma opção do projetista.

3. A alternativa correta é a letra **c**.

    As proporções das demais alternativas não atendem às faixas de largura especificadas para a edificação.

4. As alternativas corretas são as letras **a** e **c**, pois correspondem a soluções viáveis.

    A alternativa **b** não seria viável na prática.

5. O significado das letras da escala qualitativa é: A (*absolute*: absolutamente necessário); E (*exceptional*: essencialmente importante); I (*important*: importante); O (*ordinary*: ordinária); U (*unimportant*: desnecessária); e X (*apart*: não desejada).

Capítulo 3

■ Questões para revisão

1. A alternativa correta é a letra **b**, pois indica o número de máquinas necessárias, enquanto as demais não o fazem.

2. A alternativa correta é a letra **e**, pois indica o número de máquinas necessárias, enquanto as demais não o fazem.

3. Devem ser previstas 17 máquinas no total, sendo três do tipo M1, quatro do tipo M2, três do tipo M3, uma do tipo M4 e seis do tipo M5.

4. Devem ser previstas 18 máquinas no total, sendo três do tipo M1, quatro do tipo M2, três do tipo M3, uma do tipo M4 e sete do tipo M5.

5. A alternativa correta é a letra **b**.

    A letra **a** é incorreta porque o aumento do tempo de *setup* reduz o total de peças produzidas.

    A letra **c** é incorreta porque o aumento no tamanho do lote aumenta o número de peças em processamento.

Capítulo 4

■ Questões para revisão

1. São princípios da manipulação de materiais: a automação, o custo do ciclo de vida e a unidade de carga.

2. As alternativas corretas são as letras **c** e **e**, pois indicam medidas de *performance* de sistemas de movimentação de materiais, enquanto as demais não o fazem.

3. As alternativas corretas são as letras **b** e **d**, pois correspondem a recipientes e a equipamentos que podem ser utilizados para a unificação de materiais.

4. Transportadores e robôs são exemplos de equipamentos utilizados na movimentação de materiais, enquanto estantes e prateleiras são exemplos de equipamentos utilizados na estocagem e no armazenamento de materiais.

5. A alternativa correta é a letra **c**.

   A afirmativa da letra **a** é incorreta porque a estratégia aleatória tende a demandar um menor número de posições que a estratégia dedicada.

   A afirmativa da letra **b** é incorreta porque a estratégia aleatória tende a ter um maior tempo de busca que a estratégia dedicada.

Capítulo 5

■ Questões para revisão

1. As alternativas corretas são as letras **a** e **c**, pois indicam riscos ergonômicos, enquanto as demais indicam riscos de outros tipos.

2. Devem ser previstos 100 litros, 3 vasos masculinos e 3 vasos femininos.

3. As alternativas corretas são as letras **b** e **c**, pois indicam riscos biológicos, enquanto as demais indicam riscos de outros tipos.

4. O número máximo de veículos comportado pelo estacionamento é de 58 vagas, utilizando o ângulo de 90° para estacionar os carros.

5. A alternativa correta é a letra **a**, pois atende às necessidades de água previstas na legislação e à proporção de 1/10 nos equipamentos sanitários.

Capítulo 6

■ Questões para revisão

1. A alternativa correta é a letra **c**, pois indica atividades do estudo da locação do *site*, enquanto as demais não o fazem.

2. As alternativas corretas são as letras **a**, **b** e **e**, pois indicam atividades do estudo da implantação do *site*, enquanto as demais não o fazem.

3. A NBR 10068 e a NBR 6492, que se referem à representação de projetos.

4. A alternativa correta é a letra **e**, que indica o centro de gravidade dos pontos a serem considerados.

5. Deve ser previsto papel A0 ou maior, para que seja possível inserir todos os desenhos na mesma prancha. Observe que, caso sejam utilizadas duas pranchas, podem ser identificadas outras opções.

[sobre o autor]

Marcelo Battesini é graduado em Engenharia Civil pela Pontifícia Universidade Católica do Rio Grande do Sul (PUC-RS), mestre e doutor em Engenharia de Produção pela Universidade Federal do Rio Grande do Sul (UFRGS). Trabalhou com inspeção e análise regulatória de projetos de indústrias e de estabelecimentos assistenciais de saúde e como técnico no Centro Estadual de Vigilância em Saúde (CEVS-RS). Foi docente no Departamento de Engenharia de Produção da UFRGS, de 2003 a 2005, e na Escola de Saúde Pública do Rio Grande do Sul (ESP-RS), de 2007 a 2010. Desde 2010 é professor adjunto no Departamento de Engenharia de Produção e Sistemas da Universidade Federal de Santa Maria (UFSM-RS), atuando nas linhas de pesquisa em engenharia organizacional e engenharia de operações e processos da produção. Atualmente, é coordenador do curso de graduação em Engenharia de Produção e leciona as disciplinas de Projeto de Fábrica e Leiaute, Sistemas de Produção II, Modelagem e Simulação Discreta de Sistemas e Engenharia de Segurança na UFSM.

Os papéis utilizados neste livro, certificados por instituições ambientais competentes, são recicláveis, provenientes de fontes renováveis e, portanto, um meio responsável e natural de informação e conhecimento.

Impressão: Reproset
Agosto/2023